DAS MODERNE PROLETARIAT

EINE SOZIALPSYCHO-LOGISCHE STUDIE

VON

DR. R. BRODA UND DR. JUL. DEUTSCH
PARIS WIEN

BERLIN
DRUCK UND VERLAG VON GEORG REIMER
1910.

Vorwort.

Die vorliegende Studie erscheint als erste jener Monographien, welche die internationale Revue „Dokumente des Fortschrits“ im Auftrage des „Instituts für internationalen Austausch fortschrittlicher Erfahrungen“ (59 rue Claude Bernard, Paris) herausgibt, und wird im Sinne der Statuten allen seinen Mitgliedern zugestellt.

Die vielen Dokumente aus der fortschrittlichen Entwicklung der Arbeiterschaft, welche den Aufstieg des Proletariats aus den Tiefen des Elends und der Unwissenheit, seine Entwicklung zu einem bedeutsamen Kulturfaktor veranschaulichen, dürften wohl die Beziehung der Studie zu den „Dokumenten des Fortschritts“ rechtfertigen; ihre Mitteilungen über die beispielgebenden Erfahrungen des Auslandes in der Gewerkschafts- und Genossenschaftsentwicklung sowie im Volksbildungswesen bringen sie in den Kreis jener Bestrebungen, welche die Wirkungssphäre des „Instituts für internationalen Austausch fortschrittlicher Erfahrungen“ bilden.

Die Studie ist aus langer Beschäftigung der Verfasser mit den Problemen des Arbeiterlebens und mehrjähriger Teilnahme derselben am Leben der Arbeiterschaft erwachsen.

Die als Anhang beigefügten Sammlungen von Prosaskizzen, welche — von Arbeitern selbst verfaßt — ihr Leben und Empfinden unmittelbar widerspiegeln, stellen eine weitere Brücke zwischen der vorliegenden theoretischen Untersuchung und dem pulsierenden Leben der arbeitenden Massen her.

Aus tiefstem Innern quellende Sympathien mit dem Leiden und Lieben, dem Höhensehnen und Aufwärtsstiege des Proletariats haben den Verfassern die Feder geführt, und doch hoffen sie, bei all dieser Sympathie die streng wissenschaftliche Objektivität, die kritische Abwägung aller Momente bewahrt zu haben.

Möge das Buch hinausgehen und allen jenen, welchen die Leiden des Proletariers zu Herzen gehen, die aber nur Düster und Armut erblicken, wo doch neben dem Elend so viel Licht und Kraft erblüht — die Möglichkeiten einer neuen Kultur des Zukunftsglaubens und des Massengeistes, wie sie in den Organisationen des Proletariats erwächst, vor Augen führen.

Dr. R. Broda.

Inhaltsverzeichnis.

I. Kapitel.

Ziel und Weg.

Die Entfaltung der kapitalistischen Produktionsweise zerriß die enge, in strenge Ordnung gefügte gesellschaftliche Organisation des Mittelalters. Die kleine alte Stadt der zünftigen Gewerbsleute machte der modernen, massenbevölkerten Großstadt Platz. Die enge, auf halb patriarchalischer Grundlage ruhende Werkstätte des Handwerkers mußte dem technisch entwickelten Riesenbetriebe weichen.

Grau in Grau hüllt sich heute — wenigstens äußerlich — die Welt. Ein Wald rauchender Schlote, durch nichts miteinander verknüpft als durch die gleiche, hagere Eintönigkeit, durchzieht die Länder der modernen Industrie. Und im Schatten dieser Schlote leben viele Millionen arbeitender Menschen, dem oberflächlichen Blicke nur als die breite Basis erscheinend, auf der sich die gewaltige Produktivkraft unserer Zeit erhebt. Von dem seelischen Leben, den Stimmungen und Gefühlen dieser breiten Masse sollen die folgenden Blätter einiges berichten. Nicht die gesellschaftliche Funktion der modernen Arbeiterklasse, nicht ihre Rolle im Produktionsprozeß oder ihre Wirksamkeit in den politischen Kämpfen soll besprochen werden, sondern das, was sie in ihrem Innern bewegt, was als ihre psychische Eigenart in Erscheinung tritt, soll zu erfassen versucht werden.

Freilich, eine psychologische Untersuchung, als ein wissenschaftliches Unternehmen, stellt uns vor ungemein schwierige Aufgaben. Was sonst eine Voraussetzung jeder Forschung ist, ein klar umgrenztes Objekt, läßt sich in der Psychologie nicht als ein solches fassen. Die Frage, was ist die Psyche, wodurch unterscheidet sie sich vom Physischen, ist ja noch nicht gelöst. Wohl wurde schon oftmals und auch in den letzten Jahrzehnten versucht, eine sichere Grenzlinie zwischen dem Psychischen und dem Physischen aufzurichten, aber diesen Versuchen folgte der Widerspruch stets auf dem Fuße. Brentano (Psychologie vom empirischen Standpunkte, Leipzig 1874) versuchte z. B. das Psychische als eine Wahrnehmung innerer Vorgänge zu erklären, die sich auf ein Objekt beziehen. Das Mitleid, an einer äußeren Elendserscheinung entzündet, wäre in diesem Sinne als eine psychische Erscheinung zu betrachten. F. A. Lange (Geschichte des Materialismus, II. Band, Reclam-Ausgabe, Seite 553) bemerkte gegenüber dieser Auffassung schlagend: „Der Zorn z. B. ist nach Brentano ein psychisches Phänomen, weil er sich auf einen Gegenstand bezieht. Was aber kann man am Zorn wahrnehmen und mit Hilfe des Gedächtnisses beobachten? Nichts als lauter sinnliche Symptome, bei denen überall wieder die Wahrnehmung in vollkommener Analogie steht mit der gewöhnlichen äußeren Wahrnehmung. Das Geistige im Zorn liegt in der Art und Weise, in Maß, Verbindung und Folge dieser Symptome, nicht in einem abtrennbaren Vorgang, der sich besonders wahrnehmen ließe.“ — Das große Rätsel ist noch lange nicht gelöst: Vermeinen die Einen im Psychischen nichts anderes zu erblicken, denn eine Äußerung des Physischen, halten die anderen, die Idealisten metaphysischen Schlages, daran fest, daß der Psyche eine besondere, vom Physischen losgelöste Existenz zukomme, ... der reine Geist schwebt über die Gewässer.

Es kann hier nicht unsere Aufgabe sein, uns in diesen prinzipiellen Streit der Wissenschaft zu mengen. Wir haben uns nur vor Augen zu halten, daß eine streng wissenschaftliche Abgrenzung des Psychischen vom Physischen noch nicht gelungen ist, wahrscheinlich auch niemals gelingen wird. Die Frage, die sich daraus für uns ergibt, ist die: Fällt mit der Unmöglichkeit der Objektsbegrenzung auch die Möglichkeit einer Psychologie als Wissenschaft überhaupt? Wir glauben: nein; denn wenn es uns auch nicht möglich ist, die Grenzen des zu untersuchenden Objektes festzustellen, vermögen wir doch eine Reihe von Erscheinungen, die *nicht* an den Grenzen liegen, zu beobachten. Diese sind wir, ohne daß wir auf die prinzipielle Unterscheidung des Psychischen vom Physischen einzugehen brauchten, gewohnt, als psychische Phänomene zu betrachten. „Wie unbestimmt man auch die Grenzen der Psychologie lassen mag", sagt Lange[1]), „so wird man doch jedenfalls einstweilen nicht nur die Tatsachen des Empfindungslebens dahin rechnen, sondern auch die Erforschung des menschlichen Handelns und Redens, überhaupt *aller Lebensäußerungen*, soweit aus ihnen ein Schluß auf die Natur und den *Charakter des Menschen* möglich ist." Auf einen ähnlichen Gedankengang stützt sich in der Tat unser Programm. Nicht die Erforschung der Wesenheit der Seele im naturwissenschaftlichen Sinne, wie es vor allem die ältere Psychologie vorhatte, sondern die der seelischen Eigenschaften, des *Charakters* einer Gruppe von Menschen schwebt uns als Ziel vor Augen. Was wir im gewöhnlichen Sprachgebrauche als die *geistige und sittliche Eigenart* zu bezeichnen pflegen, die Summe der Gedanken und Empfindungen, die die Menschen bewegen, soll das Objekt unserer Untersuchung sein. Aus Zweckmäßigkeitsgründen lassen wir die Versuche einer theoretisch exakten Abgrenzung hier beiseite und vermeinen eben dadurch den Boden gefunden zu haben, auf dem eine ersprießliche praktische Arbeit möglich ist.

Ebenso wie das Erfassen des Objekts, stellt uns aber auch die *Methode* der Psychologie vor beträchtliche Schwierigkeiten. Das Psychische kann nicht unmittelbar als solches, sondern nur in seinen Äußerungen erkannt werden; äußere Merkmale müssen gesucht werden, die einen Schluß auf das Innenleben der Menschen zulassen. Aber wieso kommen wir überhaupt dazu, von mechanischen Äußerungen auf geistige Vorgänge rückzuschließen? An sich ist ja dem untersuchenden Menschen der Nebenmensch ein ebenso fremdes Ding, als irgendeine beliebige Sache unserer Um-

---

[1]) Lange a. a. O., Seite 482.

gebung. Unser Erkenntnisvermögen weiß aber nichts von dem, was außer ihm ist. Einen Menschen vermögen wir ebensowenig in seiner Wesenheit, als Ding an sich, zu erkennen, als irgendeinen Baum oder Strauch. Aber — und das führt uns zum Auswege — es ist auch gar nicht notwendig, die Wesenheit der Dinge erkennen zu wollen, die uns nun einmal verschlossen ist. Begnügen wir uns mit dem, was wir von den Dingen und Menschen wissen können. Dieses mögliche Wissen wird durch die Erfahrung vermittelt. Die Psychologie als eine Erfahrungswissenschaft umschreibt Kant[1]) folgendermaßen: „. . . . es bleibt uns nichts übrig, als unsere Seele an dem Leitfaden der Erfahrung zu studieren und uns in den Schranken der Fragen zu halten, die nicht weiter gehen, als mögliche innere Erfahrung ihren Inhalt darlegen kann."

Die Erfahrung lehrt uns, daß zwischen Mensch und Mensch doch ein innigerer Zusammenhang besteht, als zwischen ihm und den anderen Dingen der Umgebung, Wir bemerken. daß andere Menschen in bestimmten Fällen sich ganz ebenso äußern, ganz ebenso handeln, wie wir selbst. Das läßt uns schließen, daß die gleichen Überlegungen, die uns veranlaßten, auch ihre Handlungen bestimmten. Wir sehen keine oder sehr wenige Analogien zwischen unserem Tun und dem der Pflanzen oder Tiere, aber sehr viele zwischen dem unsrigen und dem der anderen Menschen. Die Psychologie beginnt also damit, daß sie das eigene Ich untersucht, dieses vergleicht mit den Äußerungen und Handlungen anderer Menschen und von der Gleichartigkeit des Gesehenen auf Verbindungslinien schließt, die sich vom Mensch zum Menschen ziehen. Der erste Schritt der Psychologie ist so die Selbstbeobachtung, verknüpft mit Vergleichen.

Willst du dich selber erkennen, so sieh, wie die andern es treiben;
Willst du die andern verstehn, blick in dein eigenes Herz.

Die Selbstbeobachtung allein führt nicht zum Ziele, sie besitzt für die psychologische Forschung doch nicht diejenige Bedeutung, die auch Kant ihr noch zuschrieb. Ihr ermangelt die erste Voraus-

---

[1]) Kant, Kritik der reinen Vernunft, Reclam-Ausgabe, Seite 322.

setzung wissenschaftlicher Forschung, die Objektivität des untersuchenden Subjekts. Tritt aber zur Selbstbeobachtung die Beobachtung anderer Menschen hinzu, dann wird ein objektiver Maßstab herangezogen. Freilich, das Zurückdrängen der Subjektivität ist damit noch nicht gegeben, sondern erst möglich geworden; daß es wirksam geschehe, ist auch dann noch eine ebenso notwendige als schwierige Aufgabe psychologischer Forschung. Am objektivsten wird der Untersuchende die Menschen aber doch erst dann begreifen, wenn er sie überhaupt nicht mit sich, sondern mit anderen Menschen zu vergleichen vermag.

Der allgemeine Weg psychologischer Forschung wird also auf die Sammlung solcher Tatsachen gerichtet sein, die einen Schluß auf die geistige und sittliche Eigenart des zu untersuchenden Menschen zulassen. Außer den notwendigen physiologischen Untersuchungen werden diesem Zwecke sowohl die persönliche Einzelbeobachtung als auch das Studium der Äußerungen, der Reden und Schriften der zu Untersuchenden dienen. Wertvolle Einblicke wird auch die Statistik, insbesondere die Moralstatistik, gewähren; schließlich werden aber auch die Urteile anderer Beobachter zur Aufhellung mancher Erscheinungen herangezogen werden müssen.

Diese Methoden, die für die Psychologie im allgemeinen fruchtbar sind, werden uns auch die Psychologie einer bestimmten Menschengruppe, des Proletariats, zu erfassen behilflich sein. Wir vermeinen natürlich keineswegs, daß wir imstande sein könnten, ein auch nur halbwegs vollständiges Bild der psychologischen Eigenart des Proletariats zu geben. Wir wollen nur versuchen, diejenigen Züge herauszuarbeiten, die besonders markant die Eigenart des Proletariats von der der anderen Klassen abheben und zugleich einigen Vorurteilen, die über das Innenleben des Proletariats verbreitet sind, entgegen treten.

Unter Proletariat verstehen wir die Lohnarbeiterschaft im weitesten Sinne dieses Wortes. Alle die direkt oder indirekt, z. B. als Heimarbeiter, um Lohn arbeiten und deren wirtschaftliche Lage nichts anderes zuläßt, denn vom Verkaufe ihrer Arbeitskraft zu leben, die fassen wir unter den Sammelbegriff „Proletarier". In allen Industrieländern bilden die Proletarier die breite Masse der Bevölkerung. Je mehr sich die kapitalistische Produktionsweise entfaltet, desto mehr steigt relativ und absolut die Zahl der Proletarier, der Menschen, die nur von ihrer Hände Arbeit leben und leben können.

Im Produktionsprozesse haben diese Massen allerorts die gleichen Aufgaben zu erfüllen, ihre Lebensverhältnisse weisen eine sehr weitgehende Einheitlichkeit auf. Das Proletariat des einen Landes gleicht in seinen äußeren Daseinsbedingungen fast vollständig dem des anderen Landes. Der Unterschied zwischen dem Leben der Proletarier verschiedener Länder ist nirgends so groß, als der zwischen proletarischer und bürgerlicher Lebensweise des einen Landes. Die Gleichheit der Daseinsbedingungen bedingt — das braucht ja heute wohl nicht erst im einzelnen nachgewiesen zu werden — eine Gleichartigkeit sehr vieler psychischer Züge. Wir lernen so das Proletariat schlechthin als eine besondere Gruppe von Menschen verstehen, die sich in allen Industrieländern scharf von den anderen Klassen der Gesellschaft abhebt.

Freilich wäre es ein arger Fehler, wollten wir ob der Momente der Gleichartigkeit die Verschiedenheiten vergessen, die dem Proletariate eigentümlich sind. Wenn auch die Proletarier allerorts soviel Gemeinsames haben, daß man mit Recht vom Proletariate aller Länder spricht und damit die über die Landesgrenzen hinausgehenden, den Proletariern aller Länder eigentümlichen Eigenschaften zur Betonung bringt, ist es doch auch in vieler Beziehung richtig, von dem Proletariate eines jeden Landes zu reden. Neben den gemeinsamen Daseinsbedingungen machen sich die jedem Lande eigentümlichen Verhältnisse geltend. Die geschichtliche Vergangenheit wirkt im Volkscharakter nach. Was unsere Ahnen empfunden und gedacht, die Sitten und Anschauungen vergangener Zeiten, sie leben zu einem guten Teile in uns fort. Der Industrialismus hat wohl die Tendenz, den Volkscharakter zu nivellieren, aber er hat dieses Ziel noch lange nicht erreicht, wird es auch nie vollständig erreichen. Das Volk als Kulturgemeinschaft, die Nation, ist eine Potenz, an der nicht vorbeigegangen werden kann, will man die Eigenart irgendeiner Gruppe moderner Menschen verstehen.

Die Wesenheit einer Nation wird von der Beschaffenheit ihrer materiellen Umgebung ununterbrochen beeinflußt. Die Lage und das Klima des Landes, soziale und politische Verhältnisse wirken nachhaltig ein. Es ist ganz undenkbar, daß diese Einflüsse nicht auch in der Eigenart des Proletariats Spuren hinterließen. Die Proletarier der einen Nation wie die Proletarier eines bestimmten Landes weisen Züge auf, die sie von ihren Klassengenossen anderer Nationen oder Länder mehr oder weniger scharf unterscheiden. Eine Untersuchung proletarischer Psychologie wird, bei aller Betonung der bestehenden Gemeinsamkeiten, doch nicht an solchen Verschiedenheiten achtlos vorbeigehen dürfen. Und umgekehrt: so gewiß die kreuzenden Faktoren des Nationalcharakters und der spezifischen Landesverhältnisse tausend Nuancen schaffen, wir vermögen doch deutlich die Grenzlinien zu sehen, die die ganze Klasse als scharfumgrenzte psychologische Gruppe umspannen; dem Proletariate ist ein Denken, Empfinden und Handeln eigen, das den anderen gesellschaftlichen Klassen vielfach fremd ist.

Aber sehen wir ab von den Unterschieden und Gemeinsamkeiten nach Nationen und Ländern, auch das Proletariat eines bestimmten Landes ist keineswegs eine durchaus homogene Masse. Unterschiede der Abstammung, der Herkunft spielen eine beträchtliche Rolle. Es ist für die psychologische Eigenart von großer Bedeutung, ob die Proletarier eines Ortes vom Lande Eingewanderte oder in Fabrikstädten Aufgewachsene sind. Der Beruf, ob klein- oder großindustrielles, kommerzielles oder hausindustrielles, landwirtschaftliches oder dienstgewerbliches Proletariat, ist ebenfalls in vieler Beziehung bedeutsam. Nicht zu vergessen sind auch die Unterschiede der Bildung, die in der Verschiedenartigkeit des Schulwesens wurzeln. Es ist deshalb nichts unvorsichtiger, als von dem an einzelnen Schichten oder gar nur einzelnen Personen des Proletariats Beobachteten auf die

Gesamtheit der Klasse zu schließen. Zu einem gedeihlichen Resultat wird man nur kommen, wenn man auf die bestehenden Verschiedenheiten Rücksicht nehmend, durch Vergleiche die gemeinsamen, also typisch proletarischen Züge herauszuarbeiten versucht.

Der Weg, den wir einschlugen, um die allgemeinen Methoden psychologischer Forschung für unseren Zweck zur sinngemäßen Anwendung zu bringen, war folgender: Wir studierten vorerst die Literatur von und über Proletarier. Die Ausbeute war relativ gering. Brauchbare sozialpsychologische Untersuchungen gibt es nur sehr wenige, vereinzelte Skizzen im Feuilletonstil sind so ziemlich das Hervorragendste, was die Literatur über die psychische Eigenart des Proletariats hervorgebracht. Die proletarische Psyche pflegte nur insoweit eine wissenschaftliche Untersuchung zu erfahren, als sie neben ökonomischen oder soziologischen Forschungen einherging, sie war nicht Selbstzweck, sondern Mittel zum Zweck. Mit der Literatur von Proletariern steht es auch nicht viel besser. Es gibt natürlich eine Unmasse proletarischer Tendenzliteratur. Diese handelt zweifelsohne von einer der wichtigsten Seiten proletarischen Geisteslebens und ist deshalb für die Aufhellung vieler psychischer Züge von der größten Wichtigkeit. Weil sie aber doch nur eine Seite proletarischen Empfindens behandelt und auch diese nur in einer auf eine bestimmte Wirkung berechneten Form, kann sie nur zu einem Teile genügen.

Wir glaubten deshalb diese Art proletarischer Literatur ergänzen zu müssen und regten eine Anzahl Arbeiter und Arbeiterinnen an, ihre Ansichten über ein beliebiges, von ihnen selbst gewähltes Thema niederzuschreiben. Wir erhielten so eine große Anzahl Skizzen, die zum Teile in dichterischer Form, zum Teile in Nacherzählung von Erlebtem oder in Autobiographien Gedanken und Empfindungen von Proletariern widerspiegeln. Diese Skizzen aus dem Proletarierleben boten uns manchen tiefen Einblick in die Ideen- und Gefühlswelt des modernen Proletariats. Die so gewonnenen Einsichten versuchten wir durch persönliche Beobachtung zu mehren, denn das Leben kennen lernen zu wollen, ohne sich selbst in ihm zu tummeln, ist ja so aussichtslos, wie der Versuch zu schwimmen, ohne in das Wasser zu steigen.

Daß wir zu unserer Untersuchung auch sehr oft die Ergebnisse anderer Wissensgebiete, wie der Ökonomie, der Soziologie, der Wirtschafts- und Kulturgeschichte, der Statistik usw. heranziehen mußten, ist in gleicher Weise eine Selbstverständlichkeit, die nicht erst begründet zu werden braucht. Die Frühzeit des Proletariats, die in den Ländern Westeuropas längst vorbei ist, können wir ja ohne die Hilfsmittel der Geschichte überhaupt nicht erfassen.

Der noch wenig von der Pflugschar systematischer Arbeit durchfurchte Boden, auf dem wir uns mit unserer Untersuchung bewegen, erklärt es, daß wir noch nicht imstande sein konnten, ein auch nur halbwegs geschlossenes, abgerundetes Bild proletarischer Eigenart zu geben. Es können und wollen nur A n f ä n g e systematischer Arbeit sein, die wir mit diesen Blättern der Öffentlichkeit vorlegen, nicht mehr als B e i t r ä g e zur Psychologie des Proletariats.

II. Kapitel.

Die proletarische Frühzeit.

Das moderne Proletariat ist ein Kind der Neuzeit. Wo sich die Produktivkräfte entfalteten, die handwerkliche Produktion des Mittelalters entwurzelt wurde und Fabriken und Großstädte aus dem Boden wuchsen, dort erstand die Klasse der modernen Lohnarbeiter. Die Existenz des modernen Proletariats setzt die des kapitalistischen Wirtschaftssystems voraus. „Das Proletariat folgt der kapitalistischen Produktionsweise wie ihr Schatten. Diese Produktionsweise kann nicht anders bestehen, kann sich nicht anders entfalten, als unter der Bedingung, daß unter dem Kommando Einzelner sich Scharen besitzloser Arbeiter in den großen Unternehmungen zusammenschließen; sie hat zur notwendigen Voraussetzung eine Auseinanderreißung der ganzen Gesellschaft in zwei Klassen, die Inhaber der Produktionsmittel und die persönlichen Produktionsfaktoren. Somit ist die Existenz des Kapitalismus die notwendige Vorbedingung des Proletariats . . . . ."[1])

Eine vollständige Verkennung der Tatsachen ist es, wenn man das moderne Proletariat mit den besitzlosen Klassen anderer Zeitalter auf eine Stufe stellt. Mit dem Proletariate des alten Rom, mit dem man es so oft vergleicht, hat das moderne Proletariat wenig mehr als den Namen gemein; es ist nicht gleich diesem parasitär, sondern produzierend im eminentesten Sinne des Wortes. Das Wesen der großstädtischen Lumpenproletarier des alten Rom zeichnet Kautsky sehr treffend, indem er von ihnen sagt, daß sie die Kraft und das Selbstbewußtsein des freien Bürgers besaßen, und doch ökonomisch überflüssig in der Gesellschaft waren, „ohne jegliches Heim, ohne jegliche Sicherheit, völlig auf die Abfälle angewiesen, die ihnen die großen Herren aus ihrem Überfluß zuwarfen, aus Freigebigkeit oder aus Furcht oder aus dem Wunsch nach Ruhe."[2]) Dieses Proletariat mit seinen so ganz anders gearteten Daseinsbedingungen mußte notwendigerweise in seiner Wesenheit verschieden sein von der breiten Masse, auf die sich heute die Wirtschaftsweise unseres Zeitalters stützt.

Näher als dem Proletariate des alten Rom steht dem modernen Proletariate die freie Lohnarbeiterschaft des Mittelalters. Aber diese war zu spärlich, zu sehr Ausnahme, um als Massenerscheinung gewertet werden zu können. Niemals war die Volksschicht, die nur vom Verkaufe ihrer Arbeitskraft lebt, so zahlreich, niemals in so unaufhaltsamer Zunahme begriffen, wie in unserem Zeitalter. Und die Massenhaftigkeit ihres Auftretens erzeugte eine neue Art, die Quantität setzte sich in Qualität um. Weil das moderne Proletariat eine Massenerscheinung ist, hebt es sich in seinem Charakter

---

[1]) Werner Sombart, Sozialismus und soziale Bewegung. 2. Auflage. Jena 1897.

[2]) Karl Kautsky, Der Ursprung des Christentums, Stuttgart 1908; Seite 54.

um so schärfer von der mittelalterlichen Gesellenschaft ab, von der es ohnehin schon in seiner ökonomischen und gesellschaftlichen Stellung verschieden ist.

Die kapitalistische Produktionsweise erfaßte nicht alle Länder zu gleicher Zeit. Der Westen Europas schritt an der Spitze, ihm folgte in einem beträchtlichen Abstande Nord- und Mitteleuropa. Der Osten Europas macht erst in unseren Tagen die ersten Stadien kapitalistischer Entwicklung durch. Von den anderen Kontinenten haben Amerika und Australien bereits eine hohe Stufe industrieller Entwicklung erreicht, nun beginnen auch einzelne Gebiete Asiens, Japan und Indien, in die Reihe der kapitalistisch entwickelten Produktionsgebiete einzutreten.

Die Frühzeit kapitalistischer Produktion schuf allerorts gleichartige Zustände. In unseren hochentwickelten Industrieländern ist indes dieser Entwicklungsgrad längst überschritten, und es ist nur mehr an einigen rudimentären Resten möglich, durch unmittelbare Beobachtung den Charakter des Proletariats dieser Epoche zu erfassen. Wir sind deshalb auf andere Forschungsmethoden angewiesen. Ein bewährtes Hilfsmittel bietet uns der Vergleich gegenwärtiger Zustände mit vergangenen. Es ist dies der gleiche Weg, den ja auch die Anthropologie vielfach einschlägt.

Diese erforscht die Verhältnisse primitiver Kultur bekanntlich derart, daß sie einerseits unsere Vergangenheit durchforscht, andererseits solche Völkerschaften untersucht, die sich noch heute in den Kulturstadien unserer Urgeschichte befinden. Die Ergebnisse beider Untersuchungen miteinander verglichen ergeben das gewünschte Bild der zu erforschenden Verhältnisse. Um zum Verständnisse urkommunistischer Stammesorganisation zu gelangen, werden so etwa die Germanenstämme zur Zeit Cäsars wie die — analog organisierten — amerikanischen Indianerstämme der Gegenwart herangezogen.

Die gleiche Methode in der Sozialpsychologie angewendet, untersucht an der Hand der historischen und ökonomischen Literatur die psychische Eigenart des Proletariats Westeuropas in seiner

Frühzeit und vergleicht diese mit dem gegenwärtigen Zustande des Proletariats in Osteuropa oder in Japan. Allerdings muß man sich stets in acht nehmen, nicht dem Mißverständnisse zu verfallen, das darin liegt, die Ausbreitung entwickelten Kapitalismusses mit seinem originären Erwachsen zu verwechseln. Wenn z. B. in der Wildnis des amerikanischen Westens neue Bergwerke und Industrien begründet werden und westwärts wandernde Arbeiter in ihnen Arbeit finden, so werden die fertigen Formen kapitalistischer Industrie- und Arbeitsverhältnisse auf die Tochterindustrie übertragen. Ebensowenig wie von einer Frühzeit kapitalistischer Produktion kann in einem solchen Falle von einer proletarischen Frühzeit die Rede sein. Es entstehen ungemein rasch, nicht in organischer Entwicklung, sondern als Produkte äußerer Einwirkung, Gebilde proletarischer Vollreife wie Gewerkvereine, Konsumgenossenschaften, Bildungsorganisationen usw.

Typische Beispiele hierfür sind nicht bloß vielfach in der Industriegeschichte Europas und Amerikas zu finden, eine eigenartige Parallele läßt sich auch unter den ganz anderen Verhältnissen Hinterindiens nachweisen[1]). In den Zinnbergwerken der malaiischen Halbinsel finden überwiegend Chinesen, die auf dem Seewege aus den Südprovinzen Chinas dahin gelangen, Beschäftigung. Diese haben aus der Heimat alle die hochentwickelten Institutionen chinesischer Lohnarbeit mitgebracht, vor allem den kollektiven Arbeitsvertrag und die Beteiligung der Arbeiter am Ertrage der Industrie. So ist es durchaus verständlich, daß die chinesischen Arbeiter dieser noch vor wenigen Jahrzehnten durchaus industrielosen, wirtschaftlich primitiven Landschaft trotz der raschen Proletarisierung keinerlei Züge proletarischer Frühzeit, sondern im wesentlichen eine den Verhältnissen des Mutterlandes angepaßte proletarische Psychologie aufweisen.

Hier liegt also wohl die Ontogenese eines Proletariats auf jungfräulichem Boden, nicht aber dessen Phylogenese, nicht das originäre Erwachsen seiner Artung aus dem Mutterboden vor.

---

[1]) Siehe Artikel in der Februarnummer 1909 der „Documents du Progrès" (F. Alcan, Paris).

Anders ist es z. B. in Japan oder auch in Indien und Rußland, Ungarn und Süditalien. Dort vollzieht sich unter unseren Augen der gleiche Prozeß, wie er sich in England seit dem Beginne des 17. Jahrhunderts, vor allem aber seit 1750 bis 1850 vollzog. Aus den Massen des Landvolks löst sich eine neue Klasse los, um neuartige industrielle Arbeit im neuerwachsenen Fabriksmilieu zu tun. Zahlreiche Schichten städtischer Handwerker, ihrer selbständigen Existenz durch den Kapitalismus beraubt, gesellen sich der Lohnarbeiterklasse zu.

Wie in anderen Ländern, erhält sich auch in Japan der Zusammenhang eines Teiles neu gewordenen industriellen Proletariats mit der Bauernschaft, aus der es hervorgegangen. Noch heute besitzen viele japanische Fabrikarbeiter ein Stück Land oder kehren doch in Zeiten der Krise und Arbeitslosigkeit zu ihren Familien zurück, welche das angestammte Bauerngut bestellen[1]). Das gibt ihnen eine gewisse Sicherheit, das bewahrt sie vor dem Versinken in schwerstes Elend, das hält viele Traditionen ihres Seelenlebens aufrecht.

Das Gesagte gilt indes nur für einen Teil des japanischen Proletariats; ein anderer Teil, seit längerem in den großen Fabrikzentren von Tokio und Osaka ansässig, hat den Zusammenhang mit dem Lande völlig verloren, und insbesondere die zahlreichen Frauen und Kinder, die in den dortigen Fabriken tätig sind, unterliegen nur allzurasch den neuen ungünstigen Lebensbedingungen. Die typischen Züge der proletarischen Frühzeit kommen zum Vorschein.

Zwischen dem originären Erwachsen des Proletariats und dem Auftreten vollentwickelter Proletarierschichten in neugegründeten Tochterindustrien gibt es mannigfache Übergänge. Moderne Industrien werden in zurückgebliebene Gegenden versetzt oder alte Industrien entwickeln sich dort aus irgendwelchen Ursachen besonders rasch. Eine alte, festgefügte Ordnung umschlingt in

---

[1]) Siehe Artikel von Dr. Ingram Bryan, „Why Japan has no labour problem" in der Augustnummer 1909 von „The International" (London, T. Fisher-Unwin).

diesen Gebieten noch die Menschen. Nun zerreißt die Fabrikarbeit, die eine neuartige Daseinsbedingung erzeugt, die alte Tradition. Neue Gedanken vermögen indes doch nur sehr schwer Wurzel zu fassen, erst allmählich dringen von anderen Industriegebieten neue Keime in dieses zurückgebliebene Gebiet. Es ist also auch hier ein originäres Erwachsen des Proletariats zu bemerken, aber diese Entwicklung vermochte vorerst nicht jene psychische Eigenart des Proletariats zur Entfaltung zu bringen, die sich anderwärts längst durchgesetzt hatte. Es bleiben die Symptome proletarischer Frühzeit ungewöhnlich lange bestehen.

In einem anderen Falle übersiedeln mit einem Male große Massen Landarbeiter in die Industriegebiete. Das bereits vorhandene Proletariat der Fabrikstädte vermag die plötzlich herbeiströmende Masse der Eindringlinge nicht harmonisch zu absorbieren. Diese müssen zu einem guten Teile von sich selbst aus das Werk der Anpassung vollziehen. So gleichen sie in vielen Beziehungen dem Proletariate der Frühzeit, der vom Alten losgelösten Masse, die vorerst noch unfähig ist, neue sittliche Werte zu erzeugen.

Durchaus eigenartig ist das Werden eines modernen Proletariats dort, wo eine moderne Industrie in ein Land verpflanzt wurde, das von einer primitiven Rasse bewohnt wird, die sich noch gar nicht zu Ackerbau und Seßhaftigkeit entwickelt hat.

Die Indianer des kanadischen Westens waren bis vor kurzem alleinige Herren der Felsengebirge und hatten die Sitten und Gewohnheiten eines urkommunistischen Jägerstammes treu bewahrt. Seit die Küstengebirge des Stillen Ozeans von Eisenbahnen durchbrochen sind, ist es um die frühere, ungestörte Lebensweise der Indianer als Jäger und Fischer geschehen. Die Stämme sahen ihre alten Jagdgebiete mehr und mehr eingeengt. Viele ihrer Mitglieder suchten ihren Lebensunterhalt nunmehr durch Arbeit im Dienste der eindringenden Weißen zu erwerben. So verdangen sich auch viele als Eisenbahnarbeiter. Siedelungen indianischer Arbeiter finden sich an mehreren Punkten von Britisch-Columbia. Ihre Hausgeräte, ihre Tageseinteilung, all ihre Sitten wurden denen ihrer weißen Arbeitskameraden angeglichen, ein indianisches Proletariat entstand, in dem die sozialistischen Ideen der weißen Arbeiterschaft des Landes ebenfalls Eingang fanden. — Überaus seltsam aber ist es, daß der sozialistische Gedanke von den Arbeitern auch zu den freigebliebenen Jägerstämmen der Gebirge sprang. Diese haben seit Jahrtausenden ein Leben des Urkommunismus geführt, privates Eigentum ist ihnen bis auf den heutigen Tag fremd geblieben, ihre Instinkte sind demokratisch und solidarisch. So finden die Erzählungen ihrer Stammesbrüder an der Eisenbahn, wie auch die Agitation sozialistischer Weißer, bei ihnen empfänglichen Boden. In ihrem verzweifelten Widerstreben gegen die Einschnürung ihrer Jagdgebiete durch weiße Siedler, in ihrem Kampfe um Erhaltung der Lebensbedingungen sind sie leicht geneigt, sich den um angemessenen Lebensunterhalt kämpfenden sozialistischen Arbeitern anzuschließen. Wenn die Indianer Britisch-Columbias nicht von dem sonst allgemeinen Wahlrecht ausgeschlossen wären, so würde nach dem Zeugnis zuverlässiger Kenner ihrer Gesinnung ein starker Zuwachs der sozialistischen Stimmenzahl für die Vertretungskörper von ihnen zu erwarten sein.

Ganz andere Beobachtungen konnte man bei den Beduinenstämmen Nordarabiens machen, die anläßlich des Bahnbaues von Haïffa nach Dera an der Hedschas vorübergehend sich zu industrieller Arbeit verdangen. Neben ihnen waren auch Arbeiter, die von der Bahnverwaltung übers Meer aus Ägypten, ja, selbst aus Italien herangezogen wurden, tätig, und in den Zeltlagern an der Bahn entwickelte sich rasch ein homogen proletarisches Leben. Es kamen hier die sozialen und psychologischen Merkmale proletarischer Frühzeit, seelische Verwilderung und Zügellosigkeit völlig zum Durchbruch.

Noch anders vollzog sich die Proletarisierung der Eingeborenen Nord-Australiens, insbesondere an der Torres-Street (Perlenfischereien und Fabriken zu deren Verarbeitung) und in Port Darwin. Die seelische Wandlung war gering, mußte es sein, denn da das sittliche Leben dieser Wilden ohnehin von jeher auf niedrigster Stufe gestanden hatte, war ein Tiefersinken in dieser Beziehung nicht möglich, zur Aneignung höherer Eigenschaften durch die neuartige Beschäftigung aber war die Rassebegabung nicht ausreichend. Nur in einer Hinsicht trat eine Änderung ein, und zwar in entscheidender Weise: Ihre Hütten wurden nicht mehr aus dem Laub ihrer Palmen gefügt, wie bisher, sondern aus Blechen und Abfällen, die sie von den Schiffen sammelten. Ihre Körper bekleideten sie mit Lumpen, die ehedem in Europa gewebt waren, ihre altgewohnte Nahrung, die sie im Freien geerntet hatten, wurde zum Teil durch Produkte ersetzt, die die Weißen importierten. Ein bald komischer, bald tragischer Eindruck, wenn man die Lebensweise dieser proletarisierten Wilden mit dem gewiß primitiven, aber doch mit dem ganzen Milieu in Einklang stehenden Dasein vergleicht, das ihre Stammesbrüder jenseits der industriellen Zone behaupten.

Wieder eine andere Entwicklung vollzog sich im großen englischen Handels- und Flottenstützpunkt *Aden* in Südarabien. Die ausgedehnten Hafenarbeiten und anderen industriellen Anlagen des Platzes beschäftigen eine zahlreiche Arbeiterbevölkerung, die sich aus den umliegenden Nomadenstämmen rekrutiert. Zu ihr gesellten sich aber Bevölkerungssplitter aus allen Gegenden Nordostafrikas und Südasiens, und im Laufe der Jahrzehnte kam es zu einer intensiven sozialen und zum Teil auch Blutsmischung der verschiedenen Rassen, bis dann eine homogene, alle Züge der proletarischen Frühzeit zeigende Menschenrasse erwuchs. Versinken der alten religiösen Traditionen und Volksgewohnheiten, Ablegen der nationalen Tracht, Benutzung von aus Europa importierten Geräten, und Kleidungsstoffen, Erwachsen einer Mischform des europäischen Arbeiterhauses und der arabischen Hütte sind für die Arbeiterbezirke Adens charakteristisch. *Wir haben in allen diesen Fällen eine Mittelform zwischen originärem Erwachsen eines Proletariats und bloßer Verpflanzung eines solchen aus anderen Industrieländern vor uns.*

Die materielle Lage des Proletariats der Frühzeit war und ist in allen Ländern die denkbar traurigste. Den *urwüchsigen*

Kapitalismus beseelte kein anderes Empfinden als der Stachel des Erwerbes. Sich bereichern und das so rasch als möglich und mit allen, auch den brutalsten Mitteln, ist die allgemeine Losung dieser Zeit.

Die von den zünftigen Banden befreite Produktion überschlug sich förmlich in der nun erreichten Freiheit. Was man früher gefesselt und geknebelt, setzte sich nun in wilder Hast über alle Schranken hinweg, Die Kapitalisten waren die Herren der Zeit, in ihrer Wirksamkeit weder beengt durch staatliche Maßnahmen, noch den organisierten Widerstand der Arbeiterklasse.

Das klassische Land dieser Entwicklung ist England, ähnliche Verhältnisse finden wir aber in allen Ländern, die der Kapitalismus ergriff. Der ökonomische Hintergrund war überall der gleiche: die Besitzer von verbesserten Produktionsmitteln, von neuen Maschinen oder modernen Anlagen suchten so rasch als möglich zu produzieren, um die Zeit, in der sie gegenüber ihren Konkurrenten, die noch mit zurückgebliebneren Produktionsmitteln arbeiteten, im Vorteile waren, auszunutzen. Die Fabriken standen nicht still, die Produktion war fieberhaft intensiv. Aber auch die Besitzer weniger guter Produktionsmittel spannten alle Kräfte an, sie versuchten die Überlegenheit der Maschinen ihrer Konkurrenz wettzumachen durch eine übermäßige Ausnutzung menschlicher Arbeitskräfte. In beiden Fällen waren die Lohnarbeiter der leidende Teil, sie mußten dem einen Kapitalisten zum Mehrprofit, dem anderen zur Fristung seiner Existenz als Unternehmer verhelfen. Und darüber verfiel ihre Klasse der Degeneration[1]).

Die Arbeit der Männer war übermäßig lang und kärglich genug entlohnt. Die Entfaltung der Technik machte es aber möglich, auch diese kärglich entlohnte Männerarbeit durch noch billigere Arbeit zu ersetzen. Die Frauen- und Kinderarbeit bürgerte sich ein. Damit entstand „jenes eigentümliche und furchtbare Leiden des modernen Proletariats, das die Sklaverei des Altertums und

---

[1]) Vergl. Jul. Deutsch, Die Kinderarbeit und ihre Bekämpfung. Zürich 1907, Seite 26.

die Leibeigenschaft des Mittelalters in solcher Weise niemals gekannt hatten"[1]).

In seinem klassischen Werke über „Die Lage der arbeitenden Klasse in England" (Stuttgart 1892, 2. Auflage) schildert Friedrich Engels das Proletariat des wichtigsten Industrielandes in den dreißiger und vierziger Jahren des 19. Jahrhunderts. Er fand die Männerarbeit durch die der Frauen und Kinder bereits in sehr ausgedehntem Maße verdrängt. Im Jahre 1839 waren von den 419 560 Fabrikarbeitern des britischen Reichs 192 887, also beinahe die Hälfte, unter 18 Jahren; 242 296 waren weiblichen Geschlechts, von diesen 112 192 weniger als 18 Jahre alt. Es gab somit nur 96 569 erwachsene männliche Arbeiter, also nicht einmal ein volles Viertel der Gesamtarbeiterzahl. Die Arbeit der Frauen und Kinder war eine ungemein lange und drückende. Auch während der Nachtzeit mußten viele arbeiten. Als Folge der Überanstrengung und der kärglichen Lebensweise, zu der die niedrig entlohnten Arbeitssklaven verurteilt waren, traten schwere gesundheitliche Schäden auf. Die arbeitenden Frauen erlitten eine allgemeine Schwächung ihrer körperlichen Konstitution, die sich, wie von ärztlicher Seite beobachtet wurde, auch darin äußerte, daß sie schwerer gebaren und häufiger abortierten als andere Frauen. Auch die Kinder, die zur Erwerbsarbeit herangezogen wurden, hatten eine allgemeine Schwächung ihrer Körperkonstitution zu beklagen; sehr häufig führte dieser Zustand schließlich zu Verkrüppelungen des Knochengerüstes. Die Ärzte berichteten: „Die Knie waren nach innen gebeugt, die Bänder der Knöchel sehr häufig aufgelockert und erschlafft und die langen Knochen der Beine gebogen. Besonders waren die dicken Enden dieser langen Knochen verdreht und übermäßig entwickelt, und diese Patienten kamen von den Fabriken, in welchen häufig sehr lange gearbeitet wurde." Aber selbst in den Fällen, in denen eine stärkere Konstitution, eine bessere

---

[1]) Franz Mehring, Geschichte der deutschen Sozialdemokratie. Stuttgart 1897. 1. Band, Seite 15.

Nahrung oder sonstige Umstände den jungen Arbeiter vor solchen schweren Schädigungen des Körpers bewahrten, traten wenigstens Schmerzen in Rücken, Hüften und Beinen, geschwollene Knöchel, varikose Adern oder große, hartnäckige Geschwüre an den Schenkeln und Waden auf. Diese Übel fand man allgemein bei den Arbeitern, die Berichte enthielten Hunderte von Beispielen dafür[1]).

Die Schädigungen, die die Frauen und Kinder erlitten, wurden vermehrt durch eine entsetzliche Wohnungsnot, Arbeitslosigkeit der erwachsenen männlichen Arbeiter, Mangel jedweden Beistandes in Not- und Krankheitsfällen. — Die Klasse der Arbeitenden mußte verkommen, ihr Elend war zu groß. Die physischen Schädigungen waren begleitet von einer erschrecklichen geistigen Degeneration.

Der Schulunterricht der arbeitenden Kinder war äußerst mangelhaft, sehr oft unterblieb er ganz. Die Erziehung der Kinder besorgte die rohe Umgebung der älteren Arbeitsgenossen, die zwischen gelegentlichen Püffen und Schelten, unzüchtigen Reden oder auch Handlungen, das kindliche Gemüt mit Aberglauben, Gemeinheit und stumpfsinniger Empfindungslosigkeit erfüllten. Verbrecher- und Straßenräubergeschichten waren der Born, aus dem die Phantasie der Jugend schöpfte. Soweit ein Schulunterricht stattfand, begnügte er sich, den Kindern einige religiöse Dogmen einzupflanzen, die übrigens weder verstanden, noch im Kopfe behalten wurden. Nach einem mehrjährigen Besuch der Sonntagsschulen wußten einzelne Kinder nichts von Jesus Christus, andere hielten ihn für Adam, einen Apostel oder auch für einen „König von London vor langer, langer Zeit". Daß die Kinder zu einem großen Teile weder lesen noch schreiben oder nur notdürftig buchstabieren konnten, ergibt sich aus dieser Art Schulunterricht von selbst.

Der geringe Verdienst, den die Kinder hatten, genügte doch, um sie vom Elternhause unabhängig zu machen. Wenn die Kinder mehr verdienten, als ihren Eltern die Beköstigung kostete, dann begannen

---

[1]) Vgl. Engels a. a. O. Seite 153—168.

sie den Eltern nur mehr eine gewisse Summe für Kost und Logis zu geben, den Rest verbrauchten sie für sich. Bei ihrer Unwissenheit und dem Mangel an sittlichen Eigenschaften waren sie nur den rohesten Genüssen zugänglich. Das Familienleben zersetzte sich, die arbeitende Klasse verfiel dem Alkoholismus und geschlechtlicher Ausschweifung. Einsichtige Beurteiler kann dieser Niedergang nicht weiter wundernehmen.

Das Wohnungselend, die Abspannung der Nerven durch mühevolle, freudlose Arbeit, die Sorgen einer unsicheren Existenz, die Schwächung des Körpers, der nach einem aufpeitschenden Kitzel dürstete, alles das trug dazu bei, um den durch eine vernachlässigte Erziehung und das schlechte Beispiel der Umgebung brutalisierten Arbeiter roher Ausschweifung in die Arme zu treiben. „Alle Lockungen, alle möglichen Versuchungen vereinigen sich, um die Arbeiter zur Trunksucht zu bringen. Der Branntwein ist ihnen oft die einzige Freudenquelle, und alles vereinigt sich, um sie ihnen recht nahe zu legen . . . .“ „Neben der Zügellosigkeit im Genuß geistiger Getränke bildet die Zügellosigkeit des geschlechtlichen Verkehrs eine Hauptuntugend vieler englischer Arbeiter“[1]). Die geschlechtlichen Ausschweifungen wurden außer den oben erwähnten Umständen noch dadurch gefördert, daß Frauen und Männer in unwürdigsten Verhältnissen zusammen arbeiteten. Die heiße Luft der Fabrikräume, die dadurch nötige Entkleidung, das enge Zusammensein beider Geschlechter führte von geschlechtlicher Reizbarkeit zu regellosem geschlechtlichen Verkehr. Und die mitbeschäftigten Kinder waren Augen- und Ohrenzeugen aller Ausschreitungen . . . .

Die Frühzeit des Proletariats ist ein absteigender Ast der Entwicklung, ein Prozeß der Zersetzung aller alten Traditionen, Ideale und sittlicher Werte. Die Massen sind losgelöst von der Gemeinschaft, der sie bis nun angehört hatten. Das ländliche Dorf hatte seine durch Jahrhunderte geübte Sitte und Moral. Der Sohn lebte so, wie der

---

[1]) Vgl. Engels a. a. O., Seite 105, 131.

Vater gelebt. Feste Familienbande, Kameradschaft mit den Dorfgenossen, strenge geschlechtliche Moral, Religiosität, Wertschätzung aller alten Tradition, das waren die Pfeiler, auf denen die psychische Verfassung der Dorfbewohner ruhte. Die Einförmigkeit des Lebens war wenig Erschütterungen ausgesetzt, es entwickelte sich eine gewisse Beschränktheit des Gesichtskreises, die jedem Neuen abhold war, aus Mißtrauen, daß es das Althergebrachte störe. Nun rissen die Übervölkerung am Lande und die Arbeitsgelegenheit in den Fabriken die Massen in die Städte. Dort waren die organischen Gemeinschaften des Mittelalters, die Zünfte, dem Industrialismus erlegen. Es gab keine Korporation, die die Neuankömmlinge harmonisch in sich aufzunehmen vermocht hätte. Die Massen waren vom heimatlichen Boden losgerissen worden, ohne vorerst einen neuen Halt gefunden zu haben; sie waren entwurzelt. In den Großstädten sammelten sich die Arbeitermassen, aber sie bildeten dort kein Volk mehr, sondern einen nur lose zusammenhängenden Haufen. Das gleichartige Fabriksmilieu prägte ihnen seinen psychischen Stempel auf, alle traditionellen Gewohnheiten und seelischen Mächte wurden aus ihnen herausgepreßt, ohne zunächst neue Werte zu erzeugen. An die Stelle der alten Werte trat — so wäre man fast versucht zu sagen — vorerst das seelische „Nichts".

Der Zustand des Proletariats der Frühzeit weist, wenn wir ihn in einigen Sätzen zusammenfassend darzustellen unternehmen, etwa folgende typischen Züge auf, die zueinander in steten Wechselbeziehungen stehen:

1. Physische Degeneration der Rasse infolge der niedrigen Entlohnung und der Überarbeit der Männer, aber mehr noch infolge der Überarbeit der Frauen und Kinder. Die verderblichen Wirkungen eines entsetzlichen Wohnungselendes trugen das ihre dazu bei, die Gesundheit der Arbeiterbevölkerung zu erschüttern.

2. Verkümmerung des Gemütslebens. Die Teilung der Arbeit erniedrigte den Arbeiter zum Sklaven der Maschine. Die Bildungsmöglichkeit war für die Arbeiter zu gering,

als daß sie sich hätten zum Verständnisse des ganzen Produktionsprozesses aufschwingen können. Sie hatten nur ihre Teilarbeit vor Augen, viel weiter ging auch ihr Verständnis nicht. Ihre Arbeit war nicht danach angetan, Freude hierzu zu erwecken. Und der Mangel einer Arbeitsfreude vergällte und verbitterte die Gemütsdisposition des Arbeiters, dem sein Wirken nichts anderes als Qualen bereitete. Wie treffend sagte doch Engels: „Wer von Kindesbeinen an jeden Tag zwölf Stunden und darüber Nadelknöpfe gemacht oder Kammränder abgefeilt und außerdem in den Verhältnisse eines englischen Proletariers gelebt hat, wie viel menschliche Gefühle und Fähigkeiten mag der in sein dreißigstes Jahr hinüberretten?" Und im gleichen Sinne spricht ja auch Herkner von den engen Beziehungen, in denen der Charakter der Arbeit zur Erschütterung des Sittengesetzes steht. „Beschäftigungen, welche den Menschen zum Diener einer Maschine degradieren, ihm jede Möglichkeit individueller Gestaltung rauben, vernichten auch die veredelnde Wirkung der Arbeit"[1]). Das Elend und die freudlose Arbeit ließen ein verfeinertes Gemütsleben der Arbeiter nicht aufkommen.

Die Verkümmerung des Gemütslebens äußerte sich in einer ethischen und einer ästhetischen Indifferenz.

a) Ethische Indifferenz. Dem Proletariate der Frühzeit war eine Gleichgültigkeit gegenüber allen idealen Werten und Traditionen eigen. Die Ideale, die die Bourgeoisie ihm einzuimpfen bemüht war, vermochten den Arbeiter nicht zu erwärmen; Patriotismus, dynastische Ergebenheit, Nationalismus und Religion ließen ihn kalt. Wie sollte es denn auch anders sein? Der Arbeiter konnte ein Vaterland nicht lieben, das für ihn nichts übrig hatte, denn Sorge und Not. Die Achtung vor dynastischen Einrichtungen schwand, je mehr sich alle Tradition in bares Geld auflöste. Die Dynastie vermochte dem Arbeiter kaum anders, denn als Kostgängerin und Verbündete seiner Feindin, der Bourgeoisie, erscheinen. Zur Nation konnte sich

---

[1]) Heinrich Herkner: Die Arbeiterfrage, Berlin 1905, S. 29.

der Arbeiter nicht zugehörig fühlen, denn er war ja von ihrer Kulturgemeinschaft ausgeschlossen; er war ihr Träger, weil sie auf seiner Arbeit ruhte, nicht aber ihr Mitglied. Das Interesse der arbeitenden Klasse an der Religion erkaltete, als sein Elend des mystischen Zusammenhanges mit übernatürlichen Vorgängen entkleidet und in ein durchsichtiges Ausbeutungsverhältnis des Menschen zum Menschen aufgelöst wurde. Die Religion erschien ihm nun als ein Geschäft wie andere und die „Pfaffen" als seine Nutznießer. Noch bestand aber keine Religionsfeindschaft, die eine bewußte Auseinandersetzung nötig gemacht hätte, sondern nur eine stumpfe Gleichgültigkeit, die von der Religion nichts mehr erwartete. Salbungsvolle Predigten und andere zeremonielle Handlungen waren der Masse angewöhnt, man betrachtete sie aber kaum anders, als eine notwendige Beschäftigung derer, die dafür bezahlt wurden.

Die Gleichgültigkeit der Arbeiter erstreckte sich aber nicht nur auf die Ideale, die ihnen, man könnte sagen, klassenfremd waren, sie umfaßte auch die Keime, die den Idealen einer neuen Zeit vorausgingen. In der Arbeiterbevölkerung lebte wohl stets ein gewisses Gefühl der Zusammengehörigkeit, dieses äußerte sich vorerst nur in einer gegenseitigen Unterstützung in Notfällen, nicht aber in einer verständinsvoll-gemeinsamen Aktion; es war mehr Mitleid, als Solidaritätsbewußtsein. Auch ein Geist der Unzufriedenheit, die erste Stufe revolutionärer Empörung, wohnte in der Arbeiterschaft. Aber die Unzufriedenheit war latent, vermochte sich nicht zu einer Tat zu verdichten, weil die Arbeiter sich noch schwächer fühlten, als sie waren, und nicht der Verstand, sondern mehr ein Instinkt ihr Handeln bestimmte.

b) Ästhetische Indifferenz. In der Qual der Überarbeit, der unreinlichen Dürftigkeit der Wohnungen, dem Mangel einer genügenden Nahrung und dem Schmutz der Fabrikstädte konnte sich ein Verständnis für das Schöne nicht entwickeln. Die Stumpfheit der Arbeitermassen in ethischer Beziehung mußte ihre logische Fortsetzung in dem Unvermögen einer ästhetischen Betrachtungsweise finden. Schön war für den Arbeiter nur das, was seine Sinne als gut empfanden und seine Sinne waren nur durch rohe, aufpeitschende Genüsse in Erregung zu versetzen.

Die Interesselosigkeit am Schönen, die dem Proletarier der Frühzeit anhaftet, tritt uns in seiner Entfremdung von der Natur recht faßlich gegenüber. Die Arbeiterkinder wachsen in einer Anschauungswelt auf, die sich von der aller vorausgegangenen Jahrhunderte unterscheidet; Tenementwohnungen und Schnapsschenken, rauchumwallte Fabriken und menschenvolle Gassen sind ihre Welt. Der lebendige Kontakt mit der grünenden Natur hört für diese Menschen auf; die Natur wird ihnen fremd, ihre Schönheiten vermögen sie nicht zu würdigen.

3. Unwissenheit. Über den mangelhaften Schulunterricht der Kinder hatten wir bereits Gelegenheit einige Angaben zu machen. Im Jahre 1840 waren in England unter je 1000 Brautleuten 408 Analphabeten[1]). Diese ungemein hohe Ziffer der Analphabeten besagt, daß man im reiferen Alter das, was man in der Jugend versäumt hatte, nicht nachzuholen bemüht war. Dem englischen Proletariate der Frühzeit fehlten ja auch alle Voraussetzungen eines Bildungsdranges. Nicht eine naturwüchsige Unwissenheit, die den Geist in Brache legt, ohne die Entwicklungsfähigkeit zu verderben, hielt die Arbeiter gefangen, sondern, wie Marx sagt, eine „intellektuelle Verödung, künstlich produziert durch die Verwandlung unreifer Menschen in bloße Maschinen zur Fabrikation von Mehrwert“[2]).

4. Trunksucht. Die Unempfänglichkeit für verfeinerte Genüsse und ein höheres Leben äußerte sich in seiner Kehrseite — wie wir bereits gezeigt — in einer um so größeren Empfänglichkeit für rohe Genüsse wie Trunk und sexuelle Ausschweifung.

5. Sexuelle Ausschweifung. Das Werkstattmilieu der Frühzeit beförderte geschlechtliche Ausschweifungen. Die in den Fabriken arbeitenden Frauen waren aber auch ihren Vorgesetzten

---

[1]) Prof. Mischler, Analphabeten. Wörterbuch der Volkswirtschaft von Elster. I. Band.

[2]) Karl Marx, Das Kapital. Hamburg 1903. 1. Band, Seite 364.

und den Fabrikherren schutzlos preisgegeben. Die Zahl der unehelichen Kinder nahm in den Fabrikgebieten außerordentlich zu.

6. Auflösung der Familiengefühle. Die Familie war früher auch eine wirtschaftliche Einheit gewesen. Nun zerriß der Kapitalismus diese Einheit, indem er Frauen und Kinder zu selbständiger Tätigkeit stellte. Die gemeinsame Hauswirtschaft lockerte, jä löste sich, da nun die einzelnen Familienglieder für sich bestehen konnten. Die Familie des Landwirts war eine Arbeitsgemeinschaft von durch Blutbande miteinander verknüpften Personen, die Familie des Fabrikarbeiters aber im besten Falle eine Konsumgemeinschaft. Und auch in dieser beeinträchtigte die Selbständigkeit der einzelnen Familienglieder das patriarchalische Zusammensein. Dazu kam noch die Vernachlässigung der Kindererziehung und der Zerfall des Haushalts durch das Fernesein der Eltern, insbesondere der Frau, vom häuslichen Herde. Die lockere geschlechtliche Moral, die sich im Werkstatt- und Großstadtmilieu entwickelt hatte, trug das ihre dazu bei, die Familiengefühle zu erschüttern.

Allerdings darf man nicht glauben, daß die Auflösung der Familiengefühle so weit ging, daß etwa alle wärmeren Gefühle zwischen Eltern und Kinder ertötet worden wären. Es bestand wohl eine starke Tendenz zur Auflösung der Familiengefühle, ebenso wie eine Tendenz zur geschlechtlichen Ausschweifung oder zur Trunksucht vorhanden war, aber diesen Tendenzen wirkten stets andere wieder entgegen. Die Familiengefühle, insbesondere die Eltern- und Kindesliebe, gehören ja zu den stärksten menschlichen Trieben. Auch dort, wo sich die Familie zersetzte, blieben sehr oft starke Familiengefühle zurück, wenn auch mitunter allerdings nur als Sehnsucht nach Familienglück oder einer Verbitterung über das durch wirtschaftliche Verhältnisse gestörte Familienleben. Viele Züge von rührender Eltern- und Kindesliebe sind uns auch aus der proletarischen Frühzeit erhalten.

Wenn wir von „typischen Zügen" des Proletariats der Frühzeit sprechen, so meinen wir nicht, daß nur diese den psychischen Zustand der Arbeiterklasse gebildet hätten. Die Psyche einer

Menschengruppe ist viel zu kompliziert, als daß sie durch das Hevorheben einiger besonders markanter Erscheinungen vollständig erfaßt zu werden vermöchte. Die von uns als typisch dargestellten Züge gelten uns nur deshalb als solche, weil sie in der Regel die Gegentendenzen, die zweifelsohne stets vorhanden sind, überwiegen. Die große Masse der Arbeitenden wurde in der Frühzeit mehr von den Tendenzen des Niederganges als von anderen beherrscht. Die gleichen Züge proletarischer Psychologie finden wir ja auch beim Proletariate einer späteren Zeit, aber geändert hat sich nun das Maß, das Verhältnis, in dem die einander widerstreitenden Tendenzen zueinander stehen. Nicht auf eine Alleinherrschaft, die ja nirgends besteht, sondern eben auf dieses Verhältnis psychischer Züge zueinander kommt es aber an, wenn wir zur Wertung der Erscheinungen schreiten.

Die Züge, die wir in diesem Sinne als typisch für das englische Proletariat der Frühzeit bezeichneten, finden wir auch bei der Arbeiterklasse der anderen Industrieländer, sobald die kapitalistische Entwicklung eine ähnliche Stufe erreicht hatte. In jedem Lande wirken aber, wie wir bereits ausgeführt, Faktoren, die zur Gleichartigkeit und solche, die zu einer Differenzierung der proletarischen Psyche drängen. Auf die so gegebenen Bedingungen wirken aber — und besonders auf die Psychologie der proletarischen Frühzeit — noch weiter ein: der Grad der Schnelligkeit industrieller Entwicklung und die Form der kapitalistischen Produktion. Je schneller in einem Lande sich der Industrialismus entwickelt, je rascher die althergebrachten Verhältnisse über den Haufen gerannt werden, desto weniger ist die arbeitende Klasse imstande, sich der über sie hereinbrechenden Verelendung zu erwehren. Das Proletariat ist widerstandsfähiger, wenn es sich allmählich an die neuen Daseinsbedingungen anpassen kann, wenn es Zeit hat, die alte Tradition mit neuem Inhalte zu erfüllen. In der Regel ist indes die Entwicklung eine sprunghafte, der Kapitalismus ergreift mit elementarer Gewalt ein bis nun zurückgebliebenes Land und verhängt über seine arbeitende Klasse Not und Elend, physische und psychische Degeneration.

Je nachdem die Form der kapitalistischen Produktion eine andere ist, bemerken wir auch eine Verschiedenartigkeit der Daseinsbedingungen und in weiterer Folge eine solche der Psyche des Proletariats. In einigen Gebieten Deutschlands begann die kapitalistische Produktion mit der Hausindustrie und nicht mit Fabriksgründungen. Die Folge davon war, daß auch das deutsche Proletariat der Frühzeit, soweit es in derartigen Heimindustrien beschäftigt war, eigenartige Züge aufwies, die es von der Fabrikarbeiterschaft unterschied.

Im allgemeinen waren trotz aller Gegentendenzen die gleichartigen Züge im Proletariate der Frühzeit aller Länder doch unverhältnismäßig stärker verbreitet als die differenzierten. Der Kapitalismus wirkte auf die noch widerstandsunfähige Arbeitermasse mit einer solchen Wucht ein, daß er alle Verschiedenheiten erdrückte vor der einen unerschütterlichen Tatsache, daß der Arbeiter von seinen Produktionsmitteln getrennt, auf Gnade und Ungnade dem mächtigen Kapitalisten überantwortet war. Und je schneller die industrielle Entwicklung war, desto gleichartiger und unaufhaltsamer war der Niedergang des Proletariats.

In Frankreich hatte das Elend der arbeitenden Klasse am Beginne der vierziger Jahre des neunzehnten Jahrhunderts eine ungeheure Ausdehnung erlangt. Die Leiden des französischen Proletariats der damaligen Zeit schilderte in streng wissenschaftlicher Weise das von Dr. Villermé herausgegebene Werk „Tableau de l'état physique et moral des ouvriers employés dans les manufactures de coton, de laine et de soie". Im Auftrage der Académie des sciences morales et politiques war eine Enquete unternommen worden, die das Material zu diesem Werke beistellte. Man berechnete, daß die durchschnittliche Arbeitsdauer der in der Seiden-, Woll- und Cotonindustrie beschäftigten Arbeiter vierzehn Stunden im Tag betrug, sehr oft war eine sechzehn-, ja siebzehnstündige Arbeitszeit zu konstatieren. Es war nicht selten, daß man siebenjährige, ja manchmal sogar vier- und fünfjährige Kinder arbeitend in den Betrieben traf. Die Kinder mußten in der Regel ebenso lange arbeiten als die Erwachsenen. Unter solchen Umständen darf es nicht wundernehmen, daß die Lebensdauer der Fabrikarbeiter weit unter den üblichen Durchschnitt sank. In Mühlhausen z. B. erreichten die Fabrikarbeiter nur ein durchschnittliches Alter von 25 Jahren, während das der übrigen Bevölkerung 36 Jahre betrug.

Der sittliche Zustand des französischen Proletariats bot nach den Schilderungen des konservativen Tallon „La vie morale des ouvriers" ein Bild, das von dem, das Engels für England gezeichnet, nicht sehr weit abwich. Auch in Frankreich zeigte sich die gleiche Auflösung traditioneller Moral- und Lebensanschauungen, ja die Zersetzung sexueller Moral ging eher noch weiter. In der Periode von 1853 bis 1860 fand man für die städtischen Industriezentren einen Prozentsatz von 12% unehelicher Geburten, für die ländlichen Bezirke von bloß 4%. Tallon versuchte nachzuweisen, daß das Zurückweichen der Ehe, das sich in diesen Daten bekundete, sowohl in rein ökonomischen Verhältnissen als auch in der Zersetzung traditioneller Moral begründet war.

Die Industriebevölkerung zeigte diesseits wie jenseits des Kanals die gleichen Züge psychischen Niedergangs, vor allem stumpfe Interesselosigkeit, Roheit und Unwissenheit. Die Unwissenheit zeigte sich aufs innigste mit der Kriminalität verknüpft. Von 100 in den Jahren 1855 bis 1864 wegen Verbrechens Angeklagten konnten

weder lesen noch schreiben	43 bis 48%
unvollständig lesen und schreiben	38 bis 44%
gut lesen und schreiben	9 bis 14%
waren von höherer Bildung	3 bis 6%.

Deutschland besaß am Beginne des 19. Jahrhunderts zwei Knotenpunkte kapitalistischer Entwicklung. Die schlesisch-sächsische Textilindustrie als Hausindustrie im feudalen Milieu entstanden, nützte das Abhängigkeitsverhältnis der Hörigkeit zu industrieller Profitmacherei aus. Die Masse der unfreien Weber und Spinner mußte dem Gutsherrn eine besondere Abgabe für die Erlaubnis zur Produktion leisten, andererseits drückte der Händler den Preis des Produktes. Gutsherr und Händler trafen sich in verständnisvollem Zusammenwirken. Und das Elend der Weber wurde darüber sprichwörtlich. Es ist schwer zu sagen, ob es den Webern in Schlesien oder denen in Sachsen schlechter ging. In beiden Ländern nagte die arbeitende Klasse am Hungertuche.

In *Rheinland-Westfalen*, dem zweiten Knotenpunkte der deutschen Industrie, entwickelte sich das *Fabriksystem*. Dort blühte ebenso die Frauen- und Kinderarbeit, machte sich das gleiche physische und psychische Elend der Fabrikbevölkerung bemerkbar, wie in England und Frankreich. Ob es dabei den deutschen Arbeitern nicht ganz so schlecht erging, wie den englischen, ob einige Nuancen im Elendsbilde lichter waren oder nicht, lohnt sich wahrlich kaum zu untersuchen. Es war um die deutschen Fabrikarbeiter so schlecht bestellt, daß man sich der scharfsinnigen Untersuchung, ob es nicht doch in etwas besser war als anderwärts, füglich entheben kann.

Im Jahre 1825 wurde in Preußen eine amtliche Erhebung über die Kinderarbeit durchgeführt. In dem Berichte über den Kreis Iserlohn heißt es: „Fast den ganzen Tag, oft bis spät in die Nacht, waren sie in dumpfe, enge Stuben und Werkstätten eingesperrt, wo sie, meist sitzend beschäftigt, besonders im Herbst und Winter, verpestete Luft einatmeten. Hier waren sie Augen- und Ohrenzeugen grober unsittlicher Reden und Handlungen der Erwachsenen, hatten oft mehrmals im Laufe des Tages die härtesten Mißhandlungen zu erdulden. Ihre magere Kost beschränkte sich hauptsächlich auf Kartoffeln mit Salz und Wasser, Kartoffelkuchen in Rüböl gebacken und Zichorienbrühe; im Sommer *stahlen* sie sich unreifes Obst und Hülsenfrüchte dazu. Die Haupttendenz ihrer Erholung richtete sich auf *Spiel, Tabak, Branntwein, Unzucht und Rauferei.*" . . . Vom sechsten Jahre an mußten viele Kinder schon arbeiten, sehr oft auch in der

Nacht. Körperliche Degeneration war die Folge. Wen kann es wundernehmen, daß die Kinder auch geistig und sittlich verkamen! — Ähnlich wie in Iserlohn, wenn auch nicht immer ganz so schlimm, sah es in den Kreisen Dortmund, Hagen, Altona, Siegen, Düsseldorf, Geldern, Aachen, Köln, Koblenz, Trier, Liegnitz usw. aus[1]).

Aus der kapitalistischen Frühzeit weiß A. Thun in seinem Werke über die Industrie am Niederrhein[2]) erschütternde Beispiele von sittlicher Verwahrlosung der Fabrikarbeiter zu berichten: „Lagen die Spinnmühlen und Fabriken, wie z. B. an den Wassergefällen der Wupper bei Lennep, oft stundenweit von menschlichen Wohnungen entfernt — wer wollte dann bei Regen und Wind, bei Schnee und Kälte nach Hause? Es scharrten sich die Arbeiter die Flocken und Abfälle zusammen in die Ecken; dort hatten sie es wärmer und weicher als auf dem harten Lager daheim. Die Lichter wurden ausgelöscht und in den stauberfüllten, verpesteten Sälen begann nicht der Friede des Schlummers, nein, die entsetzlichsten Orgien . . . . Am Tage wurde der Grund zu den nächtlichen Ausschweifungen gelegt. In den Anfängen des Fabriksystems und zum Teil noch heute arbeitet alles ununterschieden durcheinander: Kinder, halbwüchsige Burschen und Mädchen, Männer und Frauen, in den überhitzten Räumen nur mit einem Hemde und Rock bekleidet. Jede Scham mußte schwinden. Der Ton wurde, der Tracht entsprechend, ein grenzenlos roher, und im Zwielichte, bei aufgeregter Nerventätigkeit, und in der Nacht, wo Rücken an Rücken, oder Seite an Seite gearbeitet wurde, gingen rohe Worte zu noch roheren Taten über . . ." „Einzelne Fabrikanten hielten sich hübsche Arbeiterinnen in der Fabrik und traten an viele andere mit ihren Verführungen heran. Manche Werkmeister benutzten ihre Herrschaft, um den Mädchen alle Zugeständnisse zu entreißen. Ja, nicht einmal mit erwachsenen Mädchen begnügten sich die Schlimmsten. In einer großen Spin-

---

[1]) Julius Deutsch, Die Kinderarbeit und ihre Bekämpfung. Seite 4 bis 16.

[2]) A. Thun, Die Industrie am Niederrhein und ihre Arbeiter. Leipzig 1879.

nerei Barmens hatten 13 Mädchen von 10 bis 14 Jahren der Bestialität eines Aufsehers gewaltsam unterliegen müssen und ihre Familien mit einer schrecklichen Krankheit angesteckt.“

Etwas später als in Deutschland brach sich die kapitalistische Produktionsweise in Österreich Bahn. In Niederösterreich, Böhmen, Mähren und Schlesien entwickelte sich der Kapitalismus besonders rasch, in seinem Gefolge den Arbeitern alle die Leiden bringend, die auch ihre Brüder in anderen Ländern hatten durchkosten müssen. Nur ein Beispiel: Die österreichische Regierung hatte anfangs die Kinderarbeit sehr gerne gesehen, weil sie ihr ein Mittel der Industrieförderung zu sein schien. Aber bald mußte sie sich von Mißständen überzeugen, die eingerissen waren. Als Kaiser Josef II. einmal eine Fabrik in Niederösterreich besichtigt hatte, in der eine größere Anzahl Kinder beschäftigt war, sah er sich veranlaßt, von den kompetenten Behörden folgendes zum Schutze der arbeitenden Kinder, die auch in den Fabriken wohnten, zu verlangen:

„1. Müssen die Mädchen und Knaben in den Schlafzimmern gänzlich abgesondert werden.

2. Muß in einem Bette niemals mehr als ein Kind liegen, und nicht, wie es bisher auch geschehen ist, vier auch fünf zusammengelegt werden.

3. Sind die Kinder alle Wochen wenigstens einmal durch Waschen und Kämmen am Leib zu reinigen und zu säubern.

4. Müssen den Kindern alle acht Tage neu gewaschene Wäsche, Hemden usw. gegeben werden.

5. Allmonatlich müssen die Bettstätten gereinigt und die Bettwäsche mit neugewaschener gewechselt werden“[1]).

Dem Kaiser Josef fielen bei seiner Besichtigung der Fabrik nur Äußerlichkeiten, die Unreinlichkeit, das unmoralische Beisammensein beider Geschlechter in der Schlafstube usw. auf. Aber sein Dekret, das übrigens nicht durchgeführt wurde, zeigt doch, wie

[1]) Vgl. Ludwig von Mises, Zur Geschichte der österreichischen Fabrikgesetzgebung. Zeitschrift für Volkswirtschaft, Sozialpolitik und Verwaltung. Wien. 14. Band.

frühzeitig auch in Österreich die typischen Elendsformen der kapitalistischen Anfangsstadien auftraten.

Es erübrigt sich nun noch, einen Blick auf die Länder zu werfen, die erst heute in den Stadien der kapitalistischen und also auch der proletarischen Frühzeit sich befinden.

In Rußland glaubte man lange Zeit, daß die Fabrikstädte nicht von einem Proletariate gleichen Schlages bewohnt seien, als die des Westens, weil die Verbindung mit dem ländlichen Dorfe stets eine größere zu sein schien, als in anderen Ländern. Tugan-Baranowsky hat dagegen überzeugend nachgewiesen, daß auch in Rußland die Fabrikarbeiterschaft bereits eine vom Dorfe losgelöste Existenz führe und eine in sich eigenartige Klasse geworden sei. Zu ähnlichen Ergebnissen waren ja bereits früher Erismann und andere Forscher gelangt. Tugan-Baranowsky wies nun auch auf die Elendserscheinungen hin, die das Proletariat Rußlands ebenso wie das der anderen Industrieländer der Frühzeit aufweist. Er spricht z. B., auf Verhältnisse der jüngsten Vergangenheit anspielend, von der „haarsträubenden Lage der unglückseligen Kinder . . . . die jedes Schutzes bar, der Willkür der Fabrikanten preisgegeben waren, die sie einfach zu Tode rackern ließen“[1]).

Ein ergreifendes Bild von dem Elende des russischen Proletariats der Gegenwart gibt Pashitnow. Man lese nur z. B. seine Schilderung des in manchen Industriegegenden üblichen Trucksystems, um sofort an das England des werdenden Kapitalismus erinnert zu sein. Aus dem Bezirk Tscherdynsk im Gouvernement Perm berichtet er folgendes: Die Fabrikanten verkaufen ihren Arbeitern schlechtes ungenießbares Brot, sie zwingen sie, dieses Brot zu nehmen. Die Arbeiter fügen sich, „nehmen das Brot aus dem Kontor und verkaufen es zu einem jämmerlich niedrigen Preis als Pferdefutter und für das dafür erhaltene Geld kaufen sie sich Brot in den Privatläden. . . “[2]) Man sieht, es ist das alte

---

[1]) M. Tugan-Baranowsky, Geschichte der russischen Fabrik. Berlin 1900. Seite 442.

[2]) K. A. Pashitnow, Die Lage der arbeitenden Klasse in Rußland. Übersetzt von M. Nachimson. Stuttgart 1907. Seite 211.

Elend. Wo der Kapitalismus seinen Einzug hält, prägt er der Arbeiterklasse das gleiche brennende Mal an die Stirne.

Ebenso wie Rußland gehören auch die anderen werdenden Industrieländer des europäischen Ostens, Ungarn und der Balkan, zu den Gebieten, denen die Eigentümlichkeiten kapitalistischer Frühzeit anhaften. An die Vergangenheit westeuropäischer Länder wird man erinnert, wenn man hört, welche Zustände in der Gegenwart des Ostens bestehen. So wird aus Bulgarien geklagt: „Unter den verschiedenen Industriezweigen, welche in Bulgarien gedeihen, ist einer der hervorragendsten die Textilindustrie, welche etwa 200 große Fabriken aufweist und fast ausschließlich durch die Arbeit von Kindern beider Geschlechter aufrecht erhalten wird. Es ist keine Seltenheit, daß man Kinder von acht, von sieben, ja selbst von sechs Jahren in dieser Industrie tätig findet. Ähnlich verhält es sich mit der für die Volkswirtschaft Bulgariens so wichtigen Tabaksindustrie, welche mehr als 1000 Kinder beschäftigt. Während der Kapitalismus die Tausende und Abertausende von Kindern und Frauen in die Fabriken und Werkstätten treibt, wird eine ständig wachsende Schar erwachsener männlicher Arbeiter mit der Arbeitslosigkeit dem Hungertode oder der Verlumpung preisgegeben."[1])

Seelische Verwilderung schlimmster Art können wir auch bei den industriell beschäftigten Negern beobachten; dabei ist es bemerkenswert, daß die Züge der Degeneration weniger dort auftreten, wo sie in Massen beschäftigt sind (wie im Süden der vereinigten Staaten) als vielmehr in einigen Industriezentren des Nordens, wo sie mit zersprengten Abkömmlingen aller osteuropäischen Völker zusammenarbeiten. Upton Sinclair hat in seinem „Dschungel" plastische Schilderungen von dem Alkoholismus und der Verrohung der in den Schlachthäusern Chicagos arbeitenden Negerarbeiter

[1]) Zweiter internationaler Bericht über die Gewerkschaftsbewegung 1904. Berlin 1906. Seite 109.

gegeben, insbesondere auch ihre Stellung während des großen Schlachtarbeiterstreiks beleuchtet. Losgelöst vom Zusammenhang mit ihren Rassegenossen im Süden, allen Versuchungen eines fremden Milieus preisgegeben, und ferne davon, den sittlichen Wert einer Solidarität mit ihren Arbeitsbrüdern zu begreifen, wurden sie zu willigen Werkzeugen der Unternehmer. Darob von ihren Arbeitsgenossen noch mehr verachtet und gemieden, von deren gewerkschaftlichem Leben ferngehalten, sind sie durchaus auf dem Niveau sittlicher Verwilderung der proletarischen Frühzeit geblieben, obwohl sie in einem blühenden modernen Industriezentrum, reich an machtvollen Gewerkschaften und bedeutenden Arbeiterbildungsinstitutionen, leben.

Sehr scharf treten die typischen Züge proletarischer Frühzeit auch bei den Negern Südafrikas in Erscheinung[1]). Die Bergwerke und anderen Industrien, die sich in den großen Städten des Landes entwickelten, zogen zahlreiche schwarze Arbeiter an sich. Fern von ihrer Stammesgemeinschaft, ihres Gehorsams für einen angestammten Häuptling entwöhnt, ihrer alten Familientraditionen, religiösen und nationalen Ideen mehr und mehr verlustig, zeigen sie die typischen Züge des sittlichen Nihilismus, wie wir sie überall als charakteristisch für die proletarische Frühzeit vorgefunden haben. Haden-Guest sagt von ihren Ansiedlungen, die sich neben den Industriestädten der Weißen bildeten, „daß ihre Hütten aus Blech und Metallabfällen, Stroh und Schmutz gebaut sind, jeder Hygiene im europäischen Sinne und ebenso der gewordenen, im Laufe der Jahrtausende den klimatischen Notwendigkeiten angepaßten Bauart zuwider erscheinen, ferner daß Elend und Sittenlosigkeit in diesen Hütten sich aufs engste miteinander verwoben. Dazu kommt die Lüsternheit der weißen Siedler, welche die Negermädchen für ihre Zwecke mißbrauchen und dann in ihre Siedlung zurückstoßen. Die so erwachsende proletarische Mischbevölkerung steht erst recht jenseits aller Kultur der Weißen und jenseits aller Traditionen der Neger.

[1]) Siehe Haden-Guest, „The conflict of white and Negro races“ („The International“. Februar 1908).

Langstündige Fabriksarbeit und die anderen bei werdendem Kapitalismus nie fehlenden Züge haben dann das Ihrige getan, um die physische und psychische Degeneration dieser Neger zu einer völligen zu machen, die kulturfähigen, aber doch stolzen, in ihrer Weise treuen Negerstämme in die verwilderte, zwischen Elend und Ausschweifung hin und her taumelnde Bevölkerung der Städte umzugießen.

In den werdenden Industriezentren Indiens, in Lucknow, Kalkutta und Bombay, finden wir gleichfalls jene übermäßige Ausdehnung der Arbeitszeit, jene Beschäftigung junger Kinder, wie sie den Anfangsstadien der Industrie überall eigen sind[1]). Immerhin haben die englischen Behörden bereits gewisse Ansätze zu einer Fabriksgesetzgebung geschaffen. Der Minimalarbeitstag für Frauen bis jetzt 11 Stunden, der für Kinder zwischen 9 und 14 Jahren betrug 7 Stunden, während Kinder unter 9 Jahren überhaupt nicht arbeiten sollten. Eine kürzlich vorgenommene Untersuchung hat jedoch gezeigt, daß die letztere Bestimmung vielfach nicht eingehalten wurde, daß viele Kinder unter 9 Jahren arbeiteten, andere zwischen 9 und 14 Jahren 12 und mehr Stunden beschäftigt wurden. Naradu Yiengar führt aus, daß die Entwicklung der Kinderarbeit auf die ohnehin so schwächliche physische Konstitution der indischen Rasse eine sehr verderbliche sei. Der physische Typus der Bevölkerung in den genannten Industriestädten ist ein noch ungünstigerer, als im indischen Lande überhaupt. Auch die Auflösung der alten Religion und der alten sozialen Anschauungen geht mit der Fabrikarbeit Hand in Hand, das Kastenwesen, auf dem die soziale Gliederung Indiens beruht, verliert seine Kraft.

Allerdings hat die genannte Institution in Indien eine solche Lebenskraft, daß es der Industrie schwer gemacht wird, die notwendigen Arbeitskräfte unter den Mitgliedern der Kasten zu finden. Bedeutende Industrien, insbesondere die Teeindustrie in Ostbengalen und an den Hängen des Himalaja, senden daher Agenten durch ganz Indien, vor allem zu den unzivilisierten Stämmen, die

[1]) Siehe Naradu Yiengar, „Kinderarbeit in Indien", in der Nov.-Nr. 1908 „Dokumente des Fortschritts".

sich in Zentralindien noch behaupten und gegenüber der brahmanischen Religion wie auch der indischen Kultur und Kastengliederung ihre ursprüngliche Barbarei bewahrten. Diese Bevölkerung stellt gerne Arbeiter für eine Saison zu äußerst geringfügigen Löhnen. Große Scharen von ihnen ziehen dann unter Leitung englischer Agenten nach den Pflanzungen von Ostbengalen; so fremd sie auch die ungewohnte regelmäßige Tätigkeit berühren mag, die eiserne Disziplin der Aufseher hält sie beisammen.

Hierzu gesellen sich dann immerhin auch manche Arbeiter aus den kultiviert höher stehenden Landschaften Indiens. Unter den so, sei es auch nur für eine beschränkte Zeit, erwachsenden Mischbevölkerung beginnen sich typisch proletarische Züge kenntlich zu machen.

Schärfer treten sie naturgemäß erst in den Städten bei regelmäßiger, das ganze Leben hindurch währender industrieller Beschäftigung zutage. Allerdings ist zu bemerken, daß auch hier nicht alle die Züge proletarischer Frühzeit und ihres Versinkens alter Traditionen dem indischen Proletariate eigen sind, denn die großen sittlichen Erbkräfte der indischen Rasse bewahren es vor gewissen Ausschweifungen auch in dieser neuen Lage. Vielfach zeigen sich bereits Zeichen des Übergangs zur reifen proletarischen Kultur. Früher als in anderen Ländern beginnt der aufsteigende Ast der Entwicklung. Der Generalstreik der Bombayer Arbeiter, der vor zwei Jahren aus dem rein ideellen Grunde einer Sympathiekundgebung für den verurteilten Volksführer Tillak ausbrach, und ebenso der Generalstreik von Kalkutta, der vor drei Jahren in Verbindung mit der politischen Freiheitsbewegung erklärt wurde, zeigen, daß das Proletariat der indischen Großstädte trotz seiner gedrückten materiellen Lage bereits einen hohen sittlichen Reifegrad erreicht hat.

Am deutlichsten von allen werdenden Industrieländern unserer Zeit trägt jedoch Japan den Charakter der Frühzeit an sich. Dieses Reich spielt ja in Ostasien heute eine ähnliche Rolle, wie Großbritannien seinerzeit in Westeuropa; jedenfalls gleicht es ihm darin, daß das Tempo der kapitalistischen Entwicklung ein ungemein rasches ist. Die Raschheit dieser Entwicklung beeinflußt aber, wie wir gesehen haben, sehr nachhaltig den Niedergang der arbeitenden Klassen.

Ebenso wie früher in England vollzog sich in unserer Zeit in der jungen Industrie Japans der Prozeß der Verdrängung der Arbeit erwachsener Männer; die Fabriken füllten sich mit Frauen und Kindern. Und im Gefolge dieser Entwicklung bemerken wir nun auch bei der Arbeiterklasse des fernen Ostens die Züge psychischen Niedergangs, die einige Jahrzehnte vorher den Westen Europas erschütterten.

Welchen Umfang die Verdrängung der Männer- durch die Frauenarbeit in Japan bereits angenommen, zeigen die folgenden Zahlen:

Der Prozentsatz der beschäftigten Arbeiterinnen betrug in

Jahr	Fabriken mit Motorenbetrieb		Fabriken ohne Motorenbetrieb	
	in allen Fabriken	in Fabriken mit mehr als 30 Arbeiterinnen	in allen Fabriken	in Fabriken mit mehr als 30 Arbeiterinnen
1896	61.97	61.2	54.5	58.3
1897	59.79	59.2	55.3	59.5
1898	59.13	56.8	58.3	64.5

Diese Daten entnehmen wir dem Berichte des Professor Matsuzaki, Tokyo, über die Frauennachtarbeit in der modernen Industrieentwicklung Japans, veröffentlicht in dem vom Professor Dr. Stephan Bauer im Auftrage der internationalen Vereinigung für gesetzlichen Arbeiterschutz herausgegebenen Sammelbericht über die Frauennachtarbeit[1]). Professor Matsuzaki berichtet dort auch über die Arbeitsverhältnisse: „Was die Arbeitsdauer anbetrifft, so arbeiten gegenwärtig die Kinder, jugendlichen Arbeiter, Frauen, Mädchen und Erwachsenen die gleiche Stundenzahl. Das Minimum der Arbeitsdauer beträgt acht, das Maximum siebzehn und der Durchschnitt zwölf Stunden.“ Besonders

[1]) Berichte über die gewerbliche Nachtarbeit der Frauen. Jena 1903.

trübe sieht es in der Spinnereiindustrie[1]), deren Zentrum Osaka ist, aus. „Die Behandlung der Arbeiter war in einigen Spinnereigesellschaften sehr bedrückend, die Arbeitszeit war sehr lang, die Löhne niedrig, die Nahrung schlecht und die schmutzigen Schlafsäle glichen Gefängnissen. Diese Gesellschaften schauten ihre Arbeiter .... als eine Art Maschinen oder ähnlich wie Pferde und Ochsen an. Sie spannten ihre Arbeiter wie Sklaven von morgens bis abends ein.“ Es kann bei solchen Zuständen nicht wundernehmen, daß sich die Arbeiter nicht darum reißen, in Fabriken beschäftigt zu sein. Sie gehen dorthin, nur wenn die drückendste Not sie drängt. Die Fabrikanten brauchen aber Arbeitshände, solange die Konjunktur günstig ist. Es hat sich daher eine Art der Arbeitsvermittlung entwickelt, die Lüge und Betrug zur vornehmsten Stütze hat. Professor Matsuzaki berichtet über die gebräuchliche Methode des Anwerbens von Arbeitern, insbesondere der jungen weiblichen Personen vom Lande: Gewerbsmäßige Vermittler gehen aufs Land und überreden arme, unwissende junge Frauenspersonen, sich in Spinnereien anstellen zu lassen. Sie machen alle möglichen Versprechungen von hohen Löhnen, wenig Arbeit, Vergnügen usw. Und schließlich läuft ihnen das Vöglein ins Garn. Nun bekommt der Vermittler seine Provision vom Unternehmer, „die armen Mädchen aber litten, meist abgeschlossen vom Verkehr mit der Außenwelt, viele Jahre lang in den gefängnisartigen Fabriken. Diese Zustände herrschen im ganzen Lande. Einige der betrogenen Mädchen entflohen ihrem Gefängnis, andere töteten sich“.

[1]) Im Jahre 1905 waren unter den 302 723 in der japanischen Textilindustrie beschäftigten Arbeitern 269 179, d. s. 89 Prozent, Frauen; die Zahl der beschäftigten Kinder unter 14 Jahren betrug 26 178, d. s. 8,74 Prozent. Nur ein Zehntel aller Beschäftigten waren erwachsene männliche Arbeiter. Um eine richtige Vorstellung von der Bedeutung dieser Zahlen zu bekommen, vergleichen wir sie mit denen über ein älteres Industrieland. In der Textilindustrie Deutschlands betrug zur gleichen Zeit der Prozentsatz der beschäftigten Frauen 52 Prozent und der der beschäftigten Kinder 0,35 Prozent; 44 Prozent der Gesamtarbeiterzahl waren erwachsene männliche Arbeiter.

Alle diese Belege zeigen, wie der Kapitalismus in seinem Siegeslaufe durch die Länder überall die gleichen Elendsbedingungen über die von ihm aus dem Boden gezauberte Arbeiterklasse verhängt. Diese ist vorerst unvermögend, sich der über sie hereinbrechenden Not zu erwehren, sie erliegt und weist nun Züge physischen und psychischen Niederganges auf.

Der Niedergang des Proletariats ist natürlich keineswegs überall von vollkommen gleicher Intensität; ebenso weist seine Dauer in den einzelnen Ländern und Arbeiterschichten erhebliche Verschiedenheiten auf. Bald früher, bald später, bald in dieser, bald in jener Arbeiterschicht machen sich Zeichen eines neuen Lebens geltend. Endlich erheben sich die breiten Massen zum Kampfe um eine bessere Existenz, und damit erwachen sie zu neuem geistigen und sittlichen Leben.

III. Kapitel.

Das Erwachen des Proletariats.

In den ersten Jahrzehnten des neunzehnten Jahrhunderts versuchten Arbeiterschutzgesetze dem Elende der Arbeiterklasse in den europäischen Industrieländern zu steuern. Aber sie vermochten es nicht. Die Schutzbestimmungen, so kärglich sie auch waren, wurden fast nirgends eingehalten. Der Staat hatte weder die Kraft, noch vielfach auch nur den Willen, die Fabrikanten zur Durchführung dieser Gesetze zu zwingen. Im großen ganzen blieb alles ungefähr so, wie es vordem gewesen.

Freilich, eine nicht unbeträchtliche Wirkung — wenn auch nach einer ungewollten Richtung hin — war dennoch erzielt worden. Die ersten Arbeiterschutzgesetze und die öffentliche Diskussion für und wider sie bestärkten die Massen, unter denen bereits eine dumpfe Unzufriedenheit gärte, in dem Drange, für eine Verbesserung ihrer Lage tätig zu sein. Die intelligenteren Köpfe unter der Arbeiterschaft fühlten sich in der Überzeugung von der Berechtigung ihrer

Forderungen gestärkt, und diese Überzeugung sickerte nun allmählich auch in die weiten Kreise der Arbeiterklasse hinab. Doch diese Entwicklung vollzog sich immerhin sehr langsam.

Die erste Form der Empörung der Arbeiter gegen ihr trauriges Los war ein Gefühl der Unzufriedenheit gegen die Maßnahmen einzelner Unternehmer. Der Proletarier der Frühzeit ist zu unwissend, um gesellschaftliche Zusammenhänge zu begreifen. Er trägt in stumpfer Ergebenheit sein Los, bis irgendeine von ihm als besonders drückend empfundene Maßnahme des Unternehmers seinen Groll entfacht[1]). Die Stellung des Unternehmers als solche wird nicht angetastet, aber diese seine einzelne Anordnung stößt auf den Widerstand der Arbeiter. Freilich, der Widerstand ist vorerst nur passiv, die Arbeiter murren und schimpfen. Fährt der Unternehmer fort, den Arbeitern ungünstige Maßnahmen zu treffen, dann entwickelt sich allmählich eine Feindschaft gegen die Person des Unternehmers. Gegen den Unternehmer X oder Z, der vielleicht den Lohn verkürzt, die Arbeitszeit verlängert oder sonst etwas angeordnet hatte, das die Arbeiter schädigte, richtet sich der Groll.

Die Arbeiter beginnen nun alles, was dieser Unternehmer unternimmt, mit Mißtrauen zu betrachten; ihr verhaltener Grimm äußert sich in einer Widerspenstigkeit, die nur durch einen starken Druck so weit niedergehalten werden kann, daß der regelmäßige Fortgang der Arbeiten nicht gestört wird. Schadenfreude erfüllt

---

[1]) Ein bezeichnendes Detail. In seinem prächtigen „Lebensgang eines deutsch-tschechischen Handarbeiters" (Jena 1909) erzählt Wenzel Holek von seiner Stimmung gegen einen Unternehmer, der die Arbeiter außergewöhnlich schlecht behandelte: „Ich schrieb ihm einen Drohbrief! In dem ich ihm freilich nicht wie ein russischer Nihilist mit dem Tode drohte. I, Gott bewahre! Aber ich legte ihm ans Herz, was er alles schon Ungerechtes an den Arbeitern getan, wie er die Arbeiter unnötigerweise Sonntags zur Arbeit zwinge und damit gegen das Gebot Gottes verstoße. Am Schlusse fügte ich hinzu, daß, wenn er so fortfahre, wir noch Verschwörung gegen ihn einleiten müßten." — Das war die Stimmung des noch nicht zum Befreiungskampfe erwachten Arbeiters. Er litt und hatte nur erst die Sehnsucht nach Rache an dem „gehaßten Mann". Und da drängte sich ihm der Seufzer auf: „Ja, wenn nur alle (Arbeiter) eines Sinnes wären!"

die Arbeiter, wenn der Unternehmer von irgendeinem Ungemach betroffen wird.

Je drückender die Lage der Arbeiter wird, je geringere Aussicht auf eine Verbesserung besteht, desto verbitterter wird das Gemüt. Nun verwandelt sich die Freude über ein Ungemach, das den Unternehmer betroffen, in den Wunsch, ihm selbst ein solches zuzufügen. Der Arbeiter will sich an dem Unternehmer rächen. Er scheut nun auch vor einem Verbrechen nicht zurück. Attentate auf Fabrikanten oder Vorgesetzte, Brandstiftungen und Sprengungsversuche werden häufig.

Zu dem Wunsche nach Rache gesellt sich bald der, sich eigenmächtig das zu nehmen, was ihm, dem schwer Arbeitenden, die Gesellschaft vorenthält. Der individuelle Krieg erwachender Proletarier ist beim Diebstahl angelangt. Zuerst wird der „schlechte" Unternehmer bestohlen, der dem Arbeiter weniger für seine Arbeitsleistung gibt, als andere. Später richtet sich indes der Diebstahl gegen Besitzende überhaupt, weil die Not den Respekt vor fremdem Eigentum im Arbeiter erstickt. „Der Arbeiter lebte in Not und Elend, und sah, daß andere Leute es besser hatten als er. Seinem Verstande leuchtete nicht ein, weshalb gerade er, der doch mehr für die Gesellschaft tat, als der reiche Faulenzer, unter diesen Umständen leiden sollte. Die Not besiegte noch dazu den angestammten Respekt vor dem Eigentum — er stahl"[1]).

Verbrechen gegen die Gesellschaft oder besser gesagt gegen gesellschaftliche Klassen pflegen indes einer etwas späteren Stufe der Entwicklung anzugehören. Die erste Empörung der Arbeiter galt, wie wir erwähnten, vorerst nicht ganzen gesellschaftlichen Klassen, sondern nur einzelnen besonders verhaßten Unternehmern. Diese Unternehmer wurden auch noch nicht von einer Gemeinschaft, sondern vorerst nur von einzelnen Arbeitern angefeindet. Erbitterung über persönlich erlittenes Ungemach drückte die Waffen in die Hand. Es ist ein rein persönliches Haß- und

---

[1]) Engels a. a. O., Seite 216.

Rachebedürfnis, das diese Arbeiter zu Verbrechen gegen ihre Widersacher treibt. Person steht gegen Person.

Macht sich der Unternehmer oder dessen Stellvertreter bei mehreren Arbeitern unbeliebt, dann schließen sich diese instinktiv zur gemeinsamen Abwehr zusammen. Es beginnt ein gemeinsamer Kampf von Arbeitern. Wohl handelt es sich immer um eine persönliche Angelegenheit, oder es steht nicht mehr auf beiden Seiten die einzelne Person. Der individuelle Gegensatz verdichtete sich auf der einen Seite zur kollektiven Tat.

Aber auch dann, wenn die Arbeiter von der individuellen zur gemeinschaftlichen Tat übergegangen, der Prozeß proletarischen Erwachens also bereits in ein entwickelteres Stadium getreten war, kam ein Klassengegensatz den sich Gegenüberstehenden noch nicht zum Bewußtsein. Die Arbeiter haßten nur den „schlechten Unternehmer", den „schlechten Vorgesetzten".

Bei der Wehrlosigkeit der Arbeiter in der damaligen Zeit konnte ja auch ein Unternehmer, wenn es ihm nur paßte, die Ausbeutung seiner Arbeiter ins Ungemessene steigern. Ob es den Arbeitern etwas besser oder schlechter ging, hing lediglich von dem Willen desjenigen ab, der sie beschäftigte. Er war die reale Macht. Die unwissenden Arbeiter hatten wohl auch sonst nicht viel Verständnis für gesellschaftliche Zusammenhänge übrig, aber diese absolute Abhängigkeit von der Macht des einzelnen Unternehmers mußte ihr Interesse vollends der Person dieses Unternehmers zuwenden. Von ihr hing, das sahen die Arbeiter ja Tag für Tag, in erster Linie das Maß ihres Elends ab. Der Hungeraufstand der schlesischen Weber im Jahre 1840 erhielt durch den Haß der Arbeiter gegen einige besonders ausbeutungswütige Unternehmer sein Gepräge.

In dem bekannten Gedichte, das die schlesischen Weber den Gebrüdern Zwanziger in Peterswaldau dargebracht, spiegelt sich in ergreifender Form die verzweifelte Stimmung wider, die die Arbeiter gegen diese bestgehaßtesten Ausbeuter beseelte. Ihr Elend scheint ihnen durch die besondere Schlechtigkeit dieser Unternehmer zur Unerträglichkeit gesteigert, diesen, die Macht mißbrauchenden Unternehmern gilt all ihr Haß.

Die Weber klagen:

Hier im Ort ist das Gericht
Viel schlimmer als die Femen,
Wo man nicht mehr ein Urteil spricht,
Das Leben schnell zu nehmen.

Hier wird der Mensch langsam gequält,
Hier ist die Folterkammer,
Hier werden Seufzer viel gezählt
Als Zeugen von dem Jammer.

Und diese Zustände hat die Profitwut der Brüder Zwanziger geschaffen; sie trifft der Fluch des Arbeitervolkes:

Die Herren Zwanziger die Henker sind,
Die Diener ihre Schergen,
Davon ein jeder tapfer schind't,
Anstatt was zu verbergen.

Ihr Schurken all', ihr Satansbrut!
Ihr höllischen Kujone!
Ihr freßt der Armen Hab und Gut,
Und Fluch wird euch zum Lohne!

Das Lied der schlesischen Weber ist noch nicht der Frühlingsgesang des deutschen Proletariats, es ist erst ein erster Verzweiflungsschrei. Aber auch aus diesem Fluch- und Klageruf dringt bereits der Odem einer neuen Zeit. Die ergebungsvolle Stumpfheit war dahin, es gärte und brodelte. Mochten auch Verzweiflungstaten an der Schwelle der neuen Zeit stehen, es waren doch immerhin Taten.

Während die schlesischen Weber den Brüdern Zwanziger zuriefen:

Ein jeder kennt schon euer Ziel:
Es ist der Armen Haut und Hemde!

waren sie doch weit entfernt, der Gesamtheit der Unternehmer einen derartigen Vorwurf machen zu wollen. Einen Fabrikanten z. B., der neben den Zwanzigern wohnte, verschonten sie, weil er sie nicht so geschunden hatte, wie diese, ja sie brachten für ein kleines Geschenk, das er ihnen gemacht, sogar ein Hoch auf ihn aus. Die revoltierenden schlesischen Weber zeigten noch sehr wenig Klassenbewußtsein. Sie wollten einzelne verhaßte Fabrikanten züchtigen, aber keineswegs gegen alle Unternehmer in den Krieg ziehen. Allmählich entwickelte sich nun allerdings unter den Arbeitern eine Feindschaft gegen die ganze Klasse der Unternehmer.

Die bösen Erfahrungen, die die Arbeiter mit einzelnen Unternehmern gemacht, erfüllte sie mit einem Mißtrauen gegen alle Unternehmer. Dieses Mißtrauen erleichterte es, daß die Arbeiter einer psychologischen Assoziation unterlagen, die die Feindschaft gegen einzelne Unternehmer zu einer solchen gegen die ganze Klasse verdichtete. „Freundschaftliche wie feindselige Gesinnungen gegen eine Gruppe", sagt Simmel, „werden unzählige Male dadurch hervorgerufen oder verstärkt, daß ein einzelnes Mitglied derselben sachliche Veranlassung dazu gegeben hat, und nun die psychologische Assoziation zwischen den gleich charakterisierten Vorstellungen das gleiche Gefühl auch auf alle diejenigen überträgt, die . . . . durch Ähnlichkeit oder äußere Kennzeichen — sei es auch nur die Führung des gleichen Namens — diese Zusammenschließung im Geiste des Dritten begünstigen."[1]) Familien und Volksstämme, aber auch gesellschaftliche Klassen werden in dieser Weise von uns gewertet. Je unausgebildeter und roher aber das Bewußtsein ist, desto weniger ist es imstande zu differenzieren, desto mehr unterliegt es solchen Assoziationen, die nach äußerlicher Gleichstellung, nach einer Verallgemeinerung des Beobachteten streben. Wie in alter Zeit der ganze Stamm für die Tat eines Stammesangehörigen verantwortlich gemacht wurde, übertrug sich beim Erwachen des Proletariats die Feindschaft der Arbeiter gegen einzelne Unternehmer auf deren ganze Klasse.

Es ist wohl zu beachten, daß die Klassenfeindschaft der Arbeiter vorerst nicht als eine Folge erkennender Kritik der gesellschaftlichen Zustände auftritt, sondern seine Wurzel in einer psychologischen Assoziation, man wäre versucht zu sagen, im

[1]) G. Simmel, Über soziale Differenzierung. Soziologische und psychologische Untersuchungen. Leipzig 1906. Seite 27.

Instinkt, aber nicht im Verstande hat. Objektive Betrachtungen reihen sich erst später an die subjektive Empfindung an. In der ersten Zeit proletarischen Erwachens ist von einem Verständnisse des Klassengegensatzes noch sehr wenig zu bemerken, dafür aber um so mehr von glühenden Gefühlen der Klassenfeindschaft. Das Empfindungsleben der Arbeiter ist überaus stark entwickelt. Das Gefühl der Verzweiflung, das zahlreiche Schichten des Proletariats erfaßt hat, schlägt in Haß gegen die Unternehmer, einen wilden, brennenden Haß gegen die Reichen um.

Erst später drängen die Arbeiter das Gefühlsleben etwas zurück und beginnen allmählich sich zu einem Verständnisse ihrer Klassenlage und dem Bewußtsein der Notwendigkeit eines Klassengegensatzes durchzuringen. Die Überlegungen, von denen die Arbeiter sich leiten ließen, waren dabei natürlich primitiv, konnten auch vorerst keine anderen sein. Die Arbeiter sehen, daß ihr Elend *nicht* lokal begrenzt ist, daß es in diesem und an jenem Ort, in der einen wie der andern Fabrik sie zu Boden drückt. Die Gemeinsamkeit der Not schafft Verbindungslinien im Gemüte, und zu diesen tritt nun die Erkenntnis von der *Nützlichkeit* einer Arbeitersolidarität. Die Erfahrung lehrt, daß die Arbeiter des einen Betriebes sehr oft die Unterstützung ihrer Brüder anderer Betriebe nötig haben, wenn sie sich dem Unternehmer entgegenstemmen wollen. Es ist auch nicht schwer, herauszufinden, daß die Unternehmer ebenfalls sich enger aneinander schließen, wenn es ihr Interesse gegenüber den Arbeitern erheischt. Und so lernen die Arbeiter den Wert eines Zusammenschlusses *verstehen*, während sie sich der Gesamtheit der Unternehmer als eine sich ihrer Eigenart bewußte Klasse gegenüberstellen. Als erster *bleibender* Sproß auf der Bahn psychischen Aufstieges der Arbeiterklasses entteht das *Bewußtsein von der Klasseneigenart des Proletariats*. Wirtschaftliche Interessengemeinschaft und der Gegensatz zum Unternehmertum führen dieses Bewußtsein weiter zur *Arbeitersolidarität*.

Es ist ungemein reizvoll, zu verfolgen, wie im Prozesse des proletarischen Erwachens das überlieferte zünftlerische Gefühl der Berufszusammengehörigkeit, das Standesbewußtsein, zurückgedrängt wird und das stolze Bewußtsein proletarischer Klasseneigenart sich Bahn bricht. In stürmisch erregten Zeiten, wie in den Revolutionen, tritt das proletarische Klassenbewußtsein ungemein rasch und unvermittelt hervor, es wirkt dann gleich einer Demonstration und wird auch als solche gewertet. Die fortgeschritteneren Arbeiter sind stolz darauf, Arbeiter zu sein, sie wollen die beruflichen Verschiedenheiten nicht mehr sehen, sondern fühlen sich nur mehr als die Angehörigen der einen großen Klasse, der Arbeiterklasse.

Als in den Märztagen des Jahres 1848 die Revolution in Wien gesiegt hatte, entwickelte sich eine jugendkräftige Arbeiterbewegung. Einer der einflußreichsten Arbeiter war in diesen Tagen der Schuhmachergeselle Friedrich Sander. Dieser verfocht auch literarisch die Arbeiterinteressen. Seine Artikel zeichnete er stets: Friedrich Sander, Gesell. In diesem Worte „Gesell" lag ein ganzes Programm. Sander wollte damit zum Ausdruck bringen, daß er nicht als Schuhmacher spreche, sondern als Arbeiter, als Gesell schlechthin. Und er richtete seine Worte nicht an die Schuhmacher, Schneider oder Tischler, sondern einfach an die Arbeiter, die Gesellen, gleichgültig, welchem Gewerbe sie angehörten.

Im gleichen Sinne wie Sander nannte sich der Redakteur der ersten wirklichen österreichischen Arbeiterzeitung, der Schriftsetzer Josef Hermann Hillisch, einfach „Arbeiter". Es ist ein absichtliches Hinwegsehen über die Berufsverschiedenheiten. In klarer, wenn auch noch naiver Weise, wird hier manifestiert, daß sich die Arbeiter als eine Klasse fühlen, als eine Schicht von Menschen, die tiefgehende wirtschaftliche Differenzen von den anderen Schichten der Bürger trennen.

Ähnliche Beispiele ließen sich auch von anderen Ländern berichten. Bald unvermittelt rasch, bald allmählich treten die zünftigen Überlieferungen der Vergangenheit in den Hintergrund.

Sehr schön spiegelt sich das Bewußtsein von der Klasseneigenart des Proletariats in Pierre Duponts „Arbeiterlied" wider.

Die zwei schönsten Strophen dieses, die französischen Arbeiter der vierziger Jahre begeisternden Liedes lauteten:

Mit hartem Grund und falscher Flut
Ist unser Los ein ew'ges Ringen,
Und was darin an Schätzen ruht,
Wir sind es, die's zutage bringen,
Wir schaffen Erz und Diamant,
Wir sä'n für jene, die genießen —
Wir armen Lämmer, welch Gewand
Schafft sich die Welt aus unsern Vließen!

Kommt uns das harte Werk zugut,
Dem unsre Hände rastlos dienen?
Wohin geht unsres Schweißes Flut?
Wir sind nichts andres als Maschinen!
Wir baun den Reichen ihre Stadt,
Die Pracht auf diesem Wandelsterne;
Wenn sie den Honig fertig hat,
Jagt man die Biene in die Ferne.

Diese ergreifende Klage über die Not der Produzierenden, die alle Werte schaffen müssen, während andere sie genießen, war indes noch nicht begleitet von einem entschlossenen Ruf zum Kampfe. Es sei denn, daß man unter Kampf lediglich das Predigen einer alle Arbeitenden umfassenden Liebe verstehe. Die Liebe, das Solidaritätsgefühl war diesen Arbeitern nicht der Keim zu Taten, sondern die Tat selbst. So verstehen wir den Refrain des Arbeiterliedes:

Liebt euch einander treu und heiß
Und lasset — ob die Schwerter blinken,
Ob uns des Friedens Palmen winken —
Im Kreis, im Kreis
Uns auf die Welterlösung trinken.

Trotz des stolzen Bewußtseins der Arbeiter, die Grundlage der ganzen Gesellschaft zu sein, liegt der W e g zur Befreiung noch in nebelhafter Verschwommenheit. Der Ohnmacht gedrückter Arbeiter entsprach es, von einer alle Arbeiter umfassenden Liebe zu träumen, sich nach einer Welterlösung zu sehnen und doch nicht zu wissen, welche Mittel anzuwenden seien, um aus dem Elende herauszukommen. Aber nur ein Teil der Arbeiter, und zwar die etwas feiner empfindenden, intelligenten, war von solchen Stimmungen beherrscht. Es mögen wohl, so können wir schließen, höher qualifizierte, nicht gewöhnliche Fabrikarbeiterschichten gewesen sein, die also dachten.

Der weitaus größere Teil der Arbeitermassen empfand indes viel gröber, elementarer. Die gequälten, unwissenden, verzweifelten Proletarier lehnten sich in wildem Trotz gegen das Bestehende auf, sie dürsteten nach einer raschen, unmittelbar befreienden Tat. Freilich, was geschehen sollte, wußten sie ebensowenig als die, die von einer fernen Welterlösung träumten, aber daß etwas geschehen müsse, war ihnen persönliches Bedürfnis, zwingendster Wunsch geworden. So lange die brutale Gewalt sie niederhielt, blieben diese Arbeiterschichten äußerlich halbwegs ruhig; lockerte sich aber aus irgendwelchen Ursachen der Druck, oder war die Not unerträglich geworden, dann erhoben sich die Massen zu verzweifeltem Kampfe.

Die Arbeiterschichten, die von utopistischen Träumen befangen waren, und die breiten Massen, die eine entschlossene Tat ersehnten, trafen sich in vielen Punkten, ja vermengten sich oft vollständig. Mitunter trat aber auch der Gegensatz zwischen beiden deutlich zutage. In entwickelterer Form sehen wir ihn z. B. sich zwischen Wilhelm Weitling, dem ersten großen Verkünder revolutionären Klassenkampfes, und den Anhängern Cabets erheben. Weitling war in seinen Zielen gewiß nicht weniger Utopist als die Anhänger Cabets. Während diese aber das Werk der Befreiung durch eine Erziehung der Menschheit, durch friedliche Propaganda, gestützt auf die Macht der erkannten Wahrheit, vollführen wollten, drängte Weitlings revolutionäres, verbittertes Temperament zu einer Art Propaganda der Tat. Er wollte den sofortigen, endgültigen Entscheidungskampf gegen die bestehende Gesellschaft mit allen Mitteln, selbst der Heranziehung von Verbrechern, führen. — Die vollständige Synthese zwischen Menschheitsglauben und revolutionärer Kampfbegeisterung blieb erst einer späteren Zeit vorbehalten.

Die erwachenden Massen des Proletariats konnten bei ihrer geringen Kenntnis gesellschaftlicher Zusammenhänge nicht anders, als daß sie das von ihnen unmittelbar als schädlich Empfundene bekriegten. Als die drückendsten aller Übel erschienen ihnen begreiflicherweise die Arbeitslosigkeit und die Verdrängung der Männerarbeit. Diese beiden Übel traten als eine Folge des technischen Fortschritts, der Einführung neuer und der Verbesserung alter Maschinen in Erscheinung. Die Arbeitermassen hatten für gesellschaftliche Vorgänge, die diese Entwicklung bewirkten, noch kein Verständnis; sie konnten nicht anders, als die Erscheinungsform für das Wesen der Sache nehmen. Nicht ein gesellschaftlicher Prozeß, sondern das ihnen unmittelbar Erfaßbare, die Maschinen selbst erschienen ihnen als die Quelle allen Unglücks. Die Arbeiter sahen Tag um Tag, wie die Einführung neuer und die Verbesserung alter Maschinen Arbeitshände „ersparten", Hunderte und Tausende erwachsener Männer aus den Fabriken warfen und sie dem bittersten Elende überlieferten. Und andererseits sahen sie, daß außer denen, die überflüssig wurden, noch viele erwachsene männliche Arbeiter aus den Fabriken gedrängt wurden, weil vermöge der Maschineneinführung Frauen und Kinder die Arbeit verrichten konnten. Diese tägliche Erfahrung mußte in den Massen einen Haß gegen die Maschinen, verbunden mit dem Wunsche, sie wieder zu beseitigen, wachrufen.

Von der ersten Form des Widerstandes der Arbeiterklasse, die in einer rein individuellen Selbsthilfe, dem Diebstahl einzelner, bestand, kamen wir zu seiner zweiten Form, der gemeinsamen Tat gegen einzelne, und nun taucht als dritte Form, die Maschinenzerstörung, als ein Werk kollektiver Selbsthilfe, das sich nicht nur mehr gegen einzelne richtet, vor uns auf. Also wieder ein Verbrechen! wird der Moralist entrüstet ausrufen. Wir konstatieren nur, daß die unentwickeltste, unsympathischste Form des Widerstandes allmählich entwickelteren Formen Platz gemacht hatte.

Der individuelle Diebstahl war, wie Engels sagt, „die ungebildetste, bewußtloseste Form der Protestation, und schon deshalb nie der allgemeine Ausdruck für die öffentliche Meinung der Arbeiter, obwohl sie ihn im stillen billigen mochten." Die kollektive Selbsthilfe als solche schloß dagegen bereits eine Solidarität der Arbeiter in sich ein, sie erzeugte ethische Werte, die der individuellen Tat notwendigerweise ermangeln mußten. Noch mehr als bei der gemeinsamen Tat gegen einzelne, mußten bei der gemeinsamen Tat, die sich nicht nur mehr gegen einzelne richtete, diese ethischen Werte zum Durchbruche kommen. Die Maschinenzerstörung und der Fabriksturm sind die letzten Formen des naiven Widerstandes der Arbeiter, aber sie tragen in sich bereits die Keime entwickelterer Ethik, die die späteren planmäßigen Aktionen des Proletariats auszeichnet.

Die Maschinenzerstörungen fallen zeitlich mit den ersten großen, gewaltsamen Erhebungen des Proletariats zusammen, sie sind auch in ihrem geistigen Habitus innig mit den Revolutionsepochen verknüpft.

Von Fabrikstürmen und Maschinenzerstörungen weiß die soziale Geschichte aller Industrieländer zu erzählen. Allgemeiner bekannt sind ja die böhmischen Druckerunruhen im Jahre 1844, die durch die Einführung der Perrotinemaschinen in die Druckerei hervorgerufen worden waren, der Fabrikbrand in Uster in der Schweiz und die zahlreichen Zerstörungen von Fabriken in England am Ende des achtzehnten und am Beginne des neunzehnten Jahrhunderts. Der beste Beweis, wie oft dieses Verbrechen vorkam, ist die Tatsache, daß im Jahre 1812 in England die Zerstörung von Fabriken mit dem Tode bedroht wurde.

Die Fabrikstürme waren keine wohlüberlegten, organisierten Aktionen, sondern spontane Verzweiflungs- und Racheausbrüche verelendeter Arbeitermassen. Ihre Wucht zerschellte an der ökonomischen Notwendigkeit des technischen Fortschritts, der sich auch durch den Todesmut der sich ihm entgegenstürzenden Arbeitermassen nicht aufhalten ließ. So erlitten die maschinenzerstörenden Arbeiter eine Niederlage um die andere. Polizei, Militär und Gefangenhaus schlugen alle Aufstände der Arbeiter zu Boden. Die Arbeiter mußten schließlich erkennen, daß sie ihre Aktion nicht gegen die tote Maschine, sondern gegen den lebenden Ausbeuter zu richten hätten, wollten sie siegreich sein.

Den Verzweiflungsausbrüchen über die Einführung neuer Maschinen reihten sich Empörungen wegen Lohnverkürzungen und andere mit Gewalttätigkeiten verknüpfte Kämpfe um die Arbeitsbedingungen an. In den Zeiten einer wirtschaftlichen Krise steigerten sich diese Kämpfe zu einer um so größeren Heftigkeit, je mehr die ungewöhnliche Ausdehnung der Arbeitslosigkeit das Elend der Arbeiterklasse vergrößerte. Die Arbeiter rotteten sich zusammen und versuchten mit Gewalt eine Hilfe gegen die Arbeitslosigkeit zu ertrotzen — welcher Versuch in einem Blutbade erstickt zu werden pflegte. Von den Revolten der schlesischen Weber sagt Mehring: „Es waren Hungeraufstände, die plan- und ziellos ausbrachen, Taten wilder Verzweiflung, die zu nichts führen konnten und zu nichts geführt haben, als zum Verderben ihrer Urheber und Teilnehmer."[1]) Diese Charakteristik trifft auch für die anderen Aufstände des erwachenden Proletariats zu.

Der größte der ersten Arbeiteraufstände aus wirtschaftlichen Motiven war der der Lyoner Seidenweber im Jahre 1832. Während in den politischen Revolutionen das Bürgertum und das Proletariat Schulter an Schulter focht, bot der Lyoner Aufstand zum ersten Male das Bild eines gewaltigen Zusammenstoßes dieser beiden Klassen. Die Arbeiter hatten eine Lohnerhöhung verlangt, die ihnen zuzugestehen die Unternehmer sich hartnäckig weigerten. Schließlich machte sich die Empörung der Arbeiter über die Unnachgiebigkeit der Unternehmer und die arbeiterfeindlichen Machinationen der Behörden in einer bewaffneten Erhebung Luft. Am 20. November begann der Kampf, zwei Tage später waren die Arbeiter die Herren der Stadt. Da sie, im Besitze der Macht, nichts mit ihr anzufangen wußten, war es der Gegenrevolution leicht, nach kurzer Zeit wieder die alte Ordnung herzustellen.

Der soziale und zugleich echt proletarische Charakter des Lyoner Seidenweberaufstandes offenbarte sich deutlich in einer symbolischen

---

[1]) Mehring a. O., Seite 185, 1. Band.

Handlung der Aufständigen. Schwarze Banner entrollend, zogen diese durch die Straßen, und ihr Schlachtruf war: Vivre en travaillant ou mourir en combattant! Gebt uns Arbeit und mit ihr die Möglichkeit zu leben, oder gebt uns den Tod. Das war der elementare Schrei des verzweifelten Proletariats, das sich anschickte, mit Gewalt den Kampf gegen seine Klassenfeinde aufzunehmen. In seinem Schlachtruf kommt, wie Sombart treffend bemerkt, negativ und positiv eine echt proletarisch-sozialistische Ethik zum Ausdruck: „Es soll niemand, der nicht arbeitet, leben — negativ; es soll aber auch derjenige, der arbeitet, leben können — positiv.“ [1]) Wozu nur zu bemerken wäre, daß das Schwergewicht nicht im Negativum, in der Pflicht zur Arbeit, sondern im Positivum, in der Forderung nach dem Recht auf Arbeit, lag.

Abgesehen vom Lyoner Aufstand schien die Zeit großer Revolutionen rein proletarischen Charakters noch nicht gekommen. Das Proletariat vergoß wohl sein Blut in Strömen auf den Barrikaden — aber nicht für sich. Es schlug die Schlachten des Bürgertums. Im Jahre 1789 wie 1793, 1830, 1832 und 1848 war es das Bürgertum, das die Führung des Kampfes innehatte und dem die Früchte des Sieges zufielen.

Warum kämpfte aber das Proletariat — und das noch dazu mit einer solchen Begeisterung — wenn es nicht seiner, sondern einer anderen Klasse Dienste damit verrichtete? Wir müssen hier festhalten, daß in dieser Zeit, obwohl die Klassengegensätze bereits vorhanden waren, das Klassenbewußtsein noch unentwickelt war. Wir sahen ja, daß die Arbeiter vorerst nicht gegen die ganze Klasse der Unternehmer, sondern nur gegen einzelne, besonders ausbeutungswütige unter ihnen einen Groll empfanden. Aber auch dort, wo bereits eine Klassenfeindschaft zwischen Bourgeoisie und Proletariat bestand, trat diese sehr oft zurück, so lange gemeinsame Ideologien beide Klassen beseelten. In allen Revolutionen machte sich in der Tat eine gemeinsame Ideologie

---

[1]) Werner Sombart, Sozialismus und soziale Bewegung. 5. Aufl. Jena 1905. Seite 110.

stark bemerkbar, das Streben nach Demokratie. Auf diesem Boden fanden sich die beiden Klassen, politisch fühlte sich das Proletariat mit dem Bürgertum eins.

Das Bürgertum war damals, ebensowenig wie heute, von einer einheitlichen ökonomischen Struktur, es standen sich vor allem Groß- und Kleinbürgertum gegenüber. Politisch äußerte sich der Gegensatz darin, daß das Großbürgertum die Vorrechte des Adels, der Geburt, durch solche des Besitzes ersetzen wollte, während das Kleinbürgertum eine auf breiterer Basis aufgebaute Demokratie erstrebte. Das Proletariat schloß sich begreiflicherweise mehr dem Kleinbürgertum an.

Das Proletariat war durch seine Abstammung ebenso wie durch das Milieu, in dem es lebte, mit vielen Fäden an das Kleinbürgertum, den Handwerkerstand, geknüpft. Die Ideologie des Kleinbürgertums lebte noch zu einem guten Teile im Proletariate fort, das noch nicht fähig war, eine eigene, seiner Klassenlage angepaßte Ideologie zu entwickeln. Wo sich aber Ansätze hierzu zeigten, traten sie vorerst nicht in einen Gegensatz zu den Ideologien des Kleinbürgertums. Politisch mußte auch das sich seiner Klassenlage bewußt werdende Proletariat auf den Boden einer möglichst breiten Demokratie stellen, während vorhandene wirtschaftliche Gegensätze, die, wie gesagt, nur sehr undeutlich und oft überhaupt nicht empfunden wurden, in den aufgeregten Zeiten einer politischen Umwälzung zurückgedrängt werden mußten.

Es erklärt sich so, daß das Proletariat sich dessen gar nicht bewußt war, daß die Früchte seiner heroischen Kämpfe nicht ihm, sondern einer anderen Klasse zufallen würden. Der Klassengegensatz zwischen Bourgeoisie und Proletariat trat im Bewußtsein der Kämpfenden so sehr zurück, daß nur eines empfunden wurde, der allen gemeinsame Wille zur Revolution. Nicht Arbeiter und Bürger führten den Kampf, sondern Revolutionäre. Daß der Kampf für das Bürgertum geführt wurde, empfanden die Arbeiter nicht, wohl aber, daß er gegen Feudalität, Absolutismus und Klerikalismus gerichtet war. Instinktiv mochten sie wohl auch fühlen, daß vorerst das Alte niedergeworfen werden mußte, ehe an eine Auseinandersetzung mit dem Bürgertum gedacht werden konnte.

Der proletarische Einschlag der Revolutionen war verschieden groß. In den früheren Revolutionen, man denke nur an 1789, dominierte das Bürgertum, sowohl in der Führung als im Kampfe, noch fast vollständig. Nicht Fabrikarbeiter, sondern Handwerker und von ihnen geführte Lumpenproletarier bildeten die Cadres der Revolution. Je mehr sich aber der Kapitalismus entfaltete, die Klasse der Lohnarbeiter zahlreicher wurde, desto größer wurde auch der Anteil, den die Arbeiterschaft an der Revolution nahm. Die Julirevolution von 1830 zeigt uns bereits das Bild einer vorwiegend von der Arbeiterschaft durchgekämpften Revolution. Das Bürgertum gab die Ideen, philosophische und staatsrechtliche Freiheitsdoktrinen, das Proletariat trug seine Knochen zu Markte. Nach dem Siege der Revolution trat auch schon der Gegensatz zwischen beiden Klassen in Erscheinung. Die Arbeiter verlangten ihren Anteil an der Siegesbeute; die Bundesgenossen von gestern antworteten so wie ihnen die Feudalität geantwortet hatte, mit Bajonett und Galgen, Kerker und Deportation.

Am deutlichsten war der proletarische Einschlag in den Revolutionen des Jahres 1848. In Frankreich, in Deutschland und in Österreich, überall tat sich, kaum daß der Sieg errungen war, im Lager der bisherigen Bundesgenossen ein gähnender Riß auf, die Bourgeoisie vom Proletariate trennend. Der Juni des Jahres 1848 sah in Paris die Bundesgenossen vom Februar im wilden, erbitterten Kampfe aufeinanderstoßend. Im August kämpften Wiener Arbeiter gegen bürgerliche Nationalgardisten.

Ein Wort Karl Marx' beleuchtete grell diese Situation. Nach der Junirevolution rief er den Nurrevolutionären in hohnvoller Schärfe zu: „Die Februarrevolution war die schöne Revolution, die Revolution der allgemeinen Sympathie, weil die Gegensätze, die in ihr gegen das Königtum eklatierten, unentwickelt, einträchtig nebeneinander schlummerten, weil der soziale Kampf, der ihren Hintergrund bildete, nur eine luftige Existenz gewonnen hatte, die Existenz der Phrase, des Worts. Die Junirevolution ist die häßliche Revolution, die abstoßende Revolution, weil an die Stelle der Phrase die Sache getreten ist, weil die Republik das Haupt des Ungeheuers selbst entblößte, indem sie ihm die schirmende und versteckende Krone abschlug" („Neue Rheinische Zeitung", 29. Juni 1848) [1]).

Über den Charakter der kämpfenden Proletarier sind alle zeitgenössischen Beobachter des Lobes voll. Ihre Heldenhaftigkeit und bewundernswerte Hingabe erweckten Staunen und begeisterte Anerkennung; noch mehr aber ihre strenge Rechtlichkeit und Ordnungsliebe. Der primitive Protest des Diebstahls war vollständig verschwunden. Das siegreiche Proletariat in Waffen hatte wuchtigere Machtmittel zur Verfügung, individuelle Verzweiflungstaten erschienen nun unberechtigt. Die große Zeit ließ sie kleinliche Bereicherungsmittel verabscheuen. Es ist dies überhaupt ein ungemein beachtenswerter Zug in der Entwicklung des Proletariats, daß mit dem Momente, in dem eine kollektive Aktion einsetzt, die Taten individueller Selbsthilfe zurücktreten. Das Interesse der Gesamtheit beherrscht alles Fühlen, demgegenüber nun das des einzelnen Individuums weit zurücktritt. Auch als die Arbeiter sich auf die Fabriken stürzten, um in wilder Wut Maschinen zu zerstören — das kam auch am Beginne der Revolution häufig vor — wurde nicht mehr gestohlen, sondern eben nur zerstört, zertrümmert, der vermeintliche Feind, die Maschine, vernichtet. Nicht eine gemeinsame Aktion zur Bereicherung des einzelnen war das Ziel, sondern die Vernichtung des Feindes aller.

Ein weiterer bemerkenswerter Charakterzug war eine gewisse naive Gutmütigkeit der Arbeiter, unnütze Grausamkeit lag ihnen fern. Die siegreichen Arbeiter sahen sich im Besitze der Macht, wähnten das Ende ihres Elends gekommen und empfanden keine Gelüste nach blindwütiger Rache, wie sie furchtsamen, sich unsicher fühlenden Siegern eigen sind.

---

[1]) Vgl. Karl Marx, Die Klassenkämpfe in Frankreich 1848 bis 1850. Berlin 1895. Seite 40.

Ebenso wie in den politischen Revolutionen Charakterzüge der Arbeiter zum Vorscheine kamen, die sich vorteilhaft von denen der proletarischen Frühzeit abhoben, machte sich nun auch auf dem Gebiete rein proletarisch-wirtschaftlichen Kampfes eine ähnliche Erscheinung bemerkbar. In den wirtschaftlichen Konflikten mit den Unternehmern hatten die Arbeiter eine Waffe handhaben gelernt, die ungleich schneidiger war als Fabriksturm und Maschinenzerstörung, die Arbeitseinstellung. Schon in den ersten Jahrzehnten des neunzehnten Jahrhunderts waren in England die Streiks der Fabrikarbeiter eine alltägliche Erscheinung. Diese Streiks waren durchwegs unvorbereitet, oft sogar ohne ein bestimmtes Ziel, nur als der Ausdruck einer allgemeinen Unzufriedenheit ausgebrochen. Wilde Tumulte pflegten anfangs eine ständige Begleiterscheinung der Streiks zu sein. Nun versuchten die Arbeiter allmählich eine geordnetere, planmäßigere Streikführung, deren Vorteile ja offenkundig waren, zu erlernen. Der erste Schritt hierzu war die Einsetzung einer zweckentsprechenden Streikleitung. Die Einsetzung einer solchen Leitung hatte wieder eine Zusammenkunft aller beteiligten Arbeiter und eine gemeinsame Beratung zur Voraussetzung. Es entwickelten sich so die Keime moderner Arbeiterorganisationen.

Und noch von einer weiteren Seite her bewegte sich die Entwicklung in der gleichen Richtung. Nach dem Fehlschlagen der ersten kollektiven Aktionen des Proletariats, die sich gegen äußerlich sichtbare Elendsursachen, wie Maschinen und dergl., gerichtet hatten, begannen allmählich die Angriffe gegen die hinter den äußeren Erscheinungsformen liegenden Rechtsformen an Bedeutung zu gewinnen. Das war bereits eine höhere Stufe der Einsicht in gesellschaftliche Zusammenhänge. Man erkannte, daß die äußerlich sichtbare Elendsursache auf eine rechtliche Basis gestützt war, und griff also nicht mehr die Erscheinungsform, sondern deren rechtliche Basis an.

Die Arbeiter konnten sich indes an den maßgebenden Stellen nur Gehör verschaffen, wenn ihre Stimme laut und vernehmlich erschallte. Sie fanden sich deshalb zusammen, richteten Petitionen an die gesetzgebenden Körperschaften, Eingaben an die Behörden und entsandten wohl auch Deputationen, um ihren Forderungen Nachdruck zu verleihen. Alle diese Maßnahmen machten Zusammenkünfte und Beratungen nötig. Es mußte also auch von dieser Seite her Organisationsansätze eine Förderung erfahren. Nun sich die Gesetzgebung auch mehr als bisher mit der Arbeiterfrage zu befassen begann, mußten die Arbeiter die Notwendigkeit eines Zusammenschlusses, der ihren Wünschen Gehör verschaffte, um so dringender empfinden.

So sehen wir die Keime moderner Arbeiterorganisationen lebendig werden. Eine neue entwickeltere Form des Kampfes bricht sich Bahn, und unter ihrem Einflusse steht nun die proletarische Psyche.

IV. Kapitel.

Prozeß der Organbildung.

Noch schlummerte das Proletariat in Unwissenheit und stumpfer Interesselosigkeit, als hervorragende Denker aus anderen Klassen die Sache des arbeitenden Volkes zu der ihren machten und mit glühendem Eifer für seine Befreiung eintraten. Auf der einen Seite versuchten die ersten Apostel des neuzeitlichen Sozialismus, Charles Fourier, Robert Owen, Saint Simon, die Menschen mit den Idealen ihrer berückend schönen Weltanschauung zu erfüllen, auf der anderen Seite wiesen konservative Ideologen wie Sismondi, auf den inneren Gehalt der patriarchalischen Vergangenheit, der den der traurigen Gegenwart so sehr überragte.

Das Proletariat hörte weder die einen noch die anderen. Es wußte nichts von denen, die von seiner Zukunft träumten, und konnte auch denen nicht glauben, die das Heil im Rückschritt, in der Vergangenheit, suchten. Das Proletariat hatte keine Verbindung mit der Intelligenz, es mißtraute ihr ebenso wie den anderen

Klassen der Gesellschaft. Es wäre übrigens ganz verfehlt, zu meinen, daß die Intelligenz eine Verbindung mit dem Proletariate, eine Wirksamkeit in ihm, g e s u c h t hätte. Das Proletariat erschien noch nicht als das Subjekt, das handelnd den Gang der Geschichte bestimmen sollte, sondern als das O b j e k t derer, die vermeinten, die Geschicke der Völker durch die überragende Größe ihres Geistes lenken zu können.

Der ökonomische und moralische Tiefstand des Proletariats schien es ja auszuschließen, daß von ihm selbst die entscheidende Tat ausgehen könne. Diejenigen, die der Arbeiterklasse helfen wollten, waren durchdrungen von der Überzeugung, daß im Interesse a l l e r eine neue Ordnung der Dinge herbeigeführt werden müsse, aber von dem Gedanken, daß die, denen in erster Linie geholfen werden sollte, sich selber helfen könnten, waren sie weit entfernt.

Aber wenn sich auch die Reformer an das Proletariat gewandt hätten, sie wären von ihm doch nicht verstanden worden. Die Interesselosigkeit der Arbeiter war von dieser Seite aus nicht zu überwinden, schon deshalb nicht, weil ja beide eine andere Sprache sprachen. Der Arbeiter verstand die Ideale des Intelligenten ebensowenig, als dieser sich in den abgestumpften, nur auf das nächstliegende Ziel gerichteten Sinn des Arbeiters hätte versenken können. So mußten beide aneinander vorbeisprechen. Man denke nur an alle die Gegensätze der Erziehung, der Bildung, der verschiedenartigen Lebensweise und Bedürfnisse, nicht zuletzt auch an die räumliche Trennung — und man wird verstehen, wie schwer es möglich war, das Proletariat mit der Intelligenz zu vereinen. Und um wie viel unmöglicher mußte diese Vereinigung sein, da die Intelligenz vorerst gar nicht daran dachte — übrigens auch gar nicht daran denken konnte — dem Proletariate die handelnde Rolle zuzubilligen. Wir stehen hier vor einem Kreislauf, in dem ein Glied das andere voraussetzt, so daß ein Ausweg nicht ersichtlich ist. Die gegebenen Verhältnisse, so können wir sagen, ließen eine gemeinsame Arbeit zur Befreiung des Proletariats vorerst nicht zu.

Auch darüber dürfen wir uns nicht täuschen, daß dann, als die Denker aus anderen Klassen dem Proletariate seinen Weg mit prophetischer Klarheit vorzeichneten, dieses selbst in seiner großen Masse stumpf und gleichgültig blieb. Nicht Karl Marx und Friedrich Engels haben die Arbeiterklasse zum Kampfe aufgerüttelt, sondern das bereits aufgerüttelte Proletariat nahm die Theorien dieser beiden Männer als Waffen in seinem Befreiungskampfe an. In den ersten Jahren der Wirksamkeit von Marx und Engels war die von ihnen beinflußte Arbeiterbewegung nicht mehr als eine kleine Sektenbewegung. Einige ungewöhnlich entwickelte Arbeiter, die sich von der Masse ihrer Klassengenossen grell abhoben und auf diese genau den geringen Einfluß hatten, den eben Eingänger auf die Masse zu haben pflegen, das waren die Kommunisten, die Marx und Engels Gefolgschaft leisteten. Und wie verhältnismäßig klein war doch selbst in den vorletzten Jahrzehnten des neunzehnten Jahrhunderts noch die Anhängerschaft der Sozialdemokratie. Eine kontinuierliche Massenbewegung begann erst nach dem Tode von Karl Marx.

Das Proletariat konnte von außen nicht den Anstoß zu seinem Befreiungskampfe empfangen, weil die, die sich für sein Los interessierten, durch eine zu tiefe Kluft von ihm getrennt waren. Aus sich selbst heraus mußte die Arbeiterklasse die Bedingungen ihrer Emanzipation entwickeln. Das erklärt zu einem guten Teile all das Planlose und Widerspruchsvolle der Entwicklung, die bald in wilden Sprüngen sich überstürzte, bald vollständig im Sande zu verrinnen drohte. Es wäre töricht, von einer Volksbewegung Einheitlichkeit alles Geschehens und strenge Logik des Erstrebten zu verlangen. Was geschieht, geschieht aus innerer, der großen Masse kaum zum Bewußtsein kommender Notwendigkeit, die sich bald gegen, bald mit den neuen Ideen und den alten Überlieferungen durchsetzt.

Daß die Bedürfnisse des wirtschaftlichen Kampfes mit den Unternehmern und die des Kampfes um eine verbesserte Rechtsordnung von selbst zur Schaffung von Organisationen führen, haben wir bereits am Schlusse des vorhergehenden Kapitels ausgeführt. Nun wir den Prozeß der Organbildung im einzelnen beschreiben wollen, genügt dieser Hinweis auf die allgemeinen Tendenzen der Organisationsbildung nicht mehr. Wir müssen versuchen, das Werden der *einzelnen* Organisationen und ihren Einfluß auf die psychische Verfassung der Arbeiter zu beschreiben. Dabei wird es unser Bestreben sein, die Notwendigkeit des Geschehens klarzulegen und auch den Zufall von der Gesetzmäßigkeit nicht als ein ihr absolut Entgegengesetztes zu trennen. So kann es uns gelingen, das oft durchaus widerspruchsvoll erscheinende Entwicklungsbild zu einem gesetzmäßig bedingten, wenn auch freilich nicht immer harmonisch abgerundeten Bilde zu gestalten.

Diese Untersuchung wird zugleich für den Endzweck unserer *psychologischen* Forschung von Bedeutung sein, weil sie die Zentren proletarischer Kultur aufzeigt. Alle eigentümlichen Züge der proletarischen Massenseele haben sich innerhalb dieser Organisationen im Leben der Gewerkschaft mit ihren alle Mitglieder *solidarisch verbindenden Ringen*, in dem der Genossenschaft mit ihrer solidarisch verbundenen *Arbeit*, im *politischen* und im *Arbeiterbildungsverein* früher und schärfer ausgebildet, als in der Gesamtmasse der Arbeiterschaft. Noch heute ist die *proletarische Aristokratie* der in den genannten Organisationen Tätigen die Hauptträgerin der spezifisch proletarischen Kultur. Von ihr greift diese auf die unter ihrem Einfluß stehenden Massen über.

1. Arbeiterparteien.

In vier großen Gruppen ist das moderne Proletariat organisiert. *Politische Parteien*, *Gewerkschaften*, *Genossenschaften* und *Bildungsorganisationen* wirken neben- und vielfach auch miteinander. Welche von diesen Gruppen zuerst entstand, ist nicht leicht zu entscheiden. Als das Proletariat organisationsfähig geworden war, hing die Art der Organisation, der es sich zunächst zuwandte, von den Verhältnissen ab, die es umgaben. In politisch entwickelteren, demokratischen Ländern mußte die erste Organisationsform des Proletariats eine andere sein, als in konservativ-absolutistischen. Die Länder des europäischen Westens zeitigten frühzeitig eine politische Betätigung der Arbeiter, während die des Ostens dem politischen Leben der Arbeiter lange Zeit jede Nahrung vorenthielten.

Und nun das Merkwürdige: gerade die entwickelteren Formen politischer Demokratie im Westen hinderten die Entfaltung einer selbständigen Arbeiterpartei. Die Arbeiter, von den Ideologien der Vergangenheit befangen, waren gewöhnt zu versuchen, die bestehenden politischen Parteien ihren Interessen dienstbar zu machen. Daß ihnen dies nicht gelang, änderte nichts an der Tatsache, daß eben dieser Versuch die Entwicklung zur selbständigen politischen Arbeiterpartei aufhielt. Man denke nur an England, die Schweiz, und von außereuropäischen Ländern an die Vereinigten Staaten von Amerika. In diesen Ländern pendelten die zur politischen Betätigung erwachten Arbeiter zwischen den von ihnen bereits vorgefundenen Parteien hin und her. Bevor sie Arbeiter geworden, waren sie Bürger gewesen. Und als Bürger betätigten sie sich nun nach ihren altgewohnten Sympathien und Antipathien, beeinflußt durch alte Ideologien und politische Lehrmeinungen. Diesen Arbeitern liegt der Gedanke an eine selbständige Arbeiterpartei fern. Sie wollen die bestehenden Parteien für die Arbeiterfrage interessieren. In späterer Zeit, wenn die Erkenntnis bereits Boden gewonnen, daß die bestehenden Parteien, so wie sie momentan sind, für die Arbeiter wenig übrig haben, gelangt man erst zur „Reform" dieser Parteien. Die Partei soll umgemodelt werden, um den Interessen der Arbeiter dienstbar zu sein. Scheitert auch dies, dann erst machen sich die Ansätze zur Gründung einer selbständigen Arbeiterpartei ernstlich fühlbar.

Eine ganz andere Entwicklung begegnet uns in den Ländern, die erst später zu demokratischeren Formen der Verfassung gelangten. In Deutschland und in Österreich kamen die Arbeiter vorerst als politische Potenz gar nicht in Betracht. Die Folge davon war, daß sie politisch ungleich weniger sich betätigten als ihre Brüder im Westen. Als sie aber dann durch die wirtschaftliche

Not zu einer Tat gedrängt wurden, konnte es ihnen durchaus nicht passen, sich den bestehenden Parteien anzuschließen, die sich um die Arbeiter nicht gekümmert hatten, die mit ihnen in keiner Verbindung standen. Dazu kam, daß die Arbeiter nun erst einen Kampf um politische Rechte führen mußten, bei dem sie die bestehenden Parteien, die ein Privileg zu verteidigen hatten, als Gegner wider sich hatten. So mußten die Arbeiter sich selbst enger zusammenschließen, mußten zur Gründung einer selbständigen politischen Partei kommen.

Wir vermögen so die merkwürdige Tatsache zu verstehen, daß in den politisch entwickelteren Ländern verhältnismäßig später, in den zurückgebliebenen Ländern aber früher selbständige Arbeiterparteien entstanden.

Auf die Art der vom Proletariat zuerst ergriffenen Organisation wirkt aber nicht nur die vorgefundene Form der Verfassung ein, es sind auch die allgemeinen Zeitverhältnisse von großer Bedeutung. In den Zeiten einer langsamen friedlichen Entwicklung pflegten vorerst wirtschaftliche Organisationen der Arbeiter zu entstehen: Unterstützungsvereine, die sich allmählich zu modernen Gewerkschaften entfalteten, Spar- und Konsumvereine, aus denen im Laufe der Zeit Produktivgenossenschaften erwuchsen u. s. f. — Anders in den Zeiten großer und stürmischer politischer Umwälzung, in den Revolutionsepochen. Der wirtschaftliche Kleinkrieg ist in den Hintergrund gedrängt, die Arbeiter setzen ihre ganze Kraft im politischen Kampfe ein, durch den sie mit einem Male alles das zu erreichen hoffen, was ihnen auch auf wirtschaftlichem Gebiete erstrebenswert zu sein scheint. Es entstehen politische Kampfzentren, die sich unter günstigen Umständen zu regulären Organisationen entwickeln können.

In den Revolutionszeiten ist auch das Bedürfnis nach einer kulturellen Hebung der Arbeiterklasse sehr groß. Die großen Aufgaben erfordern ein kampfesfähiges Geschlecht, das verständnisvoll den Gang der Ereignisse verfolgt. Die Bildung der Arbeiter zu vertiefen, wird zur politischen Notwendigkeit. Die politischen Organisationen dieser Tage sind zu einem guten Teile Bildungsorganisationen.

In sehr vielen Fällen kann man überhaupt nicht entscheiden, welche Art der Organisation früher und welche später auftrat. Die Keime aller Organisationen sind vorhanden, nun entwickeln sie sich in einer ziemlich gleichen Linie. Wohl kommt es bald zu der oder jener definitiven Gründung, früher als zu den anderen, aber das ist angesichts der Tatsache, daß sich alle Organisationskeime gut entwickeln, ohne erhebliche praktische Bedeutung.

Es kann nur eine allgemeine Tendenz der Entwicklung konstatiert werden. Diese geht dahin, daß auf dem europäischen Kontinent die Arbeiterparteien und auch die Bildungsorganisationen sich vor den Gewerkschaften entwickelten, während die Genossenschaften sich am spätesten entfalteten. Umgekehrt gingen in England und Amerika die Gewerkschaften und Genossenschaften den politischen und Bildungsorganisationen voraus.

Jede dieser Organisationsarten hat eine gewisse psychologische Eigenart der Arbeiter zur Voraussetzung, wie sie wieder ihrerseits auf die Psychologie der Arbeiterklasse einwirkt.

Jede politische Partei spiegelt sich gewöhnlich in den Köpfen ihrer Anhänger als das Wirksamwerden einer Idee. Wohl mag die Idee wirtschaftlichen Ursachen ihr Entstehen verdanken, sie tritt doch als die Idee schlechthin, nicht als ein Niederschlag wirtschaftlicher Interessen in das Bewußtsein. Das gilt zu einem guten Teile heute noch, vor einigen Jahrzehnten war es unumstrittene Tatsache. Nicht was ist die Partei, wurde gefragt, sondern was will sie, welche Ideen bestimmen ihr Handeln.

Solange die Arbeiter politisch im Schlepptau der bürgerlichen Parteien standen, waren auch deren leitende Ideen die ihren. Was das radikale Bürgertum an „Freiheit“ und „Gerechtigkeit“ forderte, war auch Wunsch und Ziel der Arbeiter in der bürgerlichen Partei. All den großen Einfluß, den politische Ideale auf den geistigen Habitus ihrer Anhänger ausüben, hatten die bürgerlich-politischen Ideale auf die Köpfe der Arbeiter in den ersten Jahrzehnten des vorigen Jahrhunderts ausgeübt. Die Arbeiter waren gut bürgerlich gesinnte Proletarier.

Schließlich hatte sich doch der Interessengegensatz zwischen Lohnarbeiter und Bourgeois geltend gemacht. Die Arbeiter merkten, daß sie nicht solche Menschen seien, wie der Rentier Meier und der Fabrikant Schulze, daß sie von diesen durch eine tiefe wirtschaftliche Kluft getrennt seien. Und außerdem — und das war das Wichtigste — sie merkten, daß sie auch nie so werden könnten wie diese. Den Arbeitern war der Weg zum wirtschaftlichen Aufstieg abgeschnitten. Da erkannten sie, daß die allgemeine Menschenliebe, die ihnen vom Bürgertum gepredigt worden war, zwar eine schöne Sache sei, daß aber noch viel schöner und für sie zweckmäßiger die Liebe zu den Klassengenossen erstrahle. Die Arbeiter wurden Klassenmenschen.

Nun begegnet uns die selbständige Arbeiterpartei. Wohl ist ihr Wollen anfangs noch sehr von „bürgerlichen" Ideen durchsetzt, doch allmählich beginnen typische proletarische Züge hervorzutreten Die Arbeiterbewegung ist reif geworden für die Ideen Karl Marx'.

Marx hält der Arbeiterklasse ihren Spiegel vor: Erkenne dich selbst. Er geht nicht von einer absoluten Idee aus, die auf das gesellschaftliche Leben angewandt werden soll, sondern er erforscht das gesellschaftliche Leben und leitet aus ihm die Idee ab. Was die Arbeiter wollen müssen, was die bestehenden wirtschaftlichen Verhältnisse von ihnen verlangen, soll klar in das Bewußtsein treten. Damit war der Arbeiterklasse die Maxime ihres Handelns gegeben. Sie lautete: Erkenne was ist, gehorche der ökonomischen Bedingtheit. Der politische Kampf ist eine der ökonomischen Notwendigkeiten[1]).

[1]) „Der Kampf der Arbeiterklasse gegen die kapitalistische Ausbeutung ist notwendigerweise ein politischer Kampf. Die Arbeiterklasse kann ihre ökonomischen Kämpfe nicht führen und ihre ökonomische Organisation nicht entwickeln ohne politische Rechte. Sie kann den Übergang der Produktionsmittel in den Besitz der Gesamtheit nicht bewirken, ohne in den Besitz der politischen Macht gekommen zu sein. Diesen Kampf der Arbeiterklasse zu einem bewußten und einheitlichen zu gestalten und ihm sein naturnotwendiges Ziel zu weisen — das ist die Aufgabe der sozialdemokratischen Partei." (Erfurter Programm der deutschen Sozialdemokratie.)

Es ist klar, daß diese Auffassung geschichtlichen Geschehens die Arbeiterpartei von den übrigen Parteien meilenweit trennen mußte. Das Ziel der politischen Parteien pflegte es sonst zu sein, sich mit Tod und Teufel zu verbinden, nur um zur Herrschaft zu kommen. Nach Marx haben die Arbeiter einer unverrückbaren Notwendigkeit zu folgen. Ein geistreiches Kombinieren, ein ehrgeiziges Spiel mit verschwommenen Möglichkeiten, wie es sonst Politiker lieben, ist ausgeschlossen. Die Phantasterei wurde ausgeschaltet, die ernste trockene Wissenschaft allein soll führen. Keine Partei ähnelt so sehr einem gelehrten Konventikel, bewegt sich so sehr in akademischen Auseinandersetzungen, wie die der Arbeiter.

Darin liegt aber auch zum guten Teile die Quelle ihrer Kraft. Es ist die Gesetzmäßigkeit des Seins, die die Gelehrten der Arbeiterpartei erforschen wollen. Weil sich nach ihr die Taktik der Partei richtet und das Ziel fixiert wird, erscheint alles, was geschieht, als wahr. Die Wahrheit ist ihres absoluten Charakters entkleidet, aber ihr relativer Gehalt erfährt um so höhere Wertung. Die Arbeiter sind überzeugt, der Partei der Wahrheit zu dienen, der einzigen Partei, die an den Grund der Dinge greift.

Der Wahrheit dienen heißt die Wahrheit erkennen. So müssen die Arbeiter versuchen, den Lehren ihrer Theoretiker zu folgen, die gesellschaftlichen Verhältnisse studieren, um deren Entwicklung zu erfassen. Das schafft einen Wissensdurst, insbesondere nach soziologischen Kenntnissen, wie er in keiner anderen Klasse unserer Zeit zu finden ist.

Für das, was die Arbeiter als Wahrheit erfaßt haben, bringen sie eine ungemeine Opferwilligkeit auf, ja oft geradezu ein Aufgehen der Persönlichkeit in den Dienst der Partei. „Wenn ich in den letzten vierundzwanzig Jahren ein Tagebuch geführt hätte“, schreibt Peter Krapotkin „und darin all die Hingebung

---

„Das Proletariat zu organisieren, es mit dem Bewußtsein seiner Lage und seiner Aufgabe zu erfüllen, es geistig und physisch kampffähig zu machen und zu erhalten, ist das eigentliche Programm der sozialdemokratischen Arbeiterpartei in Österreich.“ (Wiener Programm 1901.)

und Aufopferung gebucht hätte, die ich in der sozialistischen Bewegung erlebt habe, der Leser eines solchen Tagebuches hätte das Wort „Heroismus" fortwährend auf den Lippen." — Wie wahr ist es doch, wenn er weiter sagt: „Jeder verkaufte Stoß Zeitungen, jede Versammlung, jede hundert Stimmen, die bei einer sozialistischen Wahl gewonnen wurden, stellen eine Menge Energie und Opfer dar, von denen kein Außenstehender die geringste Vorstellung hat[1])."

Schon bei Lassalle war der einzuschlagende Weg des Proletariats keine Entdeckung irgendeines besonders hellen Kopfes, sondern eine Notwendigkeit der bestehenden gesellschaftlichen Verhältnisse. „Man kann nie eine Revolution machen, man kann immer nur einer Revolution, die schon in den tatsächlichen Verhältnissen einer Gesellschaft eingetreten ist, auch äußere rechtliche Anerkennung und konsequente Durchführung geben. Eine Revolution machen wollen, ist die Torheit unreifer Menschen, die von den Gesetzen der Geschichte keine Ahnung haben"[2]). Die Sonnenhelle der Freiheit, wie sie Lassalle den deutschen Arbeitern verhieß, sollte mit Notwendigkeit kommen, folgend den Gesetzen der Geschichte. Lassalles Persönlichkeit überragte freilich in der beginnenden Arbeiterbewegung so sehr, daß alle andern Notwendigkeiten in den Hintergrund traten.

Kein Zweifel, die politische Aktion wurde am Beginn der deutschen Arbeiterbewegung sehr überschätzt. Das ergab sich von selbst, da man daran ging, alle Kraft auf den Lassalleschen e i n e n Punkt zu konzentrieren. „Alle Kunst praktischer Erfolge besteht darin, alle Kraft zu jeder Zeit auf einen Punkt — auf den wichtigsten Punkt — zu konzentrieren und nicht nach rechts noch links zu sehen. Blicken Sie nicht nach rechts noch links, seien Sie taub für alles, was nicht allgemeines und gleiches Wahlrecht heißt oder damit in Zusammenhang steht und dazu führen kann!"[3])

---

[1]) Peter Krapotkin: Gegenseitige Hilfe in der Tier- und Menschenwelt. Deutsch von Landauer. Leipzig 1908, Seite 247, 248.

[2]) Ferdinand Lassalle: Arbeiterprogramm.

[3]) Ferdinand Lassalle: Offenes Antwortschreiben.

Man könnte sagen, im lediglich politischen Kampfe, in dem als gesellschaftliche Notwendigkeit erfaßten Wahlrechtskampfe, erwuchs in Deutschland die selbständige Arbeiterpartei. Aber nicht lange, und diese Art des Kampfes galt als überholt. Eine Ausbreitung der Kampflinie fand statt. An die Stelle des Lassalleschen einen Punktes trat nach heftigen Auseinandersetzungen das Marxsche Programm. Zu der einen ökonomischen Notwendigkeit des Wahlrechtskampfes trat eine Reihe anderer.

Die selbständige Arbeiterpartei erstand, wie wir gesehen, haben nicht in allen Ländern zu gleicher Zeit. Und wo sie ins Leben trat, mußte sie sich auch der gegebenen Eigenart der nationalen, politischen und wirtschaftlichen Verhältnisse anpassen. Aber zwei Grundprinzipien bleiben seit Marx der selbständigen Arbeiterpartei allerorts erhalten; sie sind: Vergesellschaftung der Produktionsmittel als Ziel, Klassenkampf als Weg. Indem Marx, sagt Sombart, als Ziel der sozialen Bewegung die Vergesellschaftung der Produktionsmittel, als Weg den Klassenkampf bezeichnete, richtete er die beiden Grundpfeiler auf, auf denen sich die Bewegung aufbauen mußte. Es war genug, um die Arbeiter zu einheitlichem Bewußtsein zu bringen, es war nicht zu viel, um die Entfaltung der nationalen und sonstigen Eigenarten zu hemmen[1]).

Am ausgeprägtesten hob sich das, was wir die Klasseneigenart der Arbeiter nennen, in Deutschland von den übrigen Klassen der Gesellschaft ab. Dem nationalen Wesen der Deutschen, der Besonderheit ihrer politischen Verhältnisse und dem raschen Aufstieg ihres Wirtschaftslebens in den letzten Jahrzehnten entsprach es, daß sich hier eine Reinkultur marxistischen Geistes entfalten konnte. Für die deutsche Arbeiterbewegung ist besonders die weitgehende Integration, die Verschmelzung machtloser Individuen zu einem machtvollen Kollektivwesen charakteristisch. Der Massengeist, der sie belebt, die selbstlose Hingabe von Zehntausenden für das Beste der Partei, die disziplinierte Unterordnung unter den

---

[1]) Werner Sombart: Das Lebenswerk von Karl Marx. Jena 1909, Seite 22.

gewählten Führer, all dies sind psychologische Merkmale sozialistischer Arbeiterparteien, die speziell die deutschen Arbeiter auszeichnen. Dazu tritt freilich — es kann ja auch gar nicht anders sein — eine gewisse Abgeschlossenheit, eine Unvertrautheit mit den geistigen und sittlichen Werten im bürgerlichen Lager.

In den anderen kapitalistischen Ländern, in denen sich die Entwicklung zur selbständigen Arbeiterpartei bald früher, bald später vollzog, war diese Eigenart des Proletariats nicht in gleichem Maße zum Ausdruck gekommen wie in Deutschland. Die Parteien der Arbeiter haben in jedem Lande besondere Aufgaben zu erfüllen, sie können also nicht gleichartig sein. Aber wesensverwandte Züge, wenn auch in verschiedenartiger Verteilung, begegnen wir doch überall, in Frankreich wie in England, in Österreich wie in Italien.

Von dem „deutschen" Typus am entferntesten scheint sich der der französischen Arbeiter zu halten. Und doch bemerken wir bei näherem Zusehen auch hier psychologische Gemeinsamkeiten. Der Massengeist ist der französischen Arbeiterschaft mehr oder weniger ebenso fremd, wie die geschlossene Disziplin der deutschen. Die Integration ist dort nicht im gleichen Maße vorgeschritten. Und im Fehlen dieser Eigenheiten gewinnen wir fast den instinktiven Eindruck, als hätten wir — im psychologischen Sinne — gar keine ausgeprägt proletarische Schicht vor uns. Und doch wie stark sind wieder andere psychologisch eigenartige Züge des modernen Proletariats in Frankreich entwickelt. Das Bewußtsein der Kulturmission, die Leidenschaft für fernliegende Zukunftsziele, Opferwilligkeit — wenn auch in anderer Art als unter den deutschen — und der entschiedene Zug zum Rationalismus sind unter den französischen Arbeitern fast noch schärfer ausgeprägt als anderwärts.

Alle psychologische Gemeinsamkeit erhält seine Nahrung aus der Gemeinsamkeit des Zieles und der des Weges. Den Sozialismus auf dem Wege des Klassenkampfes herbeizuführen ist die Aufgabe der selbständigen Arbeiterparteien a l l e r Länder. Mag dies auch nicht immer deutlich in das Bewußtsein der Kämpfenden treten, es drängt sie doch die gesellschaftliche Notwendigkeit trotz aller taktischen Verschiedenheiten in diese eine Richtung.

Und ebenso ist wohl der Einfluß der Arbeiterpartei auf die Arbeiter verschieden nach Ort und gegebenen Verhältnissen, aber er ist gleichartig in dem Erwecken der Solidarität, des Selbstbewußtseins der Arbeiter und in dem Großziehen rationalistischen Geistes.

2. Gewerkschaften.

Die politische Partei des Proletariats erstrebt die Beseitigung aller Klassenherrschaft. Die Gewerkschaft scheint mit beiden Füßen auf dem Boden der Gegenwart zu stehen, keine Umwälzung, nur eine „Reform" des Bestehenden tritt als das erstrebte Ziel in den Vordergrund.

Viele Gewerkschafter stehen in der Tat mit voller Überzeugung auf dem Standpunkt, daß es den Arbeitern genügen müßte, die Härten der bestehenden Gesellschaftsordnung nach Möglichkeit zu mildern. Aufgabe der Gewerkschaft sei es, in dieser Richtung tätig zu sein. Der Sozialismus erscheint in diesen Kreisen als eine Art Phantasterei, die man weiter nicht ernst zu nehmen brauche.

Wir vermögen aber doch zu erkennen, daß diese trockene Nurgewerkschaftelei, wie sie vornehmlich in England und Amerika zuhause ist, allmählich an Boden verliert. Die Zuspitzung der Klassengegensätze, die Beherrschung der gesetzgebenden Körper durch Kapitalistengruppen, die Beeinflussung der Exekutive, kurzum die steigende Macht der Unternehmer im Staate bei immer schroffer werdender Klassenfeindschaft bewirken eine politisch selbständige Betätigung der Gewerkschaften.

In England hatten die Gewerkschaften Jahrzehnte hindurch im Schlepptau der bürgerlichen Parteien gesegelt. Nun haben sie sich zur Gründung einer selbständigen politischen Partei aufgerafft. Die englische Arbeiterpartei ist allerdings wesentlich verschieden von den festländischen sozialistischen Arbeiterparteien. Aber es ist doch nicht zu verkennen, daß sich eine große Wandlung in den

Köpfen der englischen Arbeiter bereits vollzogen hat und daß weitere Wandlungen zu gewärtigen sind. Die englischen Gewerkschafter geben Schritt für Schritt ihre isolierte Stellung auf und nähern sich den Ansichten ihrer festländischen, will sagen im besonderen ihrer deutschen Klassengenossen. Das bedeutet vor allem: Aufgeben der Nurgewerkschaftelei, Beginn einer politisch selbständigen Betätigung. Von der politisch selbständigen Betätigung der Arbeiter bis zum Sozialismus ist es nicht mehr weit.

Andererseits nähern sich auch die deutschen und die ihnen nachgebildeten Gewerkschaften in mancher Beziehung den englischen. Die allzu enge Verbindung der Gewerkschaften mit der politischen Arbeiterpartei lockert sich mit der zunehmenden Kraft der Gewerkschaftsbewegung. Die Gewerkschaften wollen nicht mehr in der politischen Partei schlechthin aufgehen, sie suchen eine gewisse Selbständigkeit zu wahren. So entfaltet sich allmählich eine mittlere Linie, auf der sich die modernen Gewerkschaften aller Industrieländer bewegen können. Es bewährt sich die selbständige Aktion der Gewerkschaften, die im innigsten Kontakt bleibt mit der selbständigen politischen Arbeiterbewegung. Die politische Arbeiterpartei steht auf sozialistischem Boden.

Mit der Verbindung der gewerkschaftlichen und der politischen Arbeiterbewegung vereinigt sich die Reform mit der Revolution, die Gegenwartsarbeit mit dem Umsturz des Bestehenden. Die politische Bewegung des Proletariats drängt zum Kampfe um die Herrschaft im Staate, ihr Streben geht auf die Verfügung über Machtmittel, die den entscheidenden Schlag ermöglichen. Die gewerkschaftliche Bewegung schafft durch ihren wirtschaftlichen Kleinkrieg den Arbeitern die Möglichkeit, geistig und physisch aufzusteigen, sie macht sie k a m p f f ä h i g. Und das ist in der Tat die große Bedeutung der modernen Gewerkschaftsbewegung-Geistig und physisch werden die Arbeiter kampffähig zum Waffengange für ihre vollständige Befreiung.

In den Köpfen der führenden Gewerkschafter ist dieser Gedankengang das Motiv des Handelns. Die Masse der Gewerkschaftsmitglieder steht ihm aber noch fremd gegenüber, sie ist von viel einfacheren Ideengängen geleitet. Verfolgen wir einmal diese einfacheren Überlegungen in ihrem Werdeprozeß:

Als die ersten Gewerkschaften entstanden, waren in den Köpfen der Arbeiter die zünftigen Überlieferungen der Vergangenheit noch nicht erloschen, ja vielfach wirkten gerade diese Überlieferungen befruchtend auf die Gewerkvereinsbildung ein. Der Zunftgeist kannte nicht die allgemeine Klassensolidarität, sondern nur die Solidarität zu den engeren Standesgenossen. Die entstehenden Gewerkschaften waren notwendigerweise Organisationen von Berufs- nicht von Klassengenossen, sie knüpften also ebenfalls an die Standessolidarität, nicht an die Klassensolidarität an. Und dieser Charakter mußte ihnen auch im Laufe der Entwicklung zu einem guten Teile erhalten bleiben.

Die wirtschaftliche Notwendigkeit drängte immer wieder die Arbeiter aller Berufe auf die gemeinsame Bahn des Kampfes, aber noch viel öfter und inniger schweißt sie die Arbeiter innerhalb eines jeden Berufes zusammen. Wir können deutlich beide Tendenzen verfolgen, wir sehen die Kämpfe der Arbeiter schlechthin und die der Tischler, Schneider, Schuhmacher usw. im besonderen. Die Gewerkschaften, die Berufsvereine sind, sind begreiflicherweise immer etwas mehr mit dem Sondergeiste erfüllt, den die Eigenart des Gewerbes erfordert.

So ist also der Gewerkschafter nicht ein klassenbewußter Arbeiter, wie etwa der der politischen Bewegung des Proletariats, sondern ein klassenbewußter Schuhmacher, Schneider oder Schirmmacher. Die Sonderheit des Berufes wird durch die Gewerkvereine nicht nur nicht zurückgedrängt, sondern bis zu einem gewissen Grade sogar in den Vordergrund geschoben. Das bedingt eine Begrenztheit des Blickes, der freilich wie jede Begrenztheit vielfach auch ein Stück bodenständiger Kraft enthält.

Je mehr sich die Gewerkschaften der politischen Arbeiterpartei nähern, desto eher gelingt es, den Branchengeist in ihren Reihen zurückzudämmen. Das Allgemeininteresse siegt schließlich über das Sonderinteresse. Nicht immer, und wenn, so oft erst nach jahrelangen Mühen wird der Branchengeist überwunden.

Aber noch immer ist die Möglichkeit gegeben, daß das Sonderinteresse des Berufes zeitweilig überwiegt, ja die Begrenztheit vermag sich sogar bis zur dürren Engherzigkeit zu steigern.

Wer allgemeinen Gewerkschaftskongressen beiwohnt, nimmt staunend wahr, daß sich mitunter das Berufsinteresse auch heute noch gegen das Allgemeininteresse durchsetzt. Es ist — wie oft — nicht von den Gewerkschaftern schlechthin die Rede, sondern von den gewerkschaftlichen Schneidern, Schlossern usw. Und die Vertreter jedes Berufes heben nicht selten mit einer gewissen Eifersucht ihre Sonderart hervor. Trotzdem sich die einsichtsvollen führenden Gewerkschafter bemühen, die Sonderinteressen der Berufe zurückzudrängen, machen sie sich unvermutet immer wieder geltend.

Als die österreichischen Gewerkschafter im Jahre 1893 darangingen, die einzelnen Berufsvereine in Industriegruppenverbände zusammenzufassen, hatten sie mit großen Schwierigkeiten zu kämpfen. Der Branchengeist wirkte der Reorganisation entgegen. Am ersten österreichischen Gewerkschaftskongresse hatten verschiedene Redner die Schwierigkeit der Überwindung des Branchengeistes betont. „In verschiedenen Fachvereinen herrscht noch immer ein gewisser Kastengeist und dieser ist es, welcher sich der Bildung von Industriegruppen, das heißt der Zusammenfassung mehrerer Branchen in eine Gruppe, entgegensetzt" . . . Die Industriegruppenorganisation sei etwas Unpraktisches, „weil der Branchengeist noch so überwiegend ist" . . . . „die Herrenschneider würden sich wohl wehren, wenn sie mit den Damenschneidern in eine Gruppe zusammengezogen werden würden und umgekehrt. Ebenso würde es bei den Schuhmachern und Schneidern gehen". — Schließlich wurden die Industriegruppen wohl gebildet, aber nach einigen Jahren zerfielen sie wieder[1]). Vom Standpunkte der gewerkschaftlichen Taktik mag das bedauerlich oder begrüßenswert gewesen sein, wir haben dies hier nicht zu

[1]) Vergl. Julius Deutsch: Geschichte der österreichischen Gewerkschaftsbewegung. Wien 1908, Seite 211 u. f.

untersuchen; uns handelt es sich nur um die Feststellung der Tatsache, daß der Branchengeist eine ungemein wirksame Kraft in der Gewerkschaftsbewegung ist.

Freilich, der Branchengeist war in früheren Jahren stärker und wird jetzt zusehends schwächer. Das ist in der ökonomischen Entwicklung begründet. Der moderne Großbetrieb umfaßt nicht mehr nur die Arbeiter eines Berufs. Die Arbeiter der verschiedensten Berufe, Tischler, Schlosser, Gießer, Maschinisten, Mechaniker, Spengler, Tapezierer, Lackierer usw. sind in einem Betriebe, etwa in einer Waggonfabrik, tätig. Da verschwindet das Berufsinteresse vor dem Interesse, das die gemeinsame Arbeit in dem einen Betriebe erzeugt. Der Berufsarbeiter wird zum Betriebsarbeiter.

Mit dem raschen Vordringen des Großbetriebes und der Verwandlung des einheitlichen zum kombinierten Betrieb muß der Arbeiter sich immer mehr als Arbeiter schlechthin fühlen, der Branchengeist in den Gewerkschaften wird schwächer, schließlich hebt sich die Berufsgewerkschaft selbst auf und setzt die Betriebsorganisation an ihre Stelle.

Dazu kommt noch ein anderer Umstand, die Arbeit im modernen Betrieb kann, auch wenn dieser einheitlich ist, von Arbeitern verschiedener Qualifikation ausgeführt werden. Der Ziegelarbeiter kommt in eine Glasfabrik, dann wieder in eine Zuckerfabrik, schließlich führt ihn sein Weg in eine Brauerei, und so geht es fort. Die Möglichkeit des raschen Berufswechsels läßt das Zusammengehörigkeitsgefühl der Berufsgenossen schwinden.

So sehen wir bedeutsame Faktoren am Werke, die den Branchengeist der Arbeiter schwächen, vielleicht schließlich ganz ertöten werden. Im Prozesse der Organbildung war und heute i s t indes der Branchengeist unter den Arbeitern noch lebendig, ihn haben die Berufsgewerkschaften durch ihre Wirksamkeit eher gestärkt als geschwächt.

Die Masse der Gewerkschaftsmitglieder pflegt aber nicht nur den alten Branchengeist nicht ganz abgestreift zu haben, sie ist auch von den entfernteren Zielen der modernen Arbeiterbewegung noch nicht ganz durchdrungen. Viele Arbeiter erblicken in der Gewerkschaft vor allem eine Waffe zur Erringung höherer Löhne, kürzerer Arbeitszeiten oder anderweitiger Verbesserungen des Arbeitsverhältnisses[1]). Was nachher kommen soll, verschwimmt im Nebel unklarer Hoffnungen.

Die Gewerkschaften, die die Massen gewonnen haben, sehen sich so vor die Notwendigkeit gestellt, mit einer Erziehungsarbeit zu beginnen. Es muß gelehrt werden, die gewerkschaftlichen Errungenschaften richtig zu werten und zu gebrauchen. Das erfordert, daß der Zusammenhang der Gegenwartsaufgaben mit den Zukunftszielen der modernen Arbeiterbewegung aufgedeckt und den Massen zum Bewußtsein gebracht wird. „Zur systematischen Ausbreitung und Weiterentwicklung des gewerkschaftlichen Gedankens gehört vor allem die geistige Schulung der Arbeiter in geschichtlicher, wirtschaftlicher, sozialer und sittlicher Beziehung, die Erziehung zu selbständigem Denken.“[2])

John Mitchel, der einflußreiche Führer der amerikanischen Bergarbeiter, führt aus: „Die Gewerkschaft setzt am Arbeiter das Werk der Schule, Disziplin und Erziehung, weiter fort. Hier lernt er seinen Willen dem der Mehrheit unterordnen und der Ausführung dieses Mehrheitswillens dienen. In der Praxis mag die Gewerkschaft keine so ideale Schule sein, wie in der Theorie, aber im ganzen weckt sie Verstand und Herz, die den guten Menschen und Bürger ausmachen. Der einzelne sieht gar bald, daß er seine Genossen nicht mit Gewalt zu seinen Anschauungen bekehren kann, sondern durch Kenntnis der Tatsachen überzeugen muß. Selbst in der einfachsten Gewerkschaftsversammlung gilt eine Art parlamentarischer Geschäftsführung, und auch dem Gegner hört man höflich zu. Man lernt seinen Standpunkt achten und besonders in völkischen (nationalen) Fragen Toleranz üben.“[3])

---

[1]) Vgl. Anlage, S. 174,

[2]) Paul Umbreit: Die Bedeutung und Aufgaben der Gewerkschaftskartelle. Berlin 1903, Seite 34.

[3]) John Mitchel: Organisierte Arbeit. Deutsch von Dr. H. Hasse. Dresden 1905, Seite 82.

Im allgemeinen sehen wir allerorts die Gewerkschaften mit Notwendigkeit zu einer ähnlichen Kulturmission kommen, wie die selbständige politische Arbeiterpartei. Es gilt nicht nur, für die Arbeiter Vorteile zu erringen, man muß sie auch erziehen. Und wir sehen, daß diese Erziehung nicht nur in der Verbreitung ökonomischer Kenntnisse, als dem engeren Requisit des Kampfes, besteht, sondern auch zur Einwirkung auf die Sittlichkeit der Arbeiter gelangt. Die konservativen Gewerkschaften Amerikas können sich dieser Notwendigkeit ebensowenig ganz entziehen — wenn sie auch praktisch in der Erziehungstätigkeit weniger leisten — als die Syndikate des europäischen Kontinents.

Unter dem Titel: „Wer ist ein guter Unionmann?" machten vor einigen Jahren in der amerikanischen Gewerkschaftspresse folgende Betrachtungen, die dann auch in europäische (deutsche und österreichische) Blätter übergingen, die Runde:

„Ein gutes Mitglied der Organisation ist nicht derjenige, welcher sich damit brüstet, ein Feind aller Arbeitgeber zu sein, und daß er dieserhalb schon manche gute Stelle geopfert habe.

Die amerikanischen Gewerkschaften vermögen übrigens bei weitem nicht jenen erzieherischen Einfluß auszuüben, wie die des europäischen Kontinents. Es fehlt ihnen der von weiten Gesichtspunkten geleitete Idealismus, der allein zu einer wirksamen Erziehungstätigkeit befähigt. Die amerikanischen Gewerkschaften sind unter dem Einfluß des extrem kommerziellen Milieus ihres Landes selbst zu großen kaufmännischen Syndikaten geworden, die ihre Aktion nach vorwiegend kaufmännischen Grundsätzen zum Zwecke Erlangung günstigerer Arbeitsbedingungen einleiten, etwa so, wie ein Kaufmann in Berücksichtigung aller Konjunkturumstände vorgeht. Ein revulutionärer Idealismus fehlt dabei völlig.

Das gilt besonders von der American Federation of Labour unter der Führung von Samuel Gompers, die über 2 Millionen gewerkschaftlich organisierte Arbeiter zählt. Radikaler ist die Western Federation of miners, welche im traditionsloseren freien Wildwest des Landes ihren Anhang hat.

Wenig zahlreich sind die sozialistischen Mitglieder der Gewerkschaften, noch weniger zahlreich die Mitglieder der Industrial-Unions, die von der Socialist Labour Party (der radikalen sozialistischen Fraktion) als rein politischer Verband in Konkurrenz zu den kommerziell gerichteten Gewerkschaften begründet wurden.

Nicht derjenige, der sich für den einzigen waschechten Unionmann hält und seine Ideen allen Mitarbeitern aufzwingen will. Nicht der Neidhammel, der gegen die Union wettert und mit Austritt und Zerschmetterung derselben droht, jedesmal wenn ein von ihm gestellter Antrag von der Versammlung abgelehnt wird. Nicht derjenige, der seinen Haß gegen Nichtunionmänner mittels Steinen und Knüttel Ausdruck gibt, denn das ist gegen Gesetz und Menschlichkeit und bringt die Union in Verruf. Nicht derjenige, der alles und jegliches verurteilt und nur an sich selbst und an seinen Taten etwas Gutes findet.

Ein guter Unionmann behält seine Stelle auf Grund seiner Fähigkeiten und nicht durch die Macht der Union; der wegen Unfähigkeit Entlassene, welcher sich auf die Macht der Union stützt, um wieder angestellt zu werden, verkleinert dadurch die Nützlichkeit der Union.

Nicht derjenige ist ein guter Unionmann, der sein ganzes Geld versäuft oder sonstwie verpraßt und seine Familie darben läßt. Nicht derjenige, der durch falsche Angaben oder unlautere Mittel eines anderen Stelle zu erlangen sucht. Nicht derjenige, der den Versammlungen fernbleibt und nachher die Beschlüsse derselben bekrittelt. Nicht derjenige, der mit den Beiträgen immer im Rückstande ist. Nicht derjenige, der während der Versammlung Unordnung veranlaßt und den Vorsitzenden sowie den Redner mißachtet.

Ein guter Unionmann ist derjenige, der, während er auf guten Lohn und gute Arbeitsverhältnisse besteht, dennoch eine gewisse Achtung vor dem Rechte seines Arbeitgebers bekundet und ihn nicht für seinen persönlichen Feind ansieht. Derjenige, der die kleinlichen Fehler anderer verzeihen kann. Derjenige, der das Verhalten eines Nichtunionmannes bedauert, denselben aber wegen der selbst aufgebürdeten Last bemitleidet und ihn zu bewegen sucht, durch Rat und Tat, der Union beizutreten. Derjenige, der stets ein ermutigendes Wort für seine Mitarbeiter hat und ihre Schwächen übersehen kann und des Bibelspruchs eingedenk ist, daß niemand auf Erden vollkommen ist, der die guten

Ratschläge und Taten anderer zu würdigen weiß. Derjenige, der es begreift, daß der Erfolg der Union von der Zuziehung neuer Mitglieder abhängt. Derjenige, der sparsam und nüchtern ist, seine Familie lieb hat und gut für dieselbe sorgt. Derjenige, der die Unionsgeschäfte verschwiegen hält. Derjenige, dessen Ehrenhaftigkeit es ihm verbietet, einen Mitarbeiter zu übervorteilen. Derjenige, der aller Unordnung in Versammlungen abgeneigt ist, dem Vorsitzenden den gebührenden Respekt erweist und bei Erhaltung der guten Ordnung gehörig unterstützt. Derjenige, der den Frieden liebt, dennoch aber gegen ungerechte Handlung empfindlich und dann kein Feigling ist. Derjenige, der mit seinen Beiträgen nicht im Rückstande ist. Derjenige, der kein Nörgler ist, doch in logischer Weise jede Maßregel, die er für gut hält, unterstützt, und jeder Maßregel, die er für schädlich hält, opponiert. Derjenige, der die Geistesgröße besitzt, um zu erkennen, daß es außer ihm auch noch andere ehrliche Menschen gibt. Derjenige, der ehrenhaft genug ist, die Vorschläge anderer ohne Hochmut anzuhören."

Das ist ein reizvolles Durcheinander von Ordnungsvorschriften zur glatten Abwicklung der Unionsgeschäfte und sittlicher Forderungen. Achte auf deine gewerkschaftliche Organisation, achte aber auch stets auf deine persönliche Ehrenhaftigkeit! Das ist das Leitmotiv der Predigt. Und immer wieder der Hinweis: nur wenn jeder einzelne Unionsmann seine Pflicht erfülle, könne die Organisation gedeihen.

Es ist das hehre Lied der Solidarität, das in den Maximen gewerkschaftlicher Lebensweisheit erklingt. Freilich, die Solidarität fanden wir oft genug nur innerhalb der Grenzen der Berufe in voller Stärke wirksam, aber gleichgültig, ob in engerem oder weiterem Rahmen, sie ist doch stets da, wo Arbeiter sich zusammentun, um für eine Verbesserung ihrer wirtschaftlichen Lage zu kämpfen. Der gesunde Egoismus der Arbeiter schafft die Solidarität, die den Egoismus besiegt. In der gemeinsamen Arbeit hebt sich die Selbstsucht zu einem guten Teil wieder auf, nachdem sie zuerst die Berufsgenossen zusammenführte.

So gelangt die Gewerkschaftsbewegung, wenn auch von anderen Gesichtspunkten ausgehend, ebenso wie die politische Partei des Proletariats zum Prinzip der *Solidarität*. Die Bedürfnisse des gewerkschaftlichen Kampfes erzeugen außer diesem noch eine Reihe anderer ethischer Werte. Vor allem die *Disziplin*. Sie ist eine absolute Notwendigkeit gewerkschaftlichen Zusammenschlusses, hier noch von weit größerer Bedeutung als in der politischen Bewegung. Auf die sittliche Eigenart der Arbeiter wirkt die Gewerkschaft ein, indem sie sie zur *Nüchternheit*, *Vorsicht* — die manchmal bis zum Mißtrauen gegen Neuerungen sich steigert — und zu ruhiger *Sachlichkeit* erzieht.

3. Genossenschaften.

Das Gegenstück zur Gewerkschaft, ihre notwendige Ergänzung, ist die Konsumgenossenschaft. Will die Gewerkschaft dem Arbeiter als Produzenten, so der Konsumverein ihm als Kosumenten helfen.

Die Einwirkung der Konsumentenorganisation auf die Psyche der Arbeiter ist der der Gewerkschaft nicht unähnlich. Vor allem hier, wie in allen anderen Schöpfungen der modernen Arbeiterklasse, das Wirksamwerden der Solidarität. Das Individuum tritt in den Hintergrund, die Kollektivität gewinnt überragende Bedeutung. Dabei ist bei den Konsumgenossenschaften, im Gegensatz zu den Gewerkschaften, von Bedeutung, daß der berufliche Kastengeist der Arbeiter von vornherein ausgeschaltet ist. Das bringt das Wesen der Konsumvereinsbewegung mit sich, daß sie alle Arbeiter ohne Rücksicht auf berufliche Verschiedenheiten in sich zusammenzufassen sucht.

Die Stellung der Konsumentenorganisation in der Gesamtarbeiterbewegung ist nach Zeit und Ort verschieden. Am Beginne der Genossenschaftsbewegung brachte man ihr vielfach übertriebene Hoffnungen entgegen. Man glaubte, daß die Gründung von Konsumvereinen allein die soziale Ordnung aus den Angeln heben, der Arbeiterklasse eine entscheidende Verbesserung ihrer Lage bringen könnte. Darüber ist man heute so ziemlich allgemein hinaus. Man wertet die Konsumgenossenschaft ebenso wie die

Gewerkschaft als ein Mittel, die Lage der Arbeiter in der Gegenwart zu heben und sie damit erst fähig zu machen, den Kampf um die vollständige Befreiung der Klasse zu führen.

Die bewußte Eingliederung der Konsumentenorganisation in den Klassenkampf der Arbeiter finden wir nicht in allen Ländern gleich stark ausgeprägt. Von England, wo die Konsumentenorganisation eine isoliertere Stellung einnimmt, bis zu Belgien mit seinen ausgesprochen sozialistischen Genossenschaften ist ein weiter Weg.

Wo die Konsumvereine von sozialistischem Geiste beseelt sind, pflegt der Eigenproduktion eine noch größere Aufmerksamkeit geschenkt zu werden, als in den anderen Genossenschaften. Im allgemeinen pflegt aber allerorts die selbständige eigene Produktion, die vollständige Ausschaltung der Unternehmer angestrebt zu werden. Es sind nur die Motive verschieden und deshalb wohl auch die zur Erreichung des Zieles angewandten Kräfte nicht gleich stark.

In welch weitem Ausmaße bereits in der Gegenwart die Ausschaltung des Unternehmers möglich ist, zeigt das interessante genossenschaftliche Experiment in der norditalienischen Provinz Reggio-Emilia. Dort gibt es seit kurzem Verbände von Genossenschaften, die die verschiedenartigsten Zweige des ökonomischen Lebens in ihre Hand nahmen, sowohl Produktion als auch Konsum der Mitglieder in einem sich selbst genügenden, ökonomischen Verbande organisierten und so bis zu einem gewissen Grade einen sozialen Staat im italienischen Staat der Gegenwart begründeten.

Sehr charakteristisch sind auch gerade nach der Seite ihrer psychologischen Wirkung hin die französischen Produktivgenossenschaften. Diese werden in der Regel nicht aus rein ökonomischen Überlegungen, sondern im Kampfe selbst begründet. Streikende Arbeiter, welche sich dem siegreichen Unternehmer nicht beugen wollen oder von ihm nicht mehr aufgenommen werden, tun sich zusammen und gründen eine Genossenschaft. So wurde nach dem Streik von Carmaux, da eine Einigung der Arbeiter mit den Unternehmern nach mehrmonatigem Kampf noch immer nicht zustande kommen wollte, von den ersteren die „Verrerie aux Verriers“ begründet. Eine Reihe von Jahren später begründeten einige Arbeiter des Buchbindereigewerbes, die nach einem erfolglosen Streik entlassen wurden, eine Produktivgenossenschaft, der sie den Namen „La Persévérante“ (die Ausdauernde) beilegten. Bei all diesen Gründungen wirkte ein gemeinsamer Faktor. Sie gingen hervor aus einer Verbindung verzweifelnden Opfermutes brotlos gewordener Arbeiter und generöser Hilfeleistung seitens einiger wohlhabender, sozialistisch gesinnter Idealisten. Ihre Begründer und Teilhaber fühlten und fühlen sich als die Träger eines sozialen Befreiungsgedankens; es sind nicht in erster Linie ökonomische, sondern ideelle Momente, welche diese Genossenschaften ins Leben riefen und am Leben erhalten. Aus dem oben Gesagten geht hervor, wie sehr diese Gründungen im innersten Wesen von den Genossenschaften Englands und Deutschlands verschieden sind. Die Besonderheit des französischen Nationalcharakters mit seinem hingebenden Opfermut für eine als heilig anerkannte Sache kommt gegenüber dem praktischen, realeren Sinn der Deutschen und Engländer auch in der Verschiedenheit dieser Genossenschaften deutlich zum Ausdruck.

Als ein charakteristisches Beispiel für solche Gründungen mag die Geschichte der genossenschaftlichen Druckerei „L'Émancipatrice“, wie sie von Henry Dagan in den Dokumenten des Fortschritts (Juni 1908) geschildert wird, angeführt werden. Im Jahre 1901 vereinigten sich mehrere organisierte Druckereiarbeiter und begründeten die Genossenschaft mit Hilfe einiger wohlwollender Freunde.

Die „Émancipatrice“ unterschied sich in ihrem weiteren Entwicklungsgange zu ihrem Vorteil von den meisten Schwestergründungen. Ihre Teilhaber bewiesen nicht nur Opfermut, sondern auch klaren geschäftlichen Blick und Ausdauer in der täglich wiederkehrenden Arbeit. Aufträge kamen ihnen von seiten sozialistischer und radikaler Blätter und Revuen zu, das Unternehmen konnte sich bald erweitern. Die oben erwähnten Darlehen seitens wohlhabender Gönner wurden zurückgezahlt, und vor zwei Jahren wurde die ganze maschinelle Einrichtung umgestaltet und auf eine moderne Basis gestellt. In der inneren Organisation der Arbeit wurde eine wesentliche Reform gegenüber den sonst im Buchdruckereigewerbe üblichen Gepflogenheiten durchgeführt. Man bezahlt in der neuen Genossenschaft weder Akkordlohn noch Stücklohn, sondern alle Arbeiter schaffen gemeinsam, und das Erträgnis wird in durchaus gleichmäßiger Weise verteilt. Setzer, Drucker, Arbeitsleute und Direktor erhalten die gleichen Bezüge. Besonders die letztgenannte Eigenheit, die auch die leitenden technischen und kommerziellen Beamten mit den Handarbeitern finanziell auf eine Stufe stellt, erregte naturgemäß ein beträchtliches Aufsehen. Die Vertreter der Genossenschaft begründeten ihr Prinzip damit, daß ein Arbeitskamerad, von den Genossen zu einer leitenden Stellung berufen, hierdurch keinerlei Anspruch auf eine erhöhte Entlohnung gewinnen solle. Interessant ist, daß dieser gewiß überaus anfechtbare Grundsatz in der Praxis sich immerhin gut bewährt hat. Direktor und Leiter des Unternehmens kommen ihrer Pflicht mit Eifer und Ausdauer nach und beklagen sich in keiner Weise über ihre geringe Entlohnung. Die Posten werden durch freie Wahl der Mitglieder auf eine begrenzte Reihe von Jahren besetzt, der Verwaltungsrat der Genossenschaft besteht aus allen in ihr beschäftigten Arbeitern. Der ökonomische Erfolg des Unternehmens wurde von Jahr zu Jahr ein günstigerer. Im Laufe der sieben Jahre seit der Gründung wurden 16 000 Frcs. an Gründungsdarlehen zurückgezahlt, 70 000 Frcs. wurden zur Anschaffung von Maschinen aufgewandt. Der gesamte Geschäftsumsatz belief sich im abgelaufenen Jahre auf 170 000 Frcs. Im Sinne der ideellen Traditionen des Unternehmens wurden 10% des Reingewinnes für P r o p a g a n d a bestimmt, zum Teil zur Unterstützung streikender Arbeiter, zum Teil als Beihilfe bei der Gründung neuer Genossenschaften verwendet. Gewiß gab es auch Schwierigkeiten. Manche Schwestergenossenschaften traten der „Émancipatrice“ gegnerisch gegenüber, weil diese das Prinzip der Gleichheit der Bezüge zwischen Arbeitern und technischen Leitern allzuweit getrieben habe. Im Innern des Unternehmens kam es zu Schwierigkeiten gegenüber manchen Teilhabern, welche den Mangel einer strengen Aufsicht zu Müßiggang und unordentlicher Arbeit mißbrauchten. Der Verwaltungsrat des Unternehmens mußte sie zum Austritt veranlassen. Ebensolche Zwischenfälle zeigten aber, wie sich eine gewisse natürliche Auslese der Teilhaber vollzieht, welche vermöge ihrer moralischen Eigenschaften zur freien genossenschaftlichen Arbeit befähigt sind.

Und nun ein durchaus anderes Genossenschaftsbild! Eigenartige, für uns fremde Züge treten in der Gründung der amerikanischen Negergenossenschaften: „True Reformers Association" zutage. Während Genossenschaften überall sonst, wie oben geschildert, aus ökonomischen, politischen oder ideellen Motiven hervorgehen, verdankt die genannte Negergenossenschaft dem Rassengegensatze, der in den Südstaaten der amerikanischen Union zwischen Weißen und Negern besteht, ihr Entstehen. Im folgenden sei deren Entwicklung dargestellt.

Die Neger der Südstaaten werden systematisch von allen qualifizierten Anstellungen in Betrieben, welche den weißen Herren des Landes gehören, ausgeschlossen; bloß als Diener, Kellner, Kutscher und in ähnlichen untergeordneten Funktionen, die der Weiße als unter seiner Würde befindlich erachtet, werden sie gern beschäftigt. Selbst ihrem Eintritt in den Industriearbeiterstand steht — so paradox dies auch klingen mag — die gewerkschaftliche Bewegung zum Teil im Wege, indem die Gewerkvereine der weißen Arbeiter sich weigern, Neger aufzunehmen, und andererseits die Beschäftigung von Nichtorganisierten in den Südstaaten von Amerika ebenso wie anderwärts von den Gewerkvereinen zu verhindern versucht wird.

Kommerzielle oder industrielle Betriebe, die Negern gehören und daher Neger beschäftigen könnten, gibt es bis nun nur in ganz verschwindender Anzahl. Die Väter der heute lebenden Generation waren ja noch Sklaven und nach ihrer Befreiung Besitzlose gewesen, während die nur mäßige kommerzielle Begabung der Rasse eine Anhäufung hinreichender Kapitalien in so kurzer Zeit nicht begünstigte. Den zahlreichen jungen Negern, die in den Schulen ein gutes Maß von Bildung erworben hatten, blieb so jenseits der rein dienenden Stellungen keine Erwerbsmöglichkeit offen. Dem Streben der Arbeitsuchenden nach Betätigung, sowie der Solidarität der gesamten Negerbevölkerung verdankt die „True Reformers Association" ihr Entstehen. Zuerst begründete man einige Produktiv- und Konsumgenossenschaften beschränkten Umfanges, die um die Kundschaft der Negerbevölkerung warben und sie dank deren Solidaritätsbewußtsein auch leicht gewannen. Später wurden immer mehr neue Genossenschaften angegliedert, und heute kann man wahrhaft von einem „Staat im Staate" sprechen. Die Genossenschaft zählt heute an 100 000 Mitglieder in all den Südstaaten der Union. In allen größeren Städten befinden sich ihre Niederlassungen. Meist ist es eine Negerbank, die den Mittelpunkt der genossenschaftlichen Betriebe einer gegebenen Stadt bildet, an sie schließen sich Konsumvereine, eine Bäckereigenossenschaft, genossenschaftliche Verkaufsläden, Hotels, welche im Sinne der Landessitte bloß Negern Unterkunft gewähren, und schließlich eine Zeitung als Verbandsorgan an. Beamte und Arbeiter sind ausschließlich Neger; einerseits im Sinne der Bundeszwecke, welche den Negern lohnende Beschäftigung gewähren wollen, andererseits auch deshalb, weil kein weißer in einer von Negern geleiteten Unternehmung eine Stellung annehmen würde. Soweit der stets steigende Einfluß der Genossenschaft reicht, ist das Programm der Beschäftigung der Neger in höheren kommerziellen Positionen gelöst.

Die Genossenschaft wird also gehalten durch die Hingebung ihrer Mitglieder und durch die Solidarität der fast durchweg proletarischen Rassengenossen. Der Geist der Solidarität strahlt von ihr nach allen Negerniederlassungen der Vereinigten Staaten aus.

Wie ganz anders erwuchsen die Genossenschaften Englands aus dem praktisch-schöpferischen Geiste ihres Volkes. Aus kleinen Anfängen erwuchsen die Pioneers of Rochdale, erwuchsen alle die ihnen nachfolgenden Genossenschaften, langsam tastend, von Erfahrung zu Erfahrung fortschreitend, zur gewaltigen Ausdehnung der heutigen britischen Genossenschaften, die im Jahre 1907 Waren im Werte von 387 935 740 Mark herstellten oder umsetzten,

47 537 Arbeiter beschäftigten und Löhne im Betrage von 52 650 180 Mark bezahlten.

Besonders wichtig ist es, daß die Produktivgenossenschaften sich weit rascher entwickelten als die Konsumvereine; während der Umsatz der letzteren in den letzten zehn Jahren um 69,4% gestiegen ist, hat sich der der genossenschaftlich produzierten Waren um 123,3% erhöht.

Die Produktivgenossenschaften sind die wahre Zusammenschweißung der Arbeitstätigen in einen großen Kollektivkörper, in dem sich der Geist der Solidarität aus der Solidarität aller Interessen entwickeln muß.

Es wirkt die Genossenschaftsbewegung aller Länder mit ihrer notwendigen Beförderung der Produktivassoziationen in der Richtung einer Erstarkung der sozialen Tugenden.

Alle Formen der Genossenschaften, von den nur einen engreformatorischen Charakter zeigenden in England, den im Klassenkampfe der Arbeiter sich bewußt betätigenden in Belgien bis zu den sozialistisch experimentierenden in Italien, weisen den einen gemeinsamen Zug solidarischer Selbsthilfe auf. Es charakterisiert sie aber besonders, daß sie in den Arbeitern die Fähigkeit der Verwaltung komplizierter Institute großziehen. Ohne Selbstzucht, Beharrlichkeit und Opfersinn gepaart mit Fleiß und zielsicherer Intelligenz lassen sich so gewaltige Unternehmungen wie die modernen Genossenschaften nicht am Leben erhalten, geschweige denn in die Höhe bringen[1]).

Kein Wunder auch, daß sich die Arbeiter ob dieser ihrer Leistungen freuen und mit Stolz das Erreichte überblicken. In die Begeisterung, mit der sie ihr Werk vollbringen, mischt sich das

[1]) Mit vollem Rechte konnte der Genossenschafter A. Stoddart am britischen Genossenschaftskongresse 1909 in Newcastle sagen: Das genossenschaftliche System der Arbeit entwickelt die Selbstachtung und den Sinn für persönliche Verantwortlichkeit .... Es appelliert an die besten Instinkte im Arbeiter. In einer richtig organisierten Genossenschaftsindustrie bewirken das persönliche Interesse, das Verantwortlichkeitsbewußtsein und die Gewohnheit der Selbstbeherrschung, daß sich die Kluft zwischen den verschiedenen Graden der Arbeiter schließt.

Selbstbewußtsein derer, die unter schweren Verhältnissen Großes geschaffen.

So sehen wir auch in der Genossenschaftsbewegung eine Quelle sittlicher Werte der modernen Arbeiterklasse. Zum Teile sind die Einflüsse eine Verstärkung der von den politischen Parteien und den Gewerkschaften geprägten Werte, zum Teil sind es auch neue eigenartige Eigenwirkungen auf die Psyche der Arbeiter, die die Genossenschaftsbewegung geschaffen hat.

4. Arbeiterbildungsinstitute.

Die Kampfesorgane der Arbeiter mußten, wie wir sahen, aus innerer Notwendigkeit heraus zu einer erzieherischen Tätigkeit kommen. Es galt die Arbeiter mit den Bedingnissen des Kampfes vertraut zu machen, andererseits war Wissen und Bildung schlechtweg zu verbreiten, um den erwachten Wissensdurst der Arbeiter zu befriedigen, die Kulturgüter der Gegenwart den breiten Massen des Volkes zu erschließen.

Die politischen Parteien, Gewerkschaften und Genossenschaften konnten selbstverständlicherweise ihren vornehmsten Zweck, den Kampf für die Arbeiter zu führen, nicht durch die Erziehungstätigkeit beeinträchtigen lassen. Sie taten wohl, was ihnen möglich war, aber sie vermochten unmöglich alle Bedürfnisse zu befriedigen. Die Kampfesorganisationen schufen Bildungsbedürfnisse, Wissenssehnsucht unter den Arbeitern, sie konnten ihren Zweck nicht ganz erfüllen, wenn die Massen nicht zu höherer Kultur aufstiegen — aber sie waren doch unvermögend, selbst alles das zu tun, was an Erziehungstätigkeit getan werden sollte.

So entwickelten sich eigene Arbeiterbildungsinstitute, die den Kampfesorganisationen der Arbeiter einen Teil der Erziehungstätigkeit abnahmen.

Es entstanden zwei Arten von Bildungseinrichtungen. Auf der einen Seite versuchte die Bourgeoisie, oder besser gesagt, ihr radikalster Flügel, die Intelligenz, den Arbeitern die Möglichkeit zu geben, sich Wissen anzueignen, auf der anderen Seite schuf die Arbeiterklasse selbst besondere Institutionen zur Verbreitung von

Bildung. Zwischen beiden Typen bewegen sich zahlreiche Übergangsformen. Von Instituten, die, als eine Art Wohlfahrtseinrichtung gedacht, nur von den Nichtarbeitern geleitet sind, bis auf die Organisationen der Arbeiter, an denen sich die bürgerliche Intelligenz beteiligt, zieht sich eine Reihe Zwischenglieder.

Zu den verbreiteteren Schöpfungen der bürgerlichen Intelligenz gehören die Settlements. In England spielen sie bereits seit Jahren eine nicht unbeträchtliche Rolle, auch auf dem europäischen Kontinent und in Amerika vermochten sie in der letzten Zeit Fuß zu fassen. In ihnen mengt sich philanthropische Wohltätigkeit mit planmäßiger Erziehungsarbeit. In Toynbee Hall in Whitechapel, der Urform des englischen Settlements, finden wir neben Einrichtungen zur sozialen Hilfstätigkeit Unterrichtskurse und andere Veranstaltungen zur kulturellen Hebung der Arbeiterklasse. Dabei wird von den Leitern der englischen Settlements immer wieder betont, daß es sich ihnen vor allem darum handle, den Arbeitern menschlich näher zu kommen. Die Seele dieser Bewegung, Cannon Barnett, sagt: „Das Settlement muß als Streben des menschlichen Geistes, Menschlichkeitsarbeit zu verrichten, gewertet werden. Seine Unterrichtsklassen, seine sozialen Einrichtungen sind weit weniger die richtigen Prüfsteine seines Erfolges, als die Frage, ob es ihm gelingt, Freundschaften zu begründen. Seine ganze erziehliche Arbeit will die Ansammlung jenes Wissens begünstigen, das sich nicht in bare Münze umsetzen läßt, die Vorträge und Klassen sollen das Leben weit mehr an Freude bereichern, denn an klingendem Lohn. Sein Ziel ist es, mehr die richtige Verwendung der freien Zeit zu zeigen, als die der Arbeitszeit.“

Den gleichen schöngeistig-idealistischen Zug, wie er hier vorwaltet, begegnen wir auch in amerikanischen Settlements. Dagegen hatte der Versuch, ihn nach dem europäischen Kontinent zu übertragen, einen Mißerfolg. Im Wiener Settlement tritt zum Beispiel der philanthropische Charakter des Ganzen weit mehr in den Vordergrund.

Untersuchen wir die Settlementsbewegung nach ihrer psychologischen Wirkung hin, so bemerken wir zunächst ein Aufgehen der proletarischen Besucher in die bürgerliche Hochkultur der Gegenwart. Wissen und Kunst, wie sie Gemeingut unserer intellektuellen Kreise sind, dringen ins Proletariat. Es entsteht noch keine spezifisch proletarische Kultur, die Arbeiterschaft erwirbt die Kultur unserer Zeit. Diese befähigt sie indes, die proletarische Eigenart, die neuen Werte, die das Proletariat geprägt, zur Entfaltung und zur Geltung zu bringen.

Ebenso wie die Settlements sind die V o l k s h o c h s c h u l e n Schöpfungen der bürgerlichen Intelligenz. Sie tragen auch einen ähnlichen Charakter wie diese.

Für unsere Untersuchung sind sie deshalb von großer Bedeutung, weil sie auf die proletarische Psychologie aufs mächtigste in der Linie kulturellen Aufstieges wirken, dann aber auch, weil ihr Blühen, ihr rapides Wachstum ein klares Symptom und ein scharfer Beweis für die W i s s e n s s e h n s u c h t des modernen Proletariats sind.

Die Art der begründeten Volkshochschulen weist in den einzelnen Ländern erhebliche Unterschiede auf. In Amerika gibt es eine große Anzahl Volkshochschulen. Sie sind nicht überall im gleichen Maße vom industriellen Proletariat besucht, doch ist der Prozentsatz der proletarischen Hörer allerorts im Steigen begriffen. Je mehr sich die Eigenart des Proletariats auch bei den amerikanischen Arbeitern durchsetzt, desto größer wird die Zahl der Arbeiterschüler an den Volkshochschulen.

Das „Cooper Institut" zu New York weist dank seiner Lage im Eastend mit seiner bildungsdurstigen deutschen und jüdischen Arbeiterbevölkerung den verhältnismäßig größten proletarischen Zuspruch unter den großen amerikanischen Volkshochschulen auf. Mit der glänzenden Ausstattung seiner systematischen Abendkurse und Einzelvorträge — diese werden täglich in einem großen Saal, der 2000 Hörer faßt, abgehalten — dem Reichtum seiner Bibliothek und dem umfassenden Studienprogramm, zählt dieses Institut zu den vorzüglichsten Volkshochschulen der Erde. Es war die erste unentgeltliche Bildungsanstalt in New York.

Den Typus der amerikanischen Volkshochschulen wollen wir an zwei Beispielen aufzeigen. Ein Blick auf ihr Arbeitsgebiet wird uns die Möglichkeiten und die Art ihrer Wirksamkeit erweisen. Das „Brooklyn Institute of Arts and Sciences" hatte in den Jahren 1904 und 1905 folgenden Vorlesungsplan:

1. fünf Vorlesungen über das Problem industrieller Monopole,
2. vier Vortragsabende aus moderner Kammermusik,
3. sechs Vorlesungen über Literatur und Zivilisation von Persien und Zentralasien,
4. sechs Vorlesungen über soziale Kräfte im viktorianischen Zeitalter,
5. eine Serie von zwölf Vorträgen über Shakespeare,
6. sechs Vorträge über den Orient,
7. sechs Vorträge „Die Geschichte der Freiheit",
8. sechs Vortragsabende über das englische Drama,
9. sechs Vorträge über die Neigung zur Demokratie,
10. sechs Vorträge mit illustr. Lichtbildern über Architektur und Baukunst,
11. sechs Vorträge über die Romantik Frankreichs im Anfang des 19. Jahrhunderts,
12. sechs Vortragsabende über das russische Kaiserreich,
13. sechs Vortragsabende über die Leiter der modernen Gedankenbewegung,
14. sechs Vortragsabende über die Evolution der angelsächsischen Rasse,
15. Die Philosophie des persönlichen Lebens (sechs Ansprachen),
16. eine Serie von Vorträgen über die Ausstellung in St. Louis.

---

1. Eine Reihe von Vorträgen mit illustr. Lichtbildern über griechische Archäologie,
2. Vorlesungen mit Illustrationen über Architektur,
3. Vorlesungen mit Illustrationen über Astronomie,
4. Vorträge mit Lichtbildern über Sternkunde unter besonderer Berücksichtigung des Mondes und des Planeten Mars,
5. eine Reihe von Vorlesungen über Botanik mit Illustrationen,
6. sechs Vorträge mit Lichtbildern über die organische Chemie,
7. sechs Vorträge mit Illustrationen über Nahrungsmittel,
8. Ansprachen über häusliche Wissenschaft,
9. Vorträge mit Illustrationen „Wie sollen wir leben?",
10. Vorlesungen mit Lichtbildern über Elektrizität,
11. eine Reihe von Vorträgen über die Elektrizität und ihre praktische Anwendung in Kunst und Gewerbe,
12. Vorträge mit Illustrationen des Maschinenwesens.

---

1. Vorlesungen mit Lichtbildern, die Insektenkunde behandelnd,
2. Vorlesungen mit Illustrationen über die Baukunst der Ameisen,
3. sechs Vorträge mit Lichtbildern über kunstvolle Handarbeiten,
4. sechs Vorträge über flämische und holländische Kunst,
5. sechs Vorträge über Architektur und Zivilisation,
6. sechs Vorträge über amerikanische Kunst,
7. Vorlesungen über Kunstgeschichte,
8. Vorträge mit Illustrationen über Geographie,
9. Vorlesungen über den großen Südwesten mit vier Illustrationen,
10. eine Serie von Abhandlungen nationaler und geschichtlicher Bedeutung.
11. fünf Vorträge mit Illustrationen über Naturschönheit,
12. acht Vorlesungen über Erdkunde.

---

1. Eine Anzahl von Vorlesungen über Anleitung zur Entwicklung der Instrumentalmusik,
2. eine Serie von Vorlesungen über die Schule, das Haus und die Gesellschaft und deren Beziehung zu den modernen Bedürfnissen,
3. Vorträge über den Kindergarten,
4. Vorträge über Erziehungsfragen,
5. Vorträge über Jugendschriften,
6. Vorlesungen über Körperpflege,
7. Vorträge über die Entwicklung der Vernunft,
8. Vorträge mit Illustration über Zoologie,
9. Vorträge über das Sammeln von Briefmarken,
10. fünf Vorlesungen mit Illustrationen über die Erdatmosphäre,
11. fünf Vorträge mit Illustrationen über Verbrennung,
12. vier Vorlesungen mit Illustrationen über die Schwere und das Fallen von Gegenständen.
13. Vorlesungen über Naturgeschichte.

Es ist der ganze Reichtum moderner Geisteskultur, der in diesen Kursen den breiten Volksschichten von Brooklyn geboten wird, und alle Kräfte moderner Wissensentfaltung werden so zu Faktoren der psychischen Massenwirkung.

Anderer Art und praktischerer Bestimmung ist das „Drexel-Institut“ in Philadelphia; sein Studienplan umfaßt:

eine Abteilung der schönen Künste (Unterricht im Zeichnen, Malen, Modellieren usw.),

eine Abteilung für Wissenschaft und Technik (Elektrizität, Mechanik, Chemie usw.),

eine Abteilung für Extrakurse in Wissenschaften (Algebra, Mathematik, Physik usw.),
eine Abteilung für Handel und Finanzwissenschaft (Handelsschule, Buchführung, Stenographie usw.),
eine Abteilung für das Hauswesen (Ökonomie, praktische Anleitung),
eine Abteilung für häusliche Arbeiten (Schneidern, Putzmachen),
eine Abteilung für die Jugend in Kunst und Wissenschaft (Literatur, Geschichte, Sprachen usw.),
eine Abteilung für Heranbildung von Bibliothekaren,
eine Abteilung für Kurse in der englischen Sprache und Literatur (amerikanische Literatur, zeitgenössische Dichter),
eine Abteilung für Körperpflege (Klassen für Studenten, Spezialkursus für junge Frauen),
eine Abteilung für freie öffentliche Vorträge und Konzerte während der Wintermonate (Vorträge in Kunst und Wissenschaft, Orgelkonzerte usw.),
eine Abteilung für Abendfreiklassen in Orchestermusik.

Das Institut unterhält eine Bibliothek und Lesezimmer, ein Museum und eine Bildergalerie.

Ähnliche Lehranstalten bestehen in allen anderen Großstädten Amerikas, besonders ausgezeichnete in Chikago. Die Universitäten veranstalten außerdem selbst populäre Vorträge im Stile der englischen university extension. Segensvoll erscheint uns auch die Methode des New Yorker „Board of Education", der in allen Stadtteilen alltäglich populäre Vorlesungen (oft mit Lichtbildern) veranstaltet und so das Wissen bis in die entlegensten Arbeitervorstädte trägt. Ein Phänomen unendlicher Tragweite vollzieht sich vor unsern Augen: das Wissen der Besten unserer Zeit wird Gemeingut der Massen.

Auch in Europa ist die Volkshochschule keine fremdartige Erscheinung mehr. In England wirken die university extension, in Norwegen die „Arbeiterakademien", in Schweden das „Arbeiterinstitut", in Finnland, Dänemark, Holland die Volkshochschulen, in Deutschland und Österreich desgleichen die volkstümlichen Universitätskurse und Volkshochschulen. So spannt sich ein Netz wertvoller Arbeiterbildungsinstitute über alle Länder des modernen Kapitalismus.

Ihr Arbeitsgebiet umfaßt die wichtigsten Wissensgebiete: Gesellschaftslehre und Nationalökonomie, Naturwissenschaften, Mathematik, Geschichte, Erd- und Völkerkunde, Literatur, Sprachwissenschaften, Philosophie. Es gibt fast kein modernes Wissensgebiet, das nicht in diesen Instituten seine Pflege fände.

In Norwegen werden die Kurse von den sogenannten Arbeiterakademien veranstaltet, die seit 1885 bestehen. Die Akademie in Christiania verdankt ihr Zustandekommen einer Anregung, die unmittelbar aus Arbeiterkreisen selbst hervorging, während sie zunächst nach dem Muster des gerade zu der Zeit in Stockholm errichteten „Arbetareinstitut" organisiert wurde, zu welcher Veranstaltung der Gedanke von dem bekannten schwedischen Kulturhistoriker und Arzt Dr. Anton Nyström ausgegangen war. — Es finden sich gegenwärtig über ganz Norwegen verteilt ungefähr 70 Arbeiterakademien, hiervon 40 in Städten und 30 in den Landgemeinden; die durchschnittliche Anzahl von Zuhörern für jede Vorlesung war im Unterrichtsjahr 1905 bis 1906 in den Städten ungefähr 200 und etwa 120 in den Landgemeinden. In der Arbeiterakademie in Christiania hat sich im genannten Jahr eine Anzahl von rund 42 000 Zuhörern, verteilt auf 220 Vorlesungen, um die Lehrstühle geschart.

Um das gesprochene Wort durch das geschriebene unterstützen zu lassen, erhalten die Zuhörer eine vom Vortragenden selbst verfaßte, klare und leicht faßliche Darstellung des behandelten Gegenstandes, eine kleine, populär-wissenschaftliche Schrift, damit sie angespornt werden, tiefer in den Stoff einzudringen. An der Arbeiterakademie in Christiania verteilt man unentgeltlich an jeden Zuhörer gedruckte „Repetitionsbögen", für jede Vorlesung ein Blatt.

In Finnland werden populär-wissenschaftliche Vorträge in verschiedenen Teilen des Landes von der finnländischen Gesellschaft für Volksaufklärung veranstaltet. In den Jahren 1906 und 1907 verfügte dieselbe über eine vom Landtage bewilligte Summe von 34 000 Mark. 2475 Vorträge wurden gehalten. Auch Volkshochschulen wurden seit dem Jahre 1889 begründet, heute bestehen deren 33.

In allen Volkshochschulen dauern die Kurse sechs Monate lang (vom 1. November bis 1. Mai). Das Alter der Besucher beiderlei Geschlechts schwankt zwischen 18 und 22 Jahren. Im letzten Schuljahre belief sich die Zahl der Schüler und Schülerinnen im Durchschnitt auf 47 in jeder Anstalt. Bis zur Gegenwart haben 13 000 Personen diese Schulen besucht.

Die Hauptfächer dieser Volkshochschulen sind: Muttersprache, Geschichte und Gesang, dann Naturkunde (besonders die Geographie Finnlands), Mathematik, Soziologie und die Lehre von der Staats- und Gemeindeverfassung.

Die Schöpfungen der bürgerlichen Intelligenz an Wirksamkeit noch überragend sind die Bildungsinstitute, die sich die Arbeiter selbst geschaffen. Vom kleinen Arbeiterbildungsverein bis zur Parteihochschule zieht sich eine Kette bedeutsamer Bildungseinrichtungen. Ihre Wirksamkeit auf die Arbeiter muß schon deshalb größer sein, weil hier mehr die Gesellschaftswissenschaften gepflegt werden. Die Gesetze des gesellschaftlichen Seins lernt der Arbeiter begreifen und damit empfängt er für seinen Befreiungskampf die wuchtigsten Waffen. Kein Wunder, daß er sich mit einem wahren Feuereifer auf diese Wissensgebiete stürzt.

In den von den Arbeitern allein geschaffenen Instituten fühlt sich der Arbeiter auch unbefangener, heimischer. Auch von diesem Gesichtspunkte aus ist die Wirksamkeit der reinen Arbeiterbildungsinstitute eine größere als die der gemischten. In Deutschland hat das Mißtrauen der Arbeiter gegen die von den bürgerlichen Intelligenz eröffneten Lehrkurse eine wahrhaft gedeihliche Arbeit nicht aufkommen lassen. Die politische Gegnerschaft, die in der Regel Lehrer und Hörer zu trennen pflegte, ließ dieses Mißtrauen von vornherein erwarten. Bei der schroffen Zuspitzung der Klassengegensätze m u ß t e n sich in Deutschland die Arbeiter gedrängt fühlen, die Bildungsarbeit in eigenem Betrieb zu übernehmen.

Die deutschen Arbeiter haben in ihren eigenen Instituten Großes geleistet. Täglich finden Tausende von Vorträgen und Unterrichtskursen statt, in denen die Arbeiter mit wissenschaftlichen Lehren vertraut gemacht werden. Es entwickelten sich auch Einrichtungen, um das Kunstverständnis der Arbeiter zu wecken und zu pflegen. Man denke nur an die rühmliche Wirksamkeit der Berliner „Freien Volksbühne“.

Ebenso wie in Deutschland entfaltete sich auch in Österreich, besonders in Wien, ein großzügiges, von den Arbeitern allein geleitetes Arbeiterbildungswesen. Allerdings war hier, den eigenartigen politischen Verhältnissen entsprechend, der Gegensatz zu den Schöpfungen der bürgerlichen Intelligenz nie sehr scharf zutage getreten. Bis zu einem gewissen Grade ergänzen sich die volkstümlichen Universitätskurse und die Unterrichtsabende des „Volksheim“ mit den Vorträgen und Kursen, die von der Wiener Arbeiterschaft allein veranstaltet werden. Während in den volkstümlichen Universitätskursen die Naturwissenschaften, Literatur und Philosophie einen breiten Raum einnehmen, das „Volksheim“ neben diesen Fächern noch reichliche Gelegenheit zum Sprachenstudium gibt, werden in den von den Arbeitern allein eingerichteten Kursen vorwiegend die Gesellschaftswissenschaften, Nationalökonomie und Rechtswissenschaft, gepflegt.

Auch die Pflege der Kunst fand in den Wiener Arbeiterkreisen eine Stätte. In gleicher Weise wie in Berlin sorgt die „Freie Volksbühne“ für gute Theatervorstellungen. Außerdem werden Konzerte in den größten und schönsten Sälen der Stadt veranstaltet. Hervorragende Künstler bemühen sich, den Arbeitern die Werke unserer großen Tondichter näher zu bringen.

Im allgemeinen mögen die selbständigen Schöpfungen der Arbeiter an Klarheit und Systematik des gegebenen Wissens noch hinter den Volkshochschulen zurückstehen — obwohl der Abstand gewiß von Jahr zu Jahr kleiner wird — als Wachstumszentren protelarischer Psychologie haben sie indes eine um so größere Bedeutung. In den Arbeiterkursen wächst jener rationalistische Geist empor, der das moderne Proletariat auszeichnet, es entwickelt sich der Glaube an die Zukunft der Klasse, die nimmermüde Kampfbegeisterung für das große Befreiungswerk und das Verständnis für alle Fortschritte des kulturellen Lebens.

In den Ländern mit einer weniger scharf ausgeprägten, selbständigen Arbeiterbewegung ist das von den Arbeitern allein unterhaltene Bildungswesen noch unentwickelter als in Deutschland und Österreich. Amerika und England in dieser Beziehung stehen weit hinter diesen beiden Ländern zurück. Dagegen weisen Frankreich und ihm folgend Italien wieder eine eigenartige Entwicklung auf.

Frankreich hat im Arbeiterbildungswesen eine völlig eigene Richtung eingeschlagen. Die englische Art der „university extension" hat hier nicht durchzudringen vermocht. Freilich sind viele Kurse der Universitäten an und für sich öffentlich und unentgeltlich und in diesem Sinne eigentlich ohnehin Volkshochschulkurse. Aber trotzdem es fehlte den Bewohnern der Arbeiterbezirke in den Städten an Gelegenheit zu wissenschaftlicher Bildung. Das hat sich nun in den letzten Jahren wesentlich geändert.

Den äußeren Anstoß gab die Dreyfus-Affäre. Im politischen Kampfe fanden sich Arbeiter und Intellektuelle. Dieser Kampf schuf eine engere Verbindung. Ihr Kind war schließlich die „université populaire".

Die „université populaire" ist von den Volkshochschulen der anderen Länder, mit denen sie den Namen gemein hat, wesentlich verschieden. Sie ist prinzipiell eine autonome, selbstverwaltete Arbeiterorganisation, die Hochschullehrer und Künstler, freie Schriftsteller und Politiker aller fortschrittlichen Richtungen zu sich einlädt, Kurse oder Vorträge über Probleme des Wissens und der Kultur zu halten. Es vollzieht sich nicht so sehr wie bei den anderen Volkshochschulen eine Anpassung des Proletariats an die Gesittung des Bürgertums, als vielmehr unmittelbar die Wahrheiten und Probleme der modernen Kultur von den Arbeitern aufgesaugt, assimiliert und zur proletarischen Eigenart ausgereift werden. Es konnte wohl auch nur so der stolze demokratische Sinn der französischen Arbeiter der Idee der gemeinsamen Arbeit mit Vertretern des Bürgertums sich zu eigen geben.

Nun hat er es mit Leidenschaft getan. In allen Stadtteilen von Paris entstanden universités populaires, in denen mehr oder weniger systematisch die Bildungs- und Aufklärungsarbeit gepflegt wurde. Schließlich haben sich diese Institute im „chateau du peuple“ — im reizenden Bois du Boulogne gelegen — einen würdigen Mittelpunkt geschaffen.

An Samstagen und Sonntagen pflegen literarische Abende veranstaltet zu werden, in denen Arbeiterdichtungen zum Vortrage kommen. Junge Arbeiter, Mitglieder der Vereine selbst, begannen die Gedichte zu verfassen, die das Fühlen und Leiden ihrer eigenen Klassengenossen widerspiegeln sollen.

Diese Verse fanden lebhaften Widerhall bei den Hörern, in deren eigener Brust sie ja verwandte Klänge anklingen ließen. Möglich war all dies freilich nur infolge der spezifisch künstlerischen Begabung des französischen Volkes, die selbst diesen unerfahrenen Menschen, die tagsüber in der Werkstatt tätig stehen, Form-, Sprachgewandtheit und künstlerische Ausdrucksfähigkeit verlieh.

Von lyrischen Dichtungen ging man zu dramatischen Werken über. Diese wurden gleichfalls von Mitgliedern der Vereine aufgeführt. Eine Vereinigung der Arbeiterdichter, der „Club des Chansonniers revolutionaires“ bildete sich, der in allwöchentlichen Sitzungen bestimmt, welche seiner Mitglieder sich zu bestimmten Festen der Volksuniversitäten und der Arbeitervereine zu begeben und dort ihre Werke zum Vortrage zu bringen hätten. Immer blieben die Arbeiterdichter in enger Verbindung mit dem täglichen Leben, mit den kleinen Leiden und der großen Tragik der Arbeiterklasse, sie blieben voll und ganz deren Wortführer. Ihre Verse waren und blieben ein getreuer Spiegel der Arbeiterseele. Streik und Hunger, Zukunftshoffen und Aufopferung für die großen Ideen des Sozialismus waren ihre Lieblingsthemen. Bedeutsame Klänge echter volkstümlicher Poesie strömten aus ihren Liedern.

Von Paris griff die Bewegung in die französische Provinz und dann nach Italien, vor allem Norditalien, über. Das Statuto dell' Associazione dell' Università populare in Florenz gibt als seinen Zweck an: die Veranstaltung von wissenschaftlichen Kursen, Errichtung einer Bibliothek, Abhaltung von Vorträgen und Diskussionen, Versuche mit noch anderen Mitteln „Kultur zu verbreiten". Es sind die gleichen Beweggründe, die die norditalienischen wie die französischen Arbeiter zur Schaffung dieser Institute geführt, und es sind die gleichen Ziele, denen beide zustreben. Auch in Belgien besteht ein in gleicher Art sich entfaltendes Volksbildungswesen.

Zu den autonomen Arbeiterverbänden für die Gewinnung höherer Bildung ist auch die Davidson-school in New York zu rechnen, in der sich im Jahre 1899 einige Dutzend Personen im Alter zwischen 16 und 58 Jahren, Straßenhändler, Zeitungsverkäufer und jüdische Proletarier in den Einwanderervierteln von New York zusammenfanden. Unter der Führung von Th. Davidson und in Verbindung mit einigen Studenten der Columbia-Universität schufen sie Unterrichtskurse, die an den ersten vier Abenden jeder Woche zwischen 8 und 10 Uhr abends stattfanden. Der Freitagabend wird der Lektüre ethischer Schriften gewidmet oder der Diskussion von Problemen des öffentlichen Lebens. Außer diesem Freitagklub dienen 12 weitere Klubs verschiedenen Interessen.

Man plant die Ausgestaltung der Kurse zu einer Art Lehrerakademie unter Leitung der besten Lehrer und mit dem fähigsten und enthusiastischsten Schülermaterial. Damit wäre auch der Anfang gemacht zu einem Lehrerseminar für die unteren Klassen der Schule. Die Lehrerschaft wird sich dann aus ehemaligen Schülern rekrutieren.

Die Schüler der Davidson-Schule hatten oft wenig oder gar keine Gelegenheit zum Studium, vielen waren in der Heimat Erziehungsprivilegien und Bildungsgelegenheiten nur darum verweigert, weil sie Juden sind. Für diese Schüler wurde die Anstalt zu einer Wiedergeburt der Seele.

In der langen Reihe von Einrichtungen, die von und für Arbeiter zur Verbreitung von Bildung geschaffen wurden, seien noch die Maßnahmen zur Popularisierung der Literatur erwähnt. Die Werke unserer großen Denker erscheinen in wohlfeilen Volksausgaben, ihre Ideen werden in billigen, zur Massenverbreitung geeigneten Broschüren und in den zahlreichen populärwissenschaftlichen Zeitschriften dem Volke zugänglich gemacht.

Daneben wirken die vielen Volksbibliotheken in der gleichen Richtung. Jeder kleinste Arbeiterverein hat seine Bibliothek und er mehrt sie mit Freude und Stolz, denn sie dünkt den Mitgliedern als der Hort des Wissens, das sie so sehnsüchtig erstreben.

V. Kapitel.

Radikale Strömungen.

Der Gedanke der Evolution, wie er von den Vorkämpfern der Arbeiter herausgemeißelt wurde, ist in allen seinen Feinheiten den breiten Massen noch nicht verständlich, kann ihr nicht verständlich sein. Die Folge davon ist, daß die Masse leicht die Beute einfacher, leichter verständlicher Strömungen wird. „Wenn eine Masse einheitlich handelt, so geschieht es immer auf Grund möglichst einfacher Vorstellungen; die Wahrscheinlichkeit ist zu gering, daß jedes Mitglied einer größeren Masse einen mannigfaltigeren Gedankenkomplex in Bewußtsein und Überzeugung trägt. Da nun aber angesichts der Kompliziertheit unserer Verhältnisse j e d e e i n f a c h e I d e e e i n e r a d i k a l e, vielerlei Ansprüche negierende sein muß, so begreifen wir daraus die Macht der radikalen Parteien in Zeiten, wo die großen Massen in Bewegung gesetzt sind, und die Schwäche der vermittelnden, für beide Seiten des Gegensatzes Recht fordernden“ [1]).

Aus diesen Sätzen Simmels klingt die Wahrheit durch, daß der einfache Gedankengang des Radikalismus eine desto größere Herrschaft über die Massen ausüben muß, je ungebildeter ihr Durchschnitt ist, je weniger der Gedankenkomplex der einzelnen Individuen differenzierte Vorstellungen umfaßt. Der so verstandene Radikalismus, besser gesagt das auf einen Punkt konzentrierte umstürzlerische Wollen, kann natürlich ebenso gut ein revolutionäres wie ein reaktionäres Moment sein. Die Masse muß die gewollte Veränderung nicht dort suchen, wo etwa die gesellschaftliche

---

[1]) G. Simmel, a. a. O., Seite 75.

Entwicklung an und für sich hintreibt, sondern kann ebensogut in der Verhinderung dieser Entwicklung, im gesellschaftlichen Rückschritt, ihr Heil zu finden glauben. Von revolutionären wie von reaktionären radikalen Massenbewegungen bietet die Geschichte genugsam Beispiele.

Worauf jeder einseitige Radikalismus beruht, das ist die Unbildung der Massen. Nun haben wir gesehen, daß die Organe der erwachten Arbeiterklasse von sich aus zum Kampfe gegen die Unbildung kamen, ja, daß schließlich bedeutsame Institutionen entstanden, deren alleiniger Zweck es ist, die Massenerziehung systematisch durchzuführen. Die Wirkung dieser Tätigkeit müßte nach dem oben Gesagten sein, daß der Radikalismus als einseitiges Umsturzwollen in den Massen allmählich an Boden verliert.

Dem ist in der Tat so. Aus der Bahn ruhiger Aufwärtsentwicklung werden die Massen um so leichter gedrängt, je weniger Bildung sie in sich aufgenommen haben. Theoretische Überlegungen können dort nicht verfangen, wo der Boden für sie nicht genügend vorbereitet ist. Fehlt aber systematisches Wissen, dann stellen sich um so intensiver die Impulse des G e f ü h l e s ein.

Der Appell an das Gefühl der Massen hat in allen Zeiten eine beträchtliche Wirkung. Weil die Masse im allgemeinen undifferenzierter ist, als das einzelne Individuum, muß sie dem philogenetisch auf einer niedrigeren Stufe als das Denken stehenden Gefühl leichter zugänglich sein. Hat indes die Masse einen gewissen Grad von Bildung schon erreicht, dann vermag der Appell an das Gefühl momentan wohl noch die Gemüter zu entflammen, die ruhige Überlegung in den Hintergrund zu drängen, aber auf die Dauer ist diese Wirkung nicht mehr zu erhalten. So verstehen wir es, wie leicht radikalen Rednern in der Volksversammlung zugejubelt wird, während später doch das nicht ausgeführt wird, was sie unter der begeistertsten Zustimmung vorgeschlagen hatten. Das Gefühl erficht nur mehr Augenblickserfolge, die Überlegung, die im Laufe der Zeit erworbenen Kenntnisse bestimmen indes in Wahrheit die Geschehnisse.

Radikale Strömungen pflegen vor allem die Jugendzeit proletarischer Bewegungen gefangen zu nehmen. Noch vermochte die Masse nicht zu einem tieferen Verständnisse des Klassenkampfes vorzudringen, einfache radikale Schlagwörter erringen noch mehr als bloße Versammlungserfolge.

Freilich, die verhältnismäßige Unbildung der Masse ist nur e i n e Erklärungstatsache, es gibt ihrer indes mehrere, die einseitigen Radikalismus auslösen. Die Jugendzeit der Arbeiterbewegung pflegt mit der Unentwickeltheit des Kapitalismus zusammenzufallen. Wollten die Arbeiter dieser Zeit, den ökonomischen Verhältnissen Rechnung tragend, die Stunde ihrer Klassenbefreiung in der weiten Ferne suchen, in der sie wirklich liegt, dann müßten sie wahrhaftig verzweifeln. Die Massen, die eben erst aus ihrer Lethargie erwachten, von all den Träumen jugendlicher Begeisterung befangen sind, dürsten nach einer raschen Lösung. Sie sind noch nicht so weit, geduldig warten zu wollen, bis sich der Geschichte ehernes Muß erfüllt hat, sie drängen voll ungeduldiger Hast dem ersehnten Ziele entgegen. Täten sie das nicht, entflammte sich nicht die Hoffnung auf den baldigen Sieg, dann würde ihre Begeisterung in nichts zusammensinken.

Je weiter in Wahrheit der endgültige Sieg ist, desto eher läßt sich das Gemüt von Siegesträumen umfangen. Die Hindernisse w o l l e n nicht gesehen sein. Träumt man sich aber bereits bis zu der Schwelle der Befreiung, dann versucht man nun auch den letzten entscheidenden Schlag zu führen. So entsteht der Glaube an die allein und unmittelbar befreiende Tat.

Die einseitige radikale Aktion, die aus der Psychologie der allzu frühen Siegeszuversicht entspringt, empfängt seine Bekräftigung in dem M a n g e l a n V e r a n t w o r t l i c h k e i t s g e f ü h l, der einflußlosen Volksbewegungen eigen ist. Trotzdem sich die Massen der Arbeiter so nahe dem Ziele wähnen, empfinden sie es deutlich, daß sie momentan,vor dem großen Kladderadatsch, nichts durchzusetzen vermögen. Sie mögen reden und agieren, wann und wie sie wollen, ein realer Machtfaktor sind sie doch noch nicht. Das nimmt ihnen die Reserve, die sie haben würden, wenn sie für alles das voll einstehen müßten, was sie von der Gesellschaft verlangen. Man stelle die radikalsten Männer vor die Lösung konkreter Aufgaben, und man wird voll Staunen wahrnehmen, wie rasch mit der praktischen Arbeit das Verantwortlichkeitsgefühl steigt, während die radikale Einseitigkeit in den Hintergrund tritt.

Eine siegreiche Masse, von ohnmächtiger Einflußlosigkeit befreit, wird keineswegs in umstürzlerischer Projektenmacherei sich ergehen, sondern recht bald mit planmäßiger, sachlich nüchterner Tagesarbeit beginnen. Weil in der Jugendzeit der Arbeiterbewegung die Möglichkeit einer praktischen Arbeit im Dienste der Arbeiterklasse nicht gegeben ist, flammt unversehens ein Radikalismus der Unverantwortlichkeit auf.

Die radikalen Strömungen, die in der Jugend der Arbeiterbewegung leicht die Oberhand gewinnen, sind auch in der gereiften Organisation beileibe nicht einflußlos. Wir stoßen hier auf eine eigenartige Erscheinung. In die Reihen der geschulten, disziplinierten Kämpfer, wie sie die gereifte Entwicklung hervorgebracht, mischen sich Elemente, deren Psychologie durchaus ähnlich zu der ist, wie sie auf einer niedrigen Stufe proletarischen Kampfes allgemein auftritt.

Die Ursache dieser Erscheinung scheint uns darin zu liegen, daß jeder Neugewonnene, der heute zur Arbeiterbewegung stößt, in den Hauptzügen die gleiche psychologische Entwicklung durchmacht, wie sie vordem die ganze Arbeiterbewegung durchlief. Die Etappen auf dem Wege der Gesamtheit werden zu solchen auf dem des einzelnen. Also, so könnte man sagen, ein Wirken des Haeckelschen biogenetischen Grundgesetzes auf soziologischem Gebiete. In der Ontogenesis des modernen, klassenbewußten Proletariers spiegelt sich die Phylogenesis der Klassenbewegung wieder.

Man studiere einmal den Entwicklungsgang der einzelnen in der modernen Arbeiterbewegung stehenden Arbeiter, und man wird sich dieser Analogie nicht erwehren können. Vom Rausche der ersten Begeisterung, die Weg und Steg nicht achtet, führt die Entwicklung zu dem vorsichtigen, gereiften Taktiker, der heute den Gang der Geschehnisse bestimmt. Freilich, diese Einzelnen, die neugewonnen in stürmischer Weise nach der einen großen Tat dürsten, häufen sich, wenn die Verhältnisse ihnen günstig sind. Die Scharen, die die gleiche Psychologie umfängt, finden sich zu geeinter Tat. Sie versuchen, ihrer Art zum Durchbruche zu verhelfen. So werden sie zur radikalen Strömung.

Solange die Agitation, die Erweckungstätigkeit der Arbeiterorganisationen währt, so lange neue Massen von dem Wunsche für die Befreiung der Klasse zu kämpfen, ergriffen werden, so lange wird auch die alle Hindernisse nichtachtende radikale Strömung die Arbeiterbewegung mehr oder weniger nachhaltig zu beeinflussen suchen.

Unsere Aufgabe konnte es nicht sein, die radikalen Strömungen innerhalb der Arbeiterbewegung zu werten, wir hatten sie nur nach ihrer psychologischen Seite hin zu erklären. Wenn wir aber eine Wertung vorzunehmen hätten, so könnten wir, das sei ausdrücklich betont, keinesfalls zu einer absoluten Verurteilung des Radikalismus kommen. Wie alle Einseitigkeit löst auch der einseitige Radikalismus Kräfte aus, die sonst brach liegen würden. Er erweckt in breiten Massen Begeisterung, Opfermut, Kampfeslust.

Bewegt sich der einseitige Radikalismus auf der Linie der gesellschaftlichen Entwicklung, dann ist sein Vorteil ohne weiteres klar, er befördert das, was kommen muß. Aber selbst dann, wenn der Radikalismus eigene Wege zu gehen sucht, die von denen der notwendigen Entwicklung abweichen, kann er doch noch vorteilhaft für das Ganze der Bewegung wirken. Indem er Massen erweckt, führt er dem Kampfe frische Kämpfer zu und gleichgültig, in welche Richtung er sie wirft, der Kampf selbst, die Quelle aller Kraft, wird befruchtet.

* * *

Nicht nur radikale Strömungen wirken im modernen Proletariat, es kommen auch andere da und dort zur Geltung, die nicht uninteressant zu untersuchen wären. Wir müssen uns indes hier mit einigen Andeutungen begnügen.

Im Anarchismus treffen sich zwei entfernte Pole. Auf der einen Seite der Typus der oben gezeichneten für die Arbeiterbewegung Neugewonnenen, die sich im Radikalismus überschlagen. Ihnen dünkt die Anarchie als das radikalste des zu Fordernden und eine gewaltsame Tat als der rascheste Weg zur Befreiung. Auf der anderen Seite die individualistisch ausgeprägteren Naturen, die sich für das Ideal der nüchternen Ordnung, als das ihnen der Sozialismus erscheint, nicht zu begeistern vermögen und die auch in den Rahmen der geschlossenen modernen Arbeiterbewegung nicht genug Spielraum für das Wollen ihrer eigenen Person erhoffen können. Der letzteren kleineren Gruppe — es sind die maßgebenden, führenden der Anarchisten — ist ein ewiges Suchen und Tasten nach der Wahrheit eigen. Sie zersplittern deshalb in viele Sekten, weisen aber einen Lerneifer und eine geistige Regsamkeit auf, wie die Besten der vom Sozialismus durchglühten Arbeiter.

Ungleich zahlreicher als die Anarchisten sind diejenigen nichtsozialistischen Arbeiter, die, bewußt auf dem Boden der kapitalistischen Gesellschaft stehend, deren Umwälzung feindlich gegenübertreten. Wir meinen die „christlichen", „nationalen" und sonstigen nichtsozialistischen Arbeiter.

Ihre Psychologie weist deutlich die Fäden auf, die das Proletariat noch mit dem Bauern- und Kleinbürgertum verbinden. Meist stammen diese Arbeiter noch ganz unmittelbar aus diesen Kreisen. Sie sind noch von der geistigen Welt, der sie entsprossen, umfangen, während doch schon ihre wirtschaftliche Lage eine ganz andere geworden ist. So entsteht eine Situation, in der der Arbeiterstand sich neben Bauer und Bürger zu stellen sucht, geistig in vieler Beziehung eine einheitliche Auffassung auch noch besteht, während der wirtschaftliche Gegensatz doch immer stärker wird und schließlich auch der geistigen Einheitlichkeit Abbruch tun muß.

Der christliche oder nationale Arbeiter ist zufriedener als der sozialistische. Er empfindet es nicht als ein Unrecht, nur einen Teil des Arbeitsertrages zu erhalten. Alle Klassen der Gegenwart, also auch die der Unternehmer, erscheinen ihm nicht nur als berechtigt, sondern als in aller Ewigkeit unvermeidbar. Nicht eine Abschüttelung jeder Klassenherrschaft, sondern ein gerechter Ausgleich der Klassen in der bestehenden Gesellschaftsordnung ist das Ziel, dem er zustrebt. Und die Grundlage der gegenwärtigen Gesellschaft, das Privateigentum, soll erhalten bleiben.

Freilich, die Harmonie der Interessen kann nur bis zu einem gewissen Grade gehen, dann muß sich der Interessengegensatz geltend machen. So hat sich über alle gemeinsamen religiösen, nationalen und politischen Ideologien hinweg der wirtschaftliche Gegensatz zwischen Arbeiter und Unternehmer im christlichen, wie im nationalen Lager geltend gemacht. Es entstanden christliche und nationale Gewerkschaften, die in ihrer Vollreife mit nicht anderen Waffen kämpfen, als die Gewerkschaften der sozialistischen Arbeiter. Damit beginnt aber auch die Psychologie der nichtsozialistischen denen der sozialistischen Arbeiter sich zu nähern. Disziplin, Solidarität, Opfersinn und schließlich auch Wissensdurst ziehen in die Reihen der ersteren ein. In vielen Fällen kann man sogar von einer bewußten Übertragung der geistigen und sittlichen Werte vom Lager der sozialistischen in das der nichtsozialistischen Arbeiter sprechen. Weil aber so die Psychologie der sozialistischen Arbeiterschaft sich als die führende erwiesen hat, wird es um so notwendiger, vor allem diese zu untersuchen.

VI. Kapitel.

Das moderne Proletariat.

Wir haben uns in den vorangegangenen Blättern bemüht, das Werden und die Art der Organe, die sich das Proletariat geschaffen hat, in einigen Strichen zu zeichnen. In der Frühzeit des Proletariats fanden wir eine Loslösung des Proletariats von seinem Mutterboden, ein schrankenloses Sichausleben des urwüchsigen Kapitalismus und damit die Einkehr von Not und Elend in die

Reihen der Arbeitenden. Es war eine Zeit der Zersetzung aller Traditionen, Ideale und sittlichen Werte, ohne daß diese vorerst durch neue ersetzt werden konnten. Der absteigende Ast der Entwicklung.

Mit dem Erwachen des Proletariats zum Kampfe um die Verbesserung seiner wirtschaftlichen Lage begann der aufsteigende Ast der Entwicklung. Kampfeslust und Freiheitssehnen erfüllt die Massen[1]). Der Kampf schuf in seiner Entfaltung immer reifere Kampfesorgane und diese kamen aus innerer Notwendigkeit zur Erweckung und Vertiefung von neuen, dem kämpfenden Proletariate eigentümlichen Werten. Die Negation des Alten ward zum Positivum.

Nun obliegt es uns, zu zeigen, wie weit die Wirksamkeit dieser Organe im einzelnen ging, welche psychische Disposition unter ihrem Einflusse im modernen Proletariat entstand. Wie sieht es tatsächlich in den Köpfen dieses großen Heeres aus, welches sind die Gefühle, die sie beleben, die Ideale, denen sie zustreben, die sittlichen Werte, von denen sie zehren? Das sind die Fragen, deren Beantwortung wir, soweit es im Rahmen dieser knappen Studie möglich ist, versuchen wollen.

Es muß vorweggenommen werden, daß wir nicht die psychische Eigenart aller Proletarier darzustellen vermögen. Es kann uns nur darauf ankommen, diejenigen Züge herauszuarbeiten, die den reifsten, entwickeltsten und also führenden Schichten des Proletariats eigentümlich sind. Deren psychische Eigenart erhebt sich ja nicht isoliert über der der unentwickelten Masse, sondern hängt mit ihr organisch zusammen. Was in der führenden Schicht ausgeprägter vorhanden ist, wirkt in der breiten Masse der Klassenangehörigen als eine psychische Disposition, die das konkrete Denken und Empfinden der Einzelnen mehr oder weniger beeinflußt. Und schließlich wird im Laufe der Entwicklung die Zahl derer immer größer, welche die der Klasse eigentümliche Psychologie ausgeprägter aufweisen.

---

[1]) Vergl. Anhang, Seite 148, 167, 169, 171, 176, 177, 188, 197, 201.

1. Das Klassenbewußtsein.

In der Geschichte aller Gesellschaftsklassen gibt es Beispiele dafür, daß bei schon stark ausgeprägter Klasseneigenart das Klassenbewußtsein noch durchaus unentwickelt ist. Es muß die Gemeinsamkeit der wirtschaftlichen Interessen bereits offensichtlich geworden, der Gegensatz zu den Interessen der anderen Klassen deutlich in Erscheinung getreten sein, bis das Klassenbewußtsein beginnt, die Gehirne zu umfangen.

Es kann wohl vorkommen, daß der Klassengegensatz zu blutig ernsten Zusammenstößen der Angehörigen verschiedener Klassen führt, ohne daß doch ein ausgeprägtes Klassenbewußtsein vorhanden wäre. Alle Revolutionen der neuen Zeit haben nach dem Siege des Bürgertums den klaffenden Riß zwischen Bourgeoisie und Proletariat sich öffnen gesehen. Aber die Zeitgenossen dieses Ereignisses pflegten bis auf wenige hervorragende Männer nicht den unüberbrückbaren Klassengegensatz zu sehen, sondern nur das Walten schlimmer Mißverständnisse oder die verbrecherische Schuld diktatorischer Führer. Die Kämpfenden waren wohl bereit, im gegebenen Falle das Leben für das Interesse der Klasse zu lassen, aber das Vorhandensein des Klasseninteresses selbst erschien ihnen noch durchaus nicht als eine unausweichliche Notwendigkeit. Ebensowenig wie ihnen dieser Kampf eine Gesetzmäßigkeit war, als vielmehr das Walten bösen Zufalles.

Nun macht man die Erfahrung, daß in gewissen Kämpfen *stets* die durch eine Interessengemeinsamkeit verbundenen Personen zueinander stehen, daß ein Zuzug aus dem anderen Lager nicht zu erwarten ist, dafür aber um so treuer die Solidarität der Angehörigen der einen Klasse sich erhält. Und eine weitere Erfahrung: die Kämpfe bleiben nicht auf Einzelfälle beschränkt, sondern setzen immer und immer wieder von neuem ein, sie werden zur Regel. Damit erwächst die Erkenntnis ihrer inneren Notwendigkeit. So entfaltet sich schließlich ein Gemeinsamkeitsgefühl, ein Gefühl der Zusammengehörigkeit unter den Klassengenossen.

Der moderne Proletarier ist sich bewußt, der Angehörige einer besonderen Klasse, der Arbeiterklasse zu sein. Über die Verschiedenheiten der Berufe hinweg setzt sich das Klassenbewußtsein durch.

Der Arbeiter fühlt sich durch eine tiefe Kluft von den Angehörigen der anderen Klassen getrennt und um so fester zu Seinesgleichen hingezogen. Er ist vor allem Arbeiter und nichts als Arbeiter. Was außerhalb seines Kreises ist, erscheint ihm fremd, ja feindlich.

Nun läßt sich das Klassenbewußtsein ja denken als das bloße Zusammengehörigkeitsgefühl gemeinsam Interessierter. Es wäre also wohl möglich, daß Klassengenossen die Tatsache ihrer Zusammengehörigkeit empfinden, aber zur Genugtuung, zum Stolz darob sehr wenig geneigt sind, etwa knechtselige Schichten, die sehr wohl wissen, daß sie zusammengehören, aber zusammengehören als Ausgestoßene, als Paria der Gesellschaft. Diese würden sehr wenig Selbstbewußtsein zur Schau tragen, ducken sich und kriechen vor denen, die ihnen übergeordnet sind. Anders das moderne Proletariat. Sein Klassenbewußtsein ist bereits in hohem Maße zum Klassenselbstbewußtsein, zum Klassenstolz gediehen.

Dieser Klassenstolz hat seine Wurzel in der Überzeugung, daß die Arbeiterklasse die Basis sei, auf der sich die ganze Gesellschaft erhebt.

Wir schüren in den Essen
Die Feuer Tag und Nacht,
Am Webstuhl, an den Pressen
Steht unsere Friedenswacht.

Wir schürfen in dem Qualme
Der Gruben nach Metall,
Den Segen goldner Halme
Dankt uns der Erdenball.

Die Arbeit der Arbeiterklasse erhält das ganze Getriebe. Ihre Funktion ist die bedeutsamste, die notwendigste im gesellschaftlichen Produktionsprozeß und damit im gesellschaftlichen Leben überhaupt. Mit „Wir Arbeiter" beginnen alle Betrachtungen über den gegenwärtigen Zustand der Gesellschaft und mit dem gleichen Ausdruck des Selbstbewußtseins endigen sie[1]).

[1]) Vergl. Anhang, Seite 161, 166, 167, 170, 176.

Wie jeder Mensch, so ist auch jede Klasse sich selbst das Nächste. Daß die Arbeiterklasse zum Bewußtsein ihrer Eigenart gekommen ist, und dann in erster Linie dem Klasseninteresse die Kräfte weiht, ist durchaus natürlich. Der Klassenstolz der Arbeiter erklärt sich hingegen daraus, daß ihre Klasse eine besonders scharf umrissene ist, und vor allem aus der Tatsache, daß das Proletariat im Kampfe gegen alle anderen Klassen einen bewundernswerten Aufstieg vollzog. Dieses Emporsteigen mußte das Selbstbewußtsein der Klassenangehörigen heben.

Das Proletariat kennt die gewaltige Fülle seiner Kraft und erwartet sein Heil von dem Lebendigwerden, der planmäßig bewußten Anwendung dieser Kraft.

Alle Räder stehen still,
Wenn dein starker Arm es will.

Das heißt also Kampf, Klassenkampf. Es belebt die Massen die Erkenntnis ihrer Macht. Sie planmäßig zu organisieren und damit wuchtvoll in die Wagschale zu werfen ist das Ziel ihres Strebens. Die Psychologie des modernen Proletariats steht weit mehr als die aller anderen Klassen der Gesellschaft unter der Einwirkung des Klassenkampfes [1]).

Der Klassenkampf muß notwendigerweise Gefühle des Zornes und der Erbitterung in den Reihen der Kämpfenden auslösen. Mit freundlichen Mienen kann man nicht denjenigen betrachten, der sich anschickt, einem den Schädel einzuschlagen. Diese Stimmung, die bei jedem Kampfe unausweichlich ist, erfährt in dem Kampfe des Proletariats noch die Verbitterung, die immer eintritt, wenn nicht Ebenbürtige, sondern Unterdrückte gegen ihre Unterdrücker kämpfen.

Mit dem Bewußtsein, die Grundlage der Gesellschaft zu sein, in Wahrheit alle Kraft und Zukunft zu repräsentieren, verträgt es sich schlecht, daß Unsicherheit der persönlichen Existenz, Not und Elend, Hohn und Spott den Arbeitsmann zu Boden drücken wollen. [2])

---

[1]) Vergl. Anhang, Seite 147, 163, 166, 170, 176, 195, 201, 216, 225.

[2]) Vergl. Anhang, Seite 145, 156, 174, 185.

In dem stolzen Gefühl, das der Aufstieg des modernen Proletariats gezeitigt, erwächst mit verdoppeltem Schmerz der Grimm über die schweren Ketten, die die Klasse noch immer niederhalten, sie nicht zu ihrer vollen Entfaltung gelangen lassen. So befördert gerade das Klassenselbstbewußtsein das Aufflammen des Klassenhasses.

Der Entwicklungsgang ist der, daß der Haß gegen Einzelne sich zu dem Haß gegen die Klasse verdichtet, bis dann schließlich die gesellschaftlichen Verhältnisse als die Quelle aller Leiden erkannt werden. Der zum Befreiungskampfe erwachte Bergarbeiter Max Lotz schildert den psychischen Prozeß wie folgt: „Wie ein frisch Sehendgewordener tappte ich von da an (Lektüre einer Agitationsbroschüre) erstaunt umher, und besah mir den selbstgefälligen Bourgeois, der so autokratisch, so selbstverständlich den Mitmenschen die Arbeit, die schlechtentlohnte, aufgab, durch eine ganz andere Brille an. Ach so, deshalb wurde die Notwendigkeit der Arbeit, besonders der physischen, immer so feierlich dargetan in der Schule als ein Naturgebot, damit der eine, dem die Maschinen, das Fabriksgebäude, die Prunkvilla gehört, sich seiner Siesta pflegen kann, deshalb müssen Tausende, die im Wesen seinesgleichen, durch den Hunger zerrüttet, durch die Arbeit verunstaltet werden, damit der Sinnenmensch, der bewußte Egoist, sich nicht ermüde. O fluchwürdiger Zustand! Die Empörung, die sich meiner bemächtigte, wuchs zum Hasse, und der schmachvolle Helotenstand, dem ich unterworfen, wurde mir zur schimpflichen Oual. Ich haßte zuerst den Beleidiger und Vergewaltiger meiner Person, und dann, als ich die Zusammenhänge dieser wirtschaftlichen Selbstsuchtmisere erkannte, das System, das ihn erzeugte und ich verabscheute mit Enthusiasmus und Leidenschaft das Prinzip des Gewaltmenschenstaates."[1])

Das was der Proletarier alltäglich sehen muß, den Luxus und das Wohlleben der Reichen, während er in Sorge und Not fast verzweifelt, das entflammt immer wieder aufs neue den Haß gegen

[1]) Vgl. Adolf Levenstein „Aus der Tiefe". Berlin 1909. Briefe des Kohlenhauers Max Lotz.

die Klasse dieser Bevorrechteten. „Dies immerwährende Lob der Reichen!" klagt Holek bei der Lektüre eines bürgerlichen Blattes. „Ja, die Berichte von den Festlichkeiten, Jagden und Lustreisen unter den hohen und höchsten Herrschaften weckten in mir allmählich dumpfen Haß gegen sie."[1])

Im Verkehre mit Arbeitern stießen wir immer wieder auf das gleiche Gefühl. Die schlechten Erfahrungen, die die Arbeiter mit ihren Unternehmern gemacht, haben sie an und für sich bereits mit Mißtrauen gegen die bürgerlichen Kreise erfüllt. Nun sie den Gegensatz in der Lebensführung immer vor Augen haben und sich von den Bürgerlichen noch als ein minderwertiges, verachtetes Element betrachtet wissen, schwillt der Haß gegen sie auf. An Elendsschilderungen ist die proletarische Literatur ungemein reich[2]). Und das Elend ruft zum Abwehrkampfe, zum Kampfe gegen die gehaßte Klasse der Kapitalisten auf. Gut die Hälfte aller Literatur des eben zum Kampfe erwachten Proletariats ist des Klassenhasses voll. Da wird immer wieder geschildert, wie der faule Reiche praßt und schwelgt, während der arbeitsame Arme darbt und leidet. Keine Übertreibung, kein krasser Ausdruck ist stark genug, die Reichen zu brandmarken. Der Reiche ist der, der Unrecht tut, der schlechte Mensch, der vom Schweiße seiner Mitmenschen lebt[3]).

In den gereifteren Schichten des Proletariats ist diese ausgesprochen persönliche Art des Protestes in den Hintergrund getreten. Der moderne Proletarier begreift, daß der Einzelne über den Rahmen seiner Klasse nicht leicht hinaus kann, wie andererseits die Klasse selbst, als ein Produkt ökonomischer Vorgänge, die vom Willen der Menschen nicht bestimmt werden können, gewertet werden muß. Diese objektive Betrachtung muß das subjektive Gefühl allmählich zurückdrängen. Natürlich gelingt das nie voll-

---

[1]) Vgl. Wenzel Holek, „Lebensgang eines deutsch-tschechischen Handarbeiters", Jena 1909.

[2]) Vgl. Anhang, Seite 151, 153, 158, 162, 172, 173, 175, 177, 188, 189, 194, 204, 207.

[3]) Vgl. Anhang, Seite 148, 155, 166, 169, 182, 193, 206, 209, 211, 213.

ständig, denn der nimmerruhende Kampf erzeugt in den Kämpfern stets aufs neue subjektive Stimmungen und Leidenschaften. So ist das moderne Proletariat trotz aller objektiven Betrachtungsweise noch immer im Grunde seiner Seele voll von schlummerndem Haß.

Das Proletariat schreitet indes auf dem Wege seiner inneren und äußeren Befreiung rüstig fort. Getragen von der Kraft und dem Selbstbewußtsein der sich emporringenden Massen dringen große Ideale siegreich vor. Wie bei jeder großen Umwälzung nehmen die Stürmenden den Glauben mit in den Kampf, daß sie nicht allein ausgezogen seien, für das Recht ihrer Klasse, sondern für das der ganzen Menschheit zu fechten[1]). Ebenso wie die Revolution des Bürgertums eine Erhebung der Menschheit sein sollte, will es die des Proletariats sein. Die Arbeiterklasse dünkt sich als die Befreierin aller Menschen, das ist der stolzeste und zugleich reinste Ausdruck ihres Selbstbewußtseins.

Wohl, das Proletariat will zur Herrschaft kommen, aber diese Herrschaft soll keine neue Klassenherrschaft bedeuten. Das Proletariat will zur Herrschaft kommen, um aller Herrschaft ein Ende zu bereiten. Das ideale Ziel, dem es zustrebt, ist die klassen- und damit die herrschaftslose Gesellschaft.

Inwieweit dieses ideale Ziel in den Gemütern der breiten Masse Wurzel gefaßt hat, läßt sich schwer feststellen. Kein Zweifel, die führenden Schichten sind in ihrem innersten Wesen von ihm ergriffen, das heißt, die intellektuell Reifsten erstreben mit hingebendster Begeisterung die Befreiung ihrer Klasse als eine Befreiung der ganzen Menschheit. Der Sozialismus scheint ihnen die Bürgschaft allgemeinen Glückes zu sein[2]).

Die Masse der Proletarier steckt indes noch zu sehr in den Gedankengängen unseres Zeitalters der Klassenherrschaft, als daß das Ideal einer herrschaftslosen Zeit freier Menschen tiefer in ihr Gemüt einzudringen vermocht hätte. Ein Wunder wärs, wenn es anders wäre. Die Gedrückten, die immer nur das Joch, das auf ihnen lastet, kannten, vermögen sich nicht vorzustellen, daß es

[1]) Vgl. Anhang, Seite 147, 161, 171, 195, 202, 226.

[2]) Vgl. Anhang, Seite 167, 168, 170, 179, 180, 195, 197, 199, 225.

ganz ohne Herrschaft in der Welt abgehen könne. Ihnen schwebt mehr eine Ablösung, denn eine Beseitigung der Herrschaft vor. Sie jubeln wohl denen zu, die von der herrschaftslosen Zeit sprechen, aber dieses Ideal ist und kann ihnen nicht mehr sein, als eine Sonntagsstimmung. Äußerlich bekennen sie sich zu ihm, klopft man aber etwas weiter auf den Busch, dann bemerkt man, wie wenig tief es sitzt.

Es ist da wohl erklärlich, daß Arbeiter, die selbst die Unternehmerherrschaft abzuwälzen sich bemühen, ihre eigenen Angestellten keineswegs mit Handschuhen anzupacken pflegen. Woraus Holek, der gute Kenner seiner Kameraden, nicht unberechtigter Weise den Schluß zieht, daß der Gedankengang der Arbeiter heute noch vielfach ein solcher ist, wie er im Sozialismus nicht sein dürfte. Man darf wohl, seinen Gedankengang weiterbauend, hinzufügen, wie er im Sozialismus nicht sein könnte. Holek schreibt: „Gerade durch meine Anstellung in diesem Konsumgeschäft kam ich zu der Überzeugung, daß noch viele Arbeiter trotz ihres Glaubens an den Sozialismus die alte niedrige Gesinnung von früher hatten und noch ganz dasselbe tun würden, was die bürgerliche Klasse tut, wenn sie nur die Macht besäßen. Und daß sie als Arbeitgeber in Gemeinheit, Brutalität und Rücksichtslosigkeit vielen kapitalistischen Arbeitgebern gleichen würden. Bei ihrem geistigen und wirtschaftlichen Elend war's ja auch nur zu erklärlich. „Ihr lebt nur von uns!" „Wir müssen uns nur für euch plagen!" das wurde einem nicht selten noch ins Gesicht geschleudert."[1])

Auch in dieser Beziehung wird es freilich von Jahr zu Jahr besser. Allmählich lernen die Arbeiter, auch als Unternehmer Arbeiter zu bleiben. Das Zukunftsideal der Herrschaftslosigkeit bestimmt in immer erhöhtem Maße das Handeln in der Gegenwart. Ordnung, aber nicht Herrschaft soll walten. Dieses Ideal der Reiferen dringt mit der Zunahme sozialistischer Bildung langsam in die Tiefe der Massen.

Wir konnten nicht mehr als diese Tendenz aufweisen, die Tendenz vom Umschlag des zur höchsten Entfaltung gelangten prole-

---

[1]) Holek, a. a. O. Seite 259. Vgl. auch Anhang, Seite 204, 212.

tarischen Klassenbewußtseins in das Menschheitsbewußtsein. Inwieweit diese Tendenz zur Wahrheit geworden, in die Tiefe der Massen tatsächlich Eingang gefunden hat, läßt sich in exakter Weise nicht erfassen. Es muß der Hinweis genügen, daß neben dem naiven Ideal der Klassenherrschaft, aller Erfahrung nach, das Ideal der Klassenüberwindung durch das siegreiche Proletariat an Boden gewinnt. Es ringt sich der Sinn des Klassenkampfes durch, wie ihn das prächtige Kampflied der französischen Arbeiter andeutet:

C'est la lutte finale
Grouppons nous et demain
L'internationale
Sera le genre humain.

2. Massengeist.

In den einfachen gesellschaftlichen Verhältnissen der Vergangenheit war der Arbeiter als Handwerker Besitzer der Produktionsmittel und damit auch Herr des von ihm erzeugten Produktes. Um diese Zeit konnte sich der Arbeiter, der selbständige Produzent, als eine seiner Eigenart bewußte Persönlichkeit fühlen. Er war ja in seiner Arbeit und damit in seinem Leben selbständig, bis zu einem gewissen Grade frei.

Heute ist der Arbeiter in den meisten Fällen ein Bestandteil der Maschine, die nicht ihm gehört. Er ist unfrei, weil er nicht Herr der Produktionsmittel, nicht Herr der Waren ist, die er erzeugt hat. Der Arbeiter ist in seiner Arbeit nicht mehr selbständig, er hat aufgehört eine eigene Arbeits- und damit eine eigene Persönlichkeit überhaupt zu sein. Es ist der selbständige Handwerker zum nichtsbesitzenden Lohnarbeiter, die Persönlichkeit zum unselbständigen Glied einer unfreien Masse herabgesunken.

Der Arbeiter als einzelnes Glied der Masse vermochte nichts gegen die Allgewalt des Unternehmers, die Masse selbst war indes imstande, manches für sich zu erringen. So lernte der Arbeiter auf die Kraft der Masse vertrauen, in ihrer Aktion sein Heil und seine Hoffnung suchen.

Ein gläubiges Vertrauen zur Masse, besser zur Massenkraft, umfängt ihn. Nicht ein einzelner, eine große Individualität, dünkt ihm als der Heros, als sein Befreier, sondern die aus vielen kleinen Einzelnen summierte Macht der Gesamtheit, die Masse. Ein naiver Massenglaube beherrscht das Fühlen. „Wenn wir nur alle wollen", „wenn wir nur alle zusammenstehen", „wenn nur einmal die breite Masse sich erhebt", das sind die Hoffnungen, auf die der einzelne, schwache, unselbständige Proletarier seine Geschicke baut. Der Einzelne vermag nichts, die Masse alles, das ist zum Leitmotiv seines Handelns geworden[1]).

Es ist vorerst keine Masse mit bestimmten Qualitäten, sondern die Masse schlechtweg, die Massenwirkung an sich, die dem Proletarier als Heil erscheint. Dieser naive Massenglaube ist der Ausdruck, man könnte sagen, reinen Massengeistes. Es ist die Quantität fast vollständig zum Bestimmungsgrund der Qualität geworden.

Das Vorherrschen des naiven Massenglaubens in einigen Perioden der proletarischen Entwicklung hat Sombart verleitet, den Massengeist des Proletariats überhaupt als etwas durchaus Ödes und Leeres aufzufassen. „An die Stelle der alten traditionellen, urwüchsigen Gemeinschaften treten bewußt geformte Zweckverbände. Aber immer bleibt der Proletarier in allen diesen neuen Verbänden das farblose Sandkorn, das als reine, qualitätslose Größe unorganisch neben dem andern ruht. Allen den neuen Verbänden fehlt das eigenartige Kolorit, wie es die besondere Stadt- oder Dorfgemeinschaft, die besondere Berufs- oder Familiengemeinschaft besessen hatten. Immer sieht sich der einzelne anderen einzelnen gegenüber, mit denen ihn im Grunde kein positiv Gemeinsames, sondern nur die gemeinsame Öde und Leere, die Vereinzelung und Vereinsamung verbindet. Das nun wird die Quelle jenes spezifisch proletarischen Gemeinschaftsempfindens, das nur noch die bloße Zugehörigkeit zur Masse und die Masse selbst nur noch als große Menge, das heißt rein quantitativ be-

[1]) Vgl. Anhang, Seite 174, 176, 177, 179, 197, 215, 219.

stimmt, gelten läßt" . . . „Wie sich der fromme Mensch aus seiner Vereinsamung durch das Aufgehen in Gott rettet, wie er durch die Hingabe an Gott sich selbst erst wieder als Wert und Ganzes zurückempfängt: so der einzelne Proletarier, der in der großen Masse aufgeht und alle seine Bedeutung, alle seine Geltung durch die Zugehörigkeit zu jener Masse bekommt. Er selbst fühlt sich als nichts: weder als Dorf- oder Stadtgenosse, noch als Familienglied, noch als Angehöriger eines bestimmten Berufes, noch viel weniger natürlich als sich selbst. Nur als einer unter vielen fühlt er sich, als eine Größe, die allein gar nichts bedeutet, die erst mit vielen anderen Größen zusammengefügt werden muß, um irgend etwas darzustellen, irgend etwas zu gelten." [1])

Sombart geht von der Voraussetzung aus, daß den „traditionellen urwüchsigen Gemeinschaften", den „Berufs- oder Familiengemeinschaften", irgendeine mystische Eigenschaft innewohne, unter deren Einwirkung die Menschen zur Persönlichkeit erwachsen, während die modernen Zweckverbände dies nicht erreichten. Da es nun offensichtlich ist, daß die alten Berufs- und Familiengemeinschaften erliegen, sie aber als die Quelle des Persönlichkeitsgefühls erscheinen, muß nach Sombarts Ansicht mit ihrem Schwinden die Individualität erliegen. Neue Persönlichkeitswerte werden von den modernen Zweckverbänden nicht geprägt, also Öde und Leere in den Proletarierherzen, Massengeist als Schemengeist.

Sombarts Voraussetzung ist unrichtig. Die alten Berufs- und Familiengemeinschaften an sich waren es nicht, die das Persönlichkeitsgefühl erzeugten, eher waren sie bereits ein Ausdruck für dessen Vorhandensein. Die Quelle des Persönlichkeitsgefühls der Vergangenheit ist vielmehr, wie wir bereits andeuteten, in der Art der Produktionstätigkeit begründet. Selbständiger Produzent — Persönlichkeitswerte, unselbständiger Lohnarbeiter — Massenglaube.

Aber wenn auch Sombart von einer anderen Voraussetzung ausging als wir, kam er doch zu dem gleichen Resultat, der Feststellung des Massengeistes im Proletariate unserer Zeit. Freilich,

[1]) Sombart: „Das Proletariat". Frankfurt a. M. 1906, Seite 85.

und darin kreuzen sich unsere Wege, sein Massengeist ist ein absolutes Negativum, enthält nichts Positives, während er nach unserer Ansicht auf einer bestimmten Entwicklungsstufe neue und zwar auch neue persönliche Werte enthält.

Auf das Gefühl, das wir den naiven Massenglauben nannten, trifft zweifelsohne Sombarts Charakteristik zu. Aber dieser naive Massenglaube beseelt die Arbeiterschaft nur in ihrer Frühzeit und im ersten Prozesse des Erwachens, später tritt eine Änderung ein. Die Erfahrung lehrt, daß nicht j e d e Masse die Kampfesfähigkeit besitzt, die der proletarische Emanzipationskampf braucht. Das ist eine Ernüchterung. „Also in der Masse liegt die Hoffnung, Mensch zu werden, die Sehnsucht der Ruhe, mein Ahnen der neuen Welt. Aber nun kommt das Bittere, das mich auch gleichzeitig wieder zur Hoffnungslosigkeit verdammt. Wird die Masse wirklich menschlich erwachen? Wird sie überhaupt erwachen? Wird die physische Demokratie auch die intellektuelle fördern? Oder wird das Wesen der Einzelbegriffe durch den abstrakten Masseneigennutz abgelöst?“ [1]) Diese Zweifel des Kohlengräbers Lotz sind charakteristisch. Ebenso wie er haben viele andere intelligente Arbeiter begriffen, daß die Masse, so wie sie heute noch vielfach ist, stumpf und interesselos, nicht die Masse ist, von der die befreiende Tat kommen kann. Die Stunde am Ölberg hat diese Stimmung der österreichische Arbeiterführer Michael Schacherl genannt (Zeitschrift „Der Kampf“, Wien 1909) „Das ist die schwarze Stunde der Entmutigung, wo der Agitator an sich und dem arbeitenden Volke verzweifelt und seine Seele traurig ist bis zum Tod“ . . .

Also, die Masse muß anders, muß kampffähiger werden. Das kann nur geschehen, wenn jeder der Einzelnen selbst, aus denen die Masse besteht, sich auf ein höheres Niveau erhebt. Das ist nun nicht mehr der naive Massenglaube, der Glaube an die Massenwirkung schlechtweg, der die Gemüter umfängt, sondern ein e n t - w i c k e l t e r M a s s e n g l a u b e, ein Glaube an bestimmte Qualitäten, die sich in der Masse entfaltet haben.

---

[1]) Adolf Levenstein: „Aus der Tiefe“. Seite 72.

Der einzelne muß nun auch in der Masse zur Geltung kommen, er ist kein farbloses Sandkorn mehr, sondern eben nur dann, wenn er in bestimmten Zügen die eigene Persönlichkeit entfaltet, ein würdiges Glied der kampffähigen Masse. Die kampffähige Masse, das ist das Ideal des modernen Proletariats. Nicht an jede Massenwirkung wird geglaubt, sondern an eine ganz bestimmte, an die Wirkung der organisierten Masse[1]). Die eigene Persönlichkeit kann nun nicht mehr vollständig in der Masse aufgehen, sie hat eine individuelle Tat, eine Tat psychischen Aufstiegs zu vollbringen. Diese Tat bringt der Masse einen neuen Kämpfer, aber einen richtigen Kämpfer nur dann, wenn der psychische Aufstieg so weit gediehen ist, daß die Massen*qualität*, nicht bloß die -quantität eine Erhöhung erfahren hat.

Wir resumieren also dahin: Der naive Massenglaube erscheint uns als das erste Stadium des Massengeistes, als ein Stadium, das wohl auch heut noch vielfach Geltung besitzt. Darüber hinaus entfaltet sich indes der *entwickeltere Massengeist*, der Glaube an die *organisierte Masse*. Die Schätzung nach der Quantität wird nicht unerheblich durch die nach der Qualität ergänzt. Weil die organisierte Masse bestimmte Qualitäten des einzelnen voraussetzt, entfalten sich neue Persönlichkeitswerte. Freilich — und das darf nicht außer acht gelassen sein —, die Art und die Grenzen dieser Werte werden durch das Interesse der organisierten Masse bestimmt.

3. Rationalismus.

Dem modernen Lohnarbeiter ist eine Sucht nach rein verstandesmäßigem Erfassen der Dinge eigen. Er wendet sich von aller Mystik, von allem Übernatürlichen ab und müht sich, um mit seinem Verstande den Grund alles Seienden zu erfassen.

Zu einem Teile ist dieses Bestreben ja auf den Geist unserer Zeit zurückzuführen, die in den Leistungen des menschlichen Gehirns so sehr alle Vergangenheit überflügelte, daß ihr nun nichts

---

1) Vgl. Anhang, Seite 166, 167.

mehr unmöglich erscheint. Was sich aber an derartigen kühnen und in Kühnheit sich förmlich überschlagenden Hoffnungen in unseren Köpfen festsetzte, es lebt und webt in den Köpfen der Proletarier mit ganz besonderer Kraft. Der moderne Lohnarbeiter will nichts von dem wissen, was außerhalb des Erfaßbaren liegt, er klammert sich mit aller Inbrunst an das, was der Verstand, was kritische Beobachtung und planmäßiges Forschen ihm zu sagen vermögen.

Die Erklärung für diese Tatsache liegt in der Eigenart unseres Industriemilieus. Der Fischer und Hirte, der Bauer und Jäger, sehen ihr Leben und ihre Erfolge von tausend unbegreiflichen Mächten der Natur und des Schicksals abhängig. Stürme und Regen, Sonnenschein und Trockenheit, Kälte und Hitze, tausend Zufälligkeiten und die Elementarereignisse beeinflussen ihr materielles Wohlergehen. Den Mächten, die ihm unfaßbar sind, denen keine irdische Gewalt begegnen kann, ist der schwache Mensch ausgeliefert. Er begreift sie nicht, und deshalb betet er zu dem geheimnisvollen Wesen, von dem er sie beherrscht wähnt. Weil er wehrlos ist, klammert er sich an den Hoffnungsstrahl, der außerhalb des Begrifflichen liegt, er wird religiös und abergläubisch. Er fleht um die Gunst der Gottheit, seine Religion ist die Angst vor dem Unerfaßten.

Der moderne Industriearbeiter hat mit den Mächten der Natur als einem unmittelbaren Faktor seines materiellen Wohlergehens nicht zu rechnen. Er arbeitet in einer Fabrik, und sein Verhältnis zu den Produktivkräften ebenso wie das zur Gesellschaft ist, wenn auch nicht immer leicht, so schließlich doch verstandesmäßig zu erfassen. Alle Mysterien sind aus der Fabrik und der modernen Arbeitsstätte geschwunden. Die Schicksalsmächte liegen für den modernen Proletarier nicht mehr außerhalb der begrifflichen Erfassung, im geheimnisvollen Dunkel, sie sind ihm klar erfaßlich, menschlich, banal. Der Unternehmer ist Herr der Produktionsmittel, deshalb ist er in den Stand gesetzt, die Arbeiter auszubeuten. Kein mystisches Kräftespiel verschleiert diese Tatsache. Und weil so der Arbeiter keine in seinen Produktionsverhältnissen begründete

Ursache hat, an eine Übernatürlichkeit zu glauben, glaubt er auch nicht an sie.

Im lärmenden Fabriksaal, in dem die neuzeitliche Technik allein gebietet, kann der Glaube an die Wunderkraft überirdischer Dinge, an geheimnisvolle Kräfte der Natur, nicht gedeihen. Die verstandesmäßig zu erfassenden gesellschaftlichen Verhältnisse, die das Schicksal des Lohnarbeiters bedeuten, rauben vollends dem Glauben an Übernatürlichkeiten allen Boden. „Geist? Geist gibt's nicht. Es gibt nur ein Gehirn, ein Nervensystem, das funktioniert wie die Maschine. Diese Funktion, das was dabei herauskommt, nennt man heutzutage Geist."[1]) Dieser Satz, den ein Metallarbeiter Göhre zurief, ist typisch für die proletarische Betrachtungsweise. Unter dem Spiegel des Fabriksaales wird die ganze Welt besehen.

Der Arbeiter will für alles das, was er glauben soll, einen Beweis, und zwar einen recht handgreiflichen Beweis[2]). Weil sein Leben, sein Schicksal durch Dinge bestimmt ist, die er sieht, von deren ursächlicher Wirksamkeit er sich täglich überzeugen kann, sucht er für alle anderen Dinge der Welt einen ähnlichen materiellen Beweis. Weil ihm einen solchen die Religion nicht geben kann, löst er sich, erfüllt von inneren Kämpfen, die Tradition und Erziehung verschuldeten, von ihr los. Er glaubt nicht an Gott, denn wer hat ihn gesehen? Er glaubt nicht an Christus, denn für seine Existenz und erst recht für sein Wunderwirken fehlen die Beweise. Die Bibel mit ihrer Schöpfungsgeschichte steht im Widerstreit mit den Erkenntnissen der modernen Wissenschaft, also fort mit ihr. Die kirchlichen Gebräuche entbehren aller realen Begründung, sie erscheinen ihm als eine leere Farce. Und so wird alles und jedes auf den möglichen materiellen Beweis hin geprüft, bis schließlich das ganze Gebäude der religiösen Mystik zusammenstürzt[3]).

[1]) Paul Göhre: Drei Monate Fabrikarbeiter und Handwerksbursche. Leipzig 1906, Seite 169.

[2]) Vgl. Anhang, Seite 217.

[3]) „Ich versichere Ihnen, daß ich nur durch die Widersprüche in der Bibel und durch die Eigenschaften, die man dem göttlichen Wesen angedichtet, die aber mit der Wirklichkeit nicht im geringsten harmonieren, von dem Glauben an einen persönlichen Gott abgefallen bin. Daß man nicht erst naturwissen-

Je jünger die Antireligiosität ist und je tiefer der Glaube gesessen hatte, um so haßerfüllter ist nun die Abkehr von der Religion. Wie wir uns immer gegen das am meisten aufregen, das noch nicht vollständig von uns geschwunden ist, mit dem wir innerlich noch nicht ganz fertig sind, so pflegt auch die erste, man möchte sagen, noch unreife Abkehr von der Religion die tumultuöseste zu sein. Das ist ein Wettern und Zetern gegen die Religion, die den Geist so lange im Banne gehalten, die ihm als Wahrheit geschienen hatte und nun, wie es sich herausstellte, doch keine Wahrheit ist. Das ist es, was ihr von dem nichtgläubigen Arbeiter zuerst und mit der größten Leidenschaft entgegengehalten wird: Die Religion ist eine Unwahrheit, eine Lüge.

Kirche und Religion pflegen in der Zeit der ersten Antireligiosität, vielfach auch noch später, zusammengeworfen zu werden. Ihnen wird beiden zum Vorwurf gemacht, daß sie den Befreiungskampf des Proletariats hemmten. „Die längst überholte, innerlich unwahre, in ihrem Leben tote Kirche ist heute nichts als ein sehr erwünschtes und kräftiges Polizeiinstitut des bestehenden Staates, der es eifrig und künstlich aufrechterhält", das war die weitverbreitete Meinung in der Fabrik, die Paul Göhre kennen zu lernen Gelegenheit hatte. Auf die Frage, warum das Wiedersehen nach dem Tode gelehrt werde, antwortete ihm ein Arbeiter: „Damit die Menschen hübsch arm und dumm und hübsch zufrieden bleiben". „Die Kirche ist", so sagte ein anderer,

schaftliche Bücher zu lesen braucht, um Gottesleugner zu werden, will ich durch einen Spruch aus meinem Tagebuche — ich habe diesen zwar später verfaßt — bestätigen: „Wenn wir auch nicht die Spur von einer natürlichen Entwicklung der Welt und alles, was darin lebt, wüßten, so müssen wir schon durch die ungleichen und ungerechten sozialen sowie ökonomischen Zustände zu dem Bewußtsein kommen, daß kein vernünftiges oder allweises übernatürliches Wesen in unser Handeln und Vollbringen störend oder fördernd eingreift, sondern einzig und allein von der Willkür, den Launen, der Macht und den Einflüssen einzelner Menschen abhängig macht." — Das Lesen von Büchners „Kraft und Stoff" sowie „Aus Leben und Wissenschaft" von Dodel mag meinen Glauben an einen persönlichen Gott voll und ganz zertrümmert haben." Der Bergmann Hugo Teuchert an Levenstein, a. a. O., Seite 94.

„bloße Verdummungsanstalt und wohl berechnetes Staatsinstitut." Ein dritter Arbeiter erklärte: „Heute ist die Religion nur noch zur Einschüchterung, zur Niederhaltung des großen Lümmels „Volk" da . . . ." Die Bibel bezeichnete er als „ein Ausbeutungsbuch für die Großen." [1])

Man muß die ausführliche Schilderung, die Göhre von dem Verhältnisse der Arbeiter zum Christentum gibt, lesen — Schilderungen, die wir aus anderen Quellen und eigenen Erfahrungen hundertfach bestätigen können — um zu ermessen, wie weit sich die Arbeiter von Kirche und Religion bereits entfernt haben [2]).

Ein eigenes Kapitel in diesem Bereiche bilden die Ansichten über die Priester. Der Priester wird als einer betrachtet, dessen Beruf, dessen Handwerk es ist, von der Religiosität anderer Leute zu leben. „Sie glauben ja doch nicht, was sie reden"; „sie müssen halt so tun, weil es ihr Beruf ist," das sind so die allgemeinen Ansichten über die Tätigkeit der Priester. Dabei ärgert sich der schwer arbeitende Proletar, daß er die Leute, die nach seiner Ansicht u n n ü t z, die zu nichts mehr gut sind, durch seiner Hände Arbeit erhalten muß. Die Geringschätzung der Pfaffen ist allgemein. Man kann in Arbeiterkreisen nicht bald ein Thema anschlagen, das so allgemeine Zustimmung erweckt, wie ein gepfefferter Hohn und Spott auf die „Pfaffen". Wem die Kirche nur noch als ein äußerliches, öffentliches Institut, ein politisches und wirtschaftliches Machtmittel in der Hand des Interessenstaates und der selbst ungläubigen Bourgeoisie erscheint, hat natürlich auch keine Achtung und Ehrerbietung vor ihren amtlichen Trägern und Dienern, die ihm folgerichtig nur als Heuchler gelten müssen, weil sie ihre Überzeugung opfern, um eine bequeme Versorgung und Existenz zu haben. So war es häufig, sagt Göhre, daß man die „Schwarzkittel" gar nicht etwa mehr haßte, sondern nur noch verachtete. Man sah sie auch geradezu als Tagediebe und Faulenzer an, weil man für ihre Arbeit kein Verständnis mehr hat. Daß der Übereifer und Zelotismus, der bei Priestern bemerkt wird, dann noch geradezu Öl

[1]) Göhre, a. a. O., Seite 142 u. f.

[2]) Vgl. auch Anhang, Seite 152, 159, 168, 170, 174, 195, 215, 219, 222, 224.

ins Feuer gießt, bedarf wohl keiner weiteren Betonung. Ebenso erweckt die Vormundschaft, die sich die Priester in allen Lebenslagen anzumaßen suchen, die entschiedene Feindschaft der selbstbewußten Arbeiter.

In den reiferen Köpfen der Arbeiter beginnt indes die religiöse Leere bereits als drückend empfunden zu werden. Die Arbeiter müßten ja nicht Menschen sein, strebten sie nicht nach einer Erklärung des Seins. Um die ewige Frage des Menschengeistes nach dem Zweck des Lebens, nach dem Woher und Wohin, kommen natürlich auch sie nicht herum. Und so plagt sich ihr Geist, eine Erklärung zu finden, stößt dann auf die Schranken, die allem irdischen Forschen gezogen sind, was ihn zwingt, sich schließlich doch mit metaphysischen Lösungen oder leeren Gefühlswerten zu begnügen. Freilich, in all dieser Metaphysik wie in der Gloriole von Gefühlswerten steckt immer noch ein gutes Stück rationalistischen Geistes.

Der eine sagt: „Mein Glaube ist: die Natur ist Gott, aber kein vernünftiges Wesen, sondern einfach Kraft.“ Ein anderer Arbeiter meint im gleichen Sinne: „Natur ist Gott, Gott ist Natur“, [1]) wobei Natur stets als das All der Dinge, als ein etwas verschwommener Begriff des Universums gedacht ist. Sehr schön, wenn auch nicht minder unklar, drückt sich der Weber Richard Richter aus: „Religion erscheint mir als eine Blume, die nicht am Rinnstein wächst.“ Wie ich diesen Begriff verstehe, ist er nicht identisch mit dem „Glauben“ kirchenfrommer Leute. Religion ist ein ganz feines Gefühl des Zusammenklanges von Mensch und Welt, sie ist die große Sehnsucht jener, die Anschluß suchen an das ganz groß Wirkende der Allnatur und hinauf will in höhere Harmonien hinein“ [2]).

Ebenso gerne als der innige Zusammenklang zwischen Mensch und Natur wird die Liebe von Mensch zu Mensch als Religion bezeichnet. Der reinste Altruismus, die allgemeine Menschenliebe, das ist Religion. In diesem Zusammenhang erscheint dann Christus als eine Art religiöser Heros. Man bezeichnet ihn auch gerne

[1]) Göhre, a. a. O., Seite 160, 163.

[2]) Levenstein, a. a. O., Seite 91.

als den „ersten Sozialisten", das heißt, als den ersten großen Menschenfreund, als den, der die tiefste Liebe zu allen denen faßte, die Menschenantlitz tragen[1]).

Bei der Unbestimmtheit seines religiösen Gefühls und als Gegensatz zur Intoleranz der Anhänger der offiziellen Religionen ist der Arbeiter auf religiösem Gebiete tolerant. Wohl überschüttet er die Gläubigen mit Spott, denn für ihn sind es die Dummen, aber ernstliche Schädigungen fügt er ihnen auch dort, wo er es könnte, nicht zu. Die Religion ist ihm dazu meist auch schon zu gleichgültig geworden. Nur diejenigen, die sie noch nicht ganz verwunden, die neuerwachten Arbeiter, pflegen aus begreiflichen Gründen gegen die Anhänger der alten Religionen intoleranter zu sein. Im allgemeinen ringt sich indes der Satz des sozialdemokratischen Parteiprogramms „Religion ist Privatsache" immer mehr zur persönlichen festen Meinung der Arbeiter durch.

Die Toleranz gegenüber den religiösen Lehrsätzen erstreckt sich auch auf die auf ihrem Grunde erwachsenen S i t t e n l e h r e n. Der Arbeiter hält sich nicht gerne an ein starres Gut oder Böse, sondern sucht die Taten nach ihrem Zweck zu beurteilen. Die Sünde als etwas Absolutes verschwindet. Jede Handlung beginnt immer mehr nach ihrem Zweck und ihrer Wirkung gewertet zu werden. Bezeichnend dafür ist es, wie gerne die Arbeiter in ihren literarischen Skizzen den Konflikt zwischen den überkommenen Sittenlehren und den Forderungen einer höheren, einer Zweckmoral darzustellen versuchen. Wer aus Not stiehlt, begeht keine Sünde, die Mutter, die im Interesse ihres Kindes zur Betrügerin wird, ist geradezu achtenswert usf.[2]). Die Sünde liegt, das ist die verbreitete Ansicht, nicht in der Tat selbst, sondern in dem, was sie bezweckt. Und außerdem wissen die Arbeiter die allgemeinen Sittenlehren von den Reichen und Mächtigen fort und fort übertreten. Da finden sie es nun selbstverständlich, daß sie, soweit sie können, Gleiches mit gleichem vergelten.

---

[1]) Vgl. Anhang, Seite 195, 206.

[2]) Vgl. Anhang, Seite 180, 191, 202, 211.

Aus dem Rationalismus der Arbeiter, ihrem Streben, alle Dinge verstandesmäßig zu erfassen, begreift sich auch ihre ungemein lebendige Wissenssehnsucht. Der Arbeiter dürstet nach Vermehrung seiner Kenntnisse. Wenn er schon nicht auf ökonomischem Gebiete dem Bourgeois gleichkommen kann, geistig soll der nichts vor ihm voraushaben.

Es muß der Arbeiter nach Vermehrung seines Wissens streben, weil das bei seiner Antireligiosität und dem Unglauben die einzige Möglichkeit ist, den Zusammenhang der Dinge zu begreifen. Der Arbeiter lernt, weil er nicht glaubt. Wirken auf der einen Seite die Bedürfnisse des Kampfes, so auf der anderen die rationalistische Betrachtungsweise auf Vermehrung des Wissens hin. Das Wissen, nach dem der Arbeiter strebt, sind Tatsachen, möglichst konkrete, faßbare Wahrheiten. Zur Aneignung dieses Wissens wendet er eine ungeheure Energie, einen Fleiß und eine Ausdauer auf, die Bewunderung erwecken müssen[1]).

Für den Wissenshunger des modernen Proletariers lassen sich Zeugnisse in Hülle und Fülle bringen, ist doch jeder Abendkurs in einem Arbeiterverein, jeder Ausweis einer Volksbibliothek ein sprechender Beweis für den Eifer, mit dem die Arbeiter in ihrer — ach, so kümmerlich bemessenen — freien Zeit dem Studium obliegen. Wir begnügen uns hier mit einem Beispiel. Es zeigt die Motive, aus denen die Arbeiter zum Studium kommen, wohl weniger deutlich, als es von beharrlichem Fleiße Zeugnis gibt. Bei einer Enquete, die die Leitung der Wiener volkstümlichen Universitätskurse vor einiger Zeit veranstaltete, berichtete ein Taschnergehilfe: „Im Jahre 1892 sah ich im Schaufenster einer Buchhandlung ein Heftchen, betitelt: „Mathematische Unterrichtsbriefe" von W. Burckhardt. Dunkle Erinnerungen aus der Schulzeit stiegen in mir auf; ich konnte der Neugierde nicht widerstehen und veranlaßte einen Kameraden — ich trug damals des Kaisers Rock und war mit Glücksgütern nicht sehr gesegnet — sich den ersten Kurs anzuschaffen. Ob der Kollege viel aus dem Buch profitiert

---

[1]) Vgl. Anhang, Seite 148, 166, 192, 195, 198, 225.

hat, weiß ich nicht; ich jedoch stürzte mich mit einer förmlichen Wut darauf. Als Zeichen meines damaligen Zustandes bewahre ich eine wörtliche Abschrift der ersten 300 Seiten auf.

Von 1895 ab konnte ich, infolge der Verbesserung meiner materiellen Verhältnisse, dem erwachten Wissensdurste durch Anschaffung einer Anzahl (meine Angehörigen behaupten: Unzahl) mathematischer Lehrbücher Genüge leisten. So brachte ich es in den folgenden drei Jahren bis zu den Anfangsgründen der Differenzialgleichung.

Die in den Beispielen und Aufgaben häufig auftretenden Begriffe aus anderen Gebieten der Naturwissenschaft erweckten in mir ein neues Bedürfnis, dem ich durch den Besuch der einschlägigen Vorträge der volkstümlichen Universitätskurse, des Volksheims, des Vereins zur Verbreitung naturwissenschaftlicher Kenntnisse und des Wiener Volksbildungsvereins Befriedigung zu verschaffen suchte, soweit meine leider sehr beschränkte Zeit dies erlaubte. Praktischen Nutzen habe ich als Erfolg meiner Studien nie gesucht und nie erwartet. Die Wissenschaft ist mir bis heute noch die „hohe himmlische Göttin". Da jedoch noch niemand an den Brüsten der Mutter Natur gesogen hat, ohne einen Gewinn herauszuziehen, so stellt sich der Nutzen ganz von selbst ein. Um wenigstens doch ein Beispiel anzugeben, so habe ich das Gefühl, als ob ich den Aufgaben meiner Berufstätigkeit in viel freierer Weise, namentlich befreit von landläufigen Irrtümern, entgegentreten könne."

So weit wie dieser Taschnergehilfe, der schließlich im chemischen Laboratorium des Wiener Volksheims synthetische Arbeiten ausführen konnte, vermögen es indes trotz allen Fleißes und aller Energie nur wenige Proletarier zu bringen. Die meisten bleiben auf halbem Wege stecken, weil sie die materielle Not oder der Mangel an Zeit zu Boden drücken. So ist das, was sie erreichen können, doch nur ein Halbwissen, ein Unvollständiges. Wie bei allen Halbwissenden stellt sich dann auch bei diesen Proletariern anstatt des freien Schaffens der Glaube an den Buchstaben, an das Schema, am Formelkram, ein. Der Rationalismus des modernen Proletariats läuft so auf ein gutes Stück Dogmatismus hinaus. Aber das dürfen wir wohl mit Recht hoffen: dieser Dogmatismus wird von der Masse noch ebenso überwunden werden, wie ihn ihre führenden Köpfe bereits überwunden haben. Schließlich kann ja aller Weg zur Bildung nur über die Halbbildung gehen.

4. Zukunftsglaube, Sozialismus.

Für seine Person hat der moderne Proletarier wenig zu hoffen. Das ist sein trauriges Los, daß er, der als Proletarier geboren wurde, auch als Proletarier sterben wird. Er weiß das und gibt sich über die Möglichkeiten individuellen Aufstieges gewöhnlich keiner Täuschung hin. Für sich erwartet er die Befreiung nicht, aber mit um so größerer Innigkeit hütet er den Glauben an das kommende Glück seiner Klasse. Was er gesäet, das sollen seine Kinder ernten.

In dem tiefen persönlichen Elend des modernen Lohnarbeiters mutet es eigenartig an, daß sich hier die Elemente bilden für den Aufstieg der Gesamtheit. Das Beste, was im Proletarierherzen liegt, kommt in diesem Glauben an eine sonnige Zukunft zum Ausdrucke. Seine Menschenwürde, die das Joch des Alltags zu Boden drückt, erhebt sich mit dem Glauben an die Zukunft der Klasse.

Forschen wir in den Reihen der im Befreiungskampfe stehenden Proletarier nach, so erfahren wir, daß sie mit dem Erwachen zum Kampfe, mit dem Glauben an die Zukunft, persönlich bessere Menschen wurden. Sie, die den Kopf nicht zu heben wagten, weil sie nur die Aussichtslosigkeit ihres persönlichen Strebens kannten, werden freier und besser, sobald das Ideal des Gesamtglücks vor ihrem geistigen Auge erscheint. An dem Glauben an die Klassenzukunft richtet sich der zukunftslose Einzelne auf[1]).

Der Zukunftsglaube des Proletariats hat eine sehr bestimmte Form angenommen: Sozialismus. In der gemeinsamen Arbeit in der Fabrik, im gemeinsamen Schaffen für das Wohl der ganzen Klasse mußte sich der Glaube durchringen, daß die höchste Form des

---

[1]) Vgl. Holek, a. a. O., Seite 195 u. f.

menschlichen Lebens in der wohlorganisierten Arbeitsgemeinde Freier und Gleicher gelegen sei. Gemeinsame Arbeit zum Wohle Aller, das ist das leuchtende Ideal des aufwärtsstrebenden Proletariers[1]).

Wir brauchen uns hier wohl nicht mit der thörichten Ansicht auseinanderzusetzen, daß es die Agitatoren seien, die den Sozialismus in die Herzen der Arbeiter pflanzten. Der Sozialismus lebte in den Arbeitern längst, bevor ein Agitator das Wort ergriff, er wird durch die Verhältnisse, die Produktionsweise, das gesellschaftliche Milieu, den gesellschaftlichen Kampf großgezogen, bevor der Agitator auch nur eine Silbe gesprochen hat. Seine Worte wirken auf den Arbeiter vielmehr als eine Art Selbsterkenntnis, als der bewußte Ausdruck dessen, was in Kopf und Herz bereits seit langem unausgesprochen schlummerte. Sehr schön wird in der „Jugendgeschichte einer Arbeiterin“ diese Wirkung der ersten Versammlungsreden auf ein naives Gemüt geschildert: „Was ich instinktiv gefühlt hatte, aber noch nicht auszudrücken vermochte, hörte ich hier klar und überzeugend vortragen . . . .“ „Ich hörte die leidensvolle Geschichte meiner eigenen Weihnachtsfeste schildern und im Gegensatze zu den Entbehrungen der Armen den Überfluß der Reichen. In mir drängte alles, hinzurufen: „Das weiß ich auch, das kann ich auch erzählen!“ Aber noch wagte ich kein Wort, nicht einmal den Mut hatte ich, Beifall zu spenden . . . .“ „Alles was ich hörte, kam mir so natürlich vor, daß ich mich nur wunderte, warum so wenige Menschen diese Dinge verstanden.“ [2])

Ist dann die Aufklärung erfolgt, dann erfaßt sie mit elementarer Gewalt den ganzen Menschen. Sie wirkt wie eine Offenbarung. Über sein erstes Gespräch mit einem Sozialdemokraten schreibt Holek: „Nach ungefähr zwei Stunden beendete er seinen Vortrag, ohne daß er sich von der alten Truhe, auf der er saß, gerührt hätte. Und ich saß während der ganzen Zeit auf dem altmodischen Stuhle ihm gegenüber und horchte andächtig mit größter Spannung auf jedes Wort, das aus seinem Munde herauskam, und ich zweifelte

---

[1]) Vgl. Anhang, Seite 147, 161.

[2]) Jugendgeschichte einer Arbeiterin, von ihr selbst erzählt. Mit Vorwort von Bebel. München 1909. Seite 72.

nicht an ihrer reinen Wahrheit. Ich war glückselig, fühlte mich höchst zufrieden darüber, daß ich endlich so einen Mann gefunden habe, der mir mit solchem Verständnis alles so klarlegen konnte. So etwas hatte ich in meinem Leben nie gehört. Der Mann schien mir unübertrefflich! Und ich beneidete ihn in meinem Innern um seine Weisheit! O, könnte ich es doch auch so weit bringen! tauchten in mir sehnsüchtige, von Ehrgeiz geweckte Gedanken auf. Mein Gesicht glühte vor Seligkeit und die Augen strahlten vor Freude.“[1])

Durch den Sozialismus hat das ganze Leben des Proletariers eine Weihe empfangen. Kein Ausdruck ist den Arbeitern überschwänglich genug, wenn sie ihn zu würdigen unternehmen. Alles Licht und alle Hoffnung ihres Lebens scheint ihnen vom Sozialismus auszustrahlen. Eine neue Religion, als das erscheint der Sozialismus den Gedrückten. „Mein Weg um die (sozialdemokratische) Zeitung hatte immer etwas feiertägliches für mich. Ich zog an diesem Tage mein schönstes Kleid an, so wie früher, wenn ich in die Kirche ging.“[2])

Von der großen Bedeutung des Sozialismus für das geistige Leben der modernen Industriearbeiter legt alle proletarische Literatur ein sprechendes Zeugnis ab. Wenn man die Arbeiter zum Reden bringt, dann erklingt das Lied ihrer sozialistischen Zukunftshoffnung. Ohne daß wir irgendwie Wert darauf legten, Skizzen zu erhalten, die den Sozialismus behandeln, haben doch eine ganze Reihe Arbeiter vor allem sein Lob vorzutragen unternommen[3]). Und ebenso erging es auch den anderen Forschern auf diesem Gebiete. Wovon das Herz voll ist, fließt der Mund über. Die Arbeiter sind mit Leib und Seele dem Sozialismus ergeben, der sie zu neuem Leben erweckte, und ihm gelten daher vor allem ihre Hymnen.

Dieser hehren Begeisterung entspringt die ungemeine Opferwilligkeit für die Verwirklichung des Sozialismus. Die Arbeiter

---

[1]) A. a. O., Seite 205.

[2]) „Jugendgeschichte einer Arbeiterin“, Seite 64.

[3]) Vgl. Anhang, Seite 149, 166, 167. 176, 179, 195, 201, 206, 225.

sind bereit, das Beste für den Sieg ihrer Sache herzugeben, und es vergeht kein Tag, an dem nicht schwere Opfer gebracht werden, ohne Zögern, ohne Murren.

Die Vorstellung vom Wesen des Sozialismus ist in den Köpfen der Arbeiter nach Temperament und Erziehung sehr verschieden. Die einen malen sich den Zukunftsstaat mit allen Details materieller Genüsse aus, während er den anderen als die im einzelnen nicht bestimmbare, allgemeine Basis erscheint, auf der erst ein höheres Leben der Menschheit möglich ist. Aber gleichwie sich der oder jener die Zukunft vorstellt, ob sie ihm ein verschwommener Begriff oder ein in allen Einzelheiten geschautes Bild ist, für alle ist der Sozialismus der Sieg der Freiheit und Gerechtigkeit, das Herniedersteigen des großen Glückes zur leidenden Menschheit.

Es gilt ihnen das Wort Jacobys:

Die Vorgeschichte geht zu Ende,
Es rückt heran die Weltenwende,
Ein neuer Morgen will nun werden,
Der Menschheit Frührot glüht auf Erden.

5. Ethik.

In einer trostlosen Einförmigkeit verrinnt das Leben des modernen Proletariers. Heinrich Herkner sagt, daß auch dann, wenn Arbeitsstätte und Arbeitsprozeß vom hygienischen Standpunkt aus nicht getadelt werden dürfen, doch schon die unendliche Monotonie der verlangten Arbeitsleistung den Arbeiter zum Märtyrer mache. „Gewiß gibt es Menschen, welche sich über das ewige Einerlei ihrer Arbeitsaufgabe verhältnismäßig leicht hinwegsetzen. Namentlich wenn sie infolge des Stücklohnes auf die Höhe des Tagesverdienstes einen Einfluß ausüben, mögen sie jahraus, jahrein ohne Widerstreben eine der 93 Manipulationen ausführen, in welche heute etwa die Produktion eines Stiefels durch Arbeitsteilung und Maschinen aufgelöst worden ist. Aber ebenso sicher erleiden viele Arbeiter, und gerade die bestveranlagten am meisten, unter solcher entwürdigenden Arbeitsweise Qualen, welche die Aufmerksamkeit des Sozialpolitikers in demselben Maße wie die gesundheitlichen und sittlichen Schäden verdienen.“ [1])

Nichts vermag uns mehr zur Wertschätzung des Schönen emporzuführen, als die freie, individuell zu gestaltende Arbeit. Und nichts erscheint geeigneter, alles Empfinden für das Schöne so sehr zu ertöten, als die entsetzliche Monotonie und Unpersönlichkeit der modernen Fabrikarbeit. „Der moderne Industrialismus hat dem Arbeiter“, so schreibt ein Schlosser, „durch die bis ins kleinste gehende Teilarbeit jedes selbständige künstlerische Schaffen unmöglich gemacht. Er ist gewissermaßen das ausführende Instrument eines seinen Willen kundgebenden Dritten geworden. Der Techniker eines Werkes verlangt, daß ein Ornament oder irgendein anderer Gegenstand ganz genau nach seinen Angaben und seiner Geschmacksrichtung angefertigt wird. Der Arbeiter hat bei alledem nichts zu ändern, wenn er nicht Gefahr laufen will, entlassen zu werden. Diese Arbeitsmethode löst bei denjenigen Arbeitern, welche noch etwas Schönheitsempfinden besitzen, ein Unlustempfinden aus, das sie weder beseitigen noch abschwächen können und nur sehnsüchtig auf das Feierabendzeichen warten läßt.“ [2])

Das Schöne und das Gute, das sonst die Arbeit des Menschen auslöst, es wird gleicherweise zu ersticken versucht, in der Fron der modernen Fabrikarbeit. Und doch, man ist versucht zu sagen, in bewußtem Gegensatz zum Drucke der Fabrikarbeit erhebt sich der Proletarier zu ethischer Lebensauffassung und ästhetischer Betrachtungsweise. Die Monotonie der Arbeit drückt den Lohnarbeiter zu Boden, aber die Solidarität des Klassenkampfes überwindet diesen Druck und hebt ihn wieder empor.

Zu der typisch proletarischen Ethik, die eine Massenethik, eine soziale Ethik ist, tritt ein rein menschliches Empfinden für das Edle und Gute, hervorgerufen durch die Entfaltung von Persönlichkeitswerten, die im Erwachungsprozesse geprägt wurden. Daß der Proletarier im Kampfe für seine Klassenbefreiung persönlich ein besserer Mensch geworden ist, drückt sich darin aus, daß ihm ein

[1]) Prof. Heinrich Herkner: a. a. O., Seite 29.

[2]) Levenstein, a. a. O., Seite 119, Brief an M. Przybelski.

menschliches Rühren nicht fremd, vielmehr wohl vertraut ist. Herzensgüte, Mitleid, Wahrhaftigkeit, Freundschaftsgefühle, alles was an tieferer Empfindung im Menschen schlummert, findet auch im Herzen der Proletarier seine Stätte[1]).

Gewiß, auch alles Minderwertige, Unfertige und Schlechte findet seinen Weg in die engen Quartiere der Arbeitenden. Roheit, Trunksucht, Sinnlichkeit bei den Männern, Putzsucht und Eitelkeit bei den Frauen, wer hat sie nicht schon konstatieren müssen? Aber wir glauben, daß man den Arbeitern und Arbeiterinnen, selbst denen, die noch sehr weit zurück sind, mehr Schwächen zuschiebt, als gerechtfertigt ist, denn man läßt sich durch den äußeren Anschein täuschen. Das ist ja auch nur zu natürlich, daß, rein äußerlich betrachtet, der ungehobelte, derbe Proletarier unsympathischer erscheinen muß, als der geschniegelte und gestriegelte Sohn der Bourgeoisie, der seine Schwächen sehr wohl unter gefälligen Formen zu verbergen weiß.

Recht hübsch heißt es in der schon mehrmals zitierten „Jugendgeschichte einer Arbeiterin“: „Auch den viel verlästerten Leichtsinn der Fabrikmädchen lernte ich kennen. Gewiß, die Mädchen gingen tanzen, sie hatten Liebesverhältnisse; andere stellten sich um drei Uhr nachmittag bei einem Theater an, um Abends für dreißig Kreuzer einer Vorstellung beiwohnen zu können. Sie machten im Sommer Ausflüge und gingen stundenlang zu Fuß, um die paar Kreuzer Fahrgeld zu ersparen. Das bißchen Grüne mußten sie dann tagelang mit müden Füßen bezahlen. Das alles kann man Leichtsinn nennen, wenn man will, auch Vergnügungssucht, Liederlichkeit, wer hat den Mut dazu?

Ich sah bei meinen Kolleginnen, den verachteten Fabrikarbeiterinnen, Beispiele von außerordentlichem Opfermut für andere. Wenn in einer Familie besondere Not ausgebrochen war, dann steuerten sie die Kreuzer zusammen, um zu helfen . . .“

Diese ethischen Gefühle, die die indifferenten Fabrikmädchen zieren, finden sich noch ausgeprägter in den im Aufstiege be-

[1]) Vgl. Anhang, Seite 150, 153, 155, 159, 173, 175, 178, 182, 188, 189, 198, 200, 207, 208, 210, 212, 213, 223.

griffenen Arbeiterschichten. Es ist auch die begründete Hoffnung gegeben, daß es noch um vieles besser werden wird. Und in gleicher Weise entfaltet sich auch die Ästhetik in den Kreisen der Lohnarbeiterschaft.

Vom Erwachen des Schönheitssinnes unter den modernen Lohnarbeitern legt die in den letzten Jahren so nachdrücklich bekundete Liebe zur Natur Zeugnis ab. Der Zug aus den Toren der Stadt, der dem modernen Großstädter eigen ist, findet sich im Proletariat ganz besonders scharf ausgeprägt. Es entstehen Arbeitertouristenvereine als äußeres Zeichen der Naturliebe, die die Massen ergriffen hat. Wie schön und innig die Proletarier die Reize der Natur zu beschreiben wissen, davon zeugen eine ganze Anzahl unserer Skizzen[1]).

Daß es unter den Arbeitern viele Maler und Bildhauer von bedeutendem Talent, vor allem aber von naiver, herzlicher Kunstfreude und von bestwirkendem Schönheitssinn gibt, hat die Ausstellung Ad. Levensteins gezeigt, die er im Herbste 1909 in Berlin veranstaltete.

Und vom Sinn für das Schöne zeugen auch die vielen Arbeiterveranstaltungen zur Popularisierung der Kunst. Theater, Gesang, Musik und auch Malerei und Architektonik finden liebevolles Verständnis und herzhafte Begeisterung. So scheint es, daß, wie die Wissenschaft im Zeichen des Arbeiteraufstieges sich dem Volke vermählte, auch die Kunst den gleichen Weg zu wandeln unternimmt. Das Volk erhebt sich zur Kultur, das ist der befreiende Gedanke, der uns umfängt, wenn wir diese Zeichen einer neuen Zeit wahrzunehmen vermögen.

6. Familienempfinden, freie Liebe.

Der Proletarier hat kein Heim. Er besitzt keine Stätte, wo er im Kreise der Seinen beschaulicher Ruhe pflegen kann. In Mietskasernen eingepfercht, von der Neugierde der Nachbarn beobachtet, allen, auch den tiefsten Einblicken Fremder in sein Familien-

[1]) Vgl. Anhang, Seite 151, 154, 157, 159, 165, 168, 169, 177, 196. 205.

leben ausgesetzt, kann sich unmöglich die Poesie der Häuslichkeit entfalten.

Und dann die Wohnungen selbst. Klein, unbequem, allen Reizes bar. Diese Wohnungen, die ohnehin kaum den bescheidensten Ansprüchen genügen, bewohnen aber nicht die Familien allein, sie müssen sie noch mit Aftermietern teilen. Erschütternd sind die Zahlen, die beweisen, daß in jeder Großstadt Tausende, Zehntausende, ja noch mehr: Hunderttausende keine Wohnung, nicht einmal ein einziges Zimmer für sich allein zur Benutzung haben. Da lebt Groß und Klein, Mann und Frau, Fremder und Familienzugehöriger in einem einzigen Raum zusammen. Die intimsten Vorgänge spielen sich vor aller Augen ab.

Es ist so: das Heim des Proletariers ist zur Schlafstelle herabgesunken. Vielfach ist es aber bereits dahin gekommen, daß der Arbeiter nicht einmal diese Schlafstelle allein zur Verfügung hat. Er teilt sie mit Familienangehörigen, in schlimmeren Fällen auch mit Fremden.

Das ist wohl eine der traurigsten Seiten unserer Gesellschaftsordnung, daß sie die Massen jedweden Heims beraubt. Sie bestiehlt die Arbeiter um die kurzen Stunden der Muße, indem sie sie zusammenpfercht in überfüllte, reizlose Quartiere, wo es der Frau unmöglich ist, Frau zu bleiben, das Kind um die Unschuld seiner Jugend betrogen wird und der Mann zum Rohling werden muß, weil ihnen allen die Möglichkeit stillen Alleinseins, ruhiger Selbstbetrachtung fehlt.

In einem solchen Milieu kann es nicht wundernehmen, daß das Schamgefühl schwindet. Die Kinder sind über alle sexuellen Vorgänge ungemein frühzeitig aufgeklärt, die Erwachsenen reagieren nur mehr auf die gröbsten sinnlichen Reize. Diese Wirkungen des engen Zusammenwohnens werden noch vermehrt durch die Einflüsse der Fabrik. Die gemeinsame Arbeit beider Geschlechter in der Hitze und der dumpfen Luft der Arbeitsstätten führt ihrerseits zu sinnlichen Erregungen.

So ist im allgemeinen das geschlechtliche Leben des Proletariats derber und ungezwungener als das der besitzenden Klassen der Gesellschaft. Was freilich keineswegs bedeutet, daß das Proletariat

„unsittlicher“ ist. In der Frühzeit seiner Entwicklung mag es so gewesen sein, als die geschlechtliche Ungezwungenheit durch nichts anderes als die Sinnenüberreizung hervorgerufen war. Heute hat sich auch in dieser Beziehung ein wohl zu beachtender Wandel vollzogen. Was in der Frühzeit des Proletariats bloße geschlechtliche Ungezwungenheit war und nicht mehr sein wollte, ist heute zu einer bewußt gestaltenden freien Überwindung der überlieferten Moralvorstellungen geworden.

Das Proletariat ist in seinem Geschlechtsleben derber, aber beileibe nicht unsittlicher als die anderen Gesellschaftsklassen. „Ich bin geneigt, zuzugeben“, sagt der sehr skeptische Masaryk, „daß es (das Proletariat) im allgemeinen sittlicher ist — mag es auch gröber, ja brutaler sein — als ziemlich weite Kreise der reicheren und höheren Klassen.“ [1])

Das Ideal des Proletariats ist ein von allen Künstlichkeiten befreites Geschlechtsleben. Seiner Sinnlichkeit ist die Askese ebenso fremd, als seiner erwachten Menschheitswürde die regellose Vermischung widerspricht. Frei soll die Liebe sein, aber nicht ein schrankenloses Walten des Geschlechtstriebes. Das proletarische Liebesideal ist ein durchaus monogamisches. Wohl ist dieses Ideal, wie alle Ideale, nicht allezeit erreichbar; es wirken die oben beschriebenen Scheußlichkeiten seines Wohnens und vielfach auch die des Arbeitens ihm entgegen, aber immerhin, es setzt sich durch.

Die „freie Liebe“ ist dem Proletarier keine von außen her kommende, innerlich fremde Auffassung vom Verkehr der beiden Geschlechter, sondern wurzelt fest im Milieu, das ihn umgibt. Sie ist eine ethische Verklärung dessen, was sich aus der Art des proletarischen Lebens von selbst ergibt. Der Arbeiter ist im Liebesleben vorurteilslos. Prüderie ist ihm fremd. Er ist auch bereit, über Sünden der Liebe den Mantel der Verzeihung zu breiten, weil er aus seinem Leben gelernt hat, das Überwuchern sinnlicher Triebe zu

[1]) Th. G. Masaryk: Die philosophischen und soziologischen Grundlagen des Marxismus. Wien 1899, Seite 379.

verstehen. Alles in allem: nicht eine laxere, wohl aber eine freiere Auffassung geschlechtlicher Moral[1]).

Wie das Liebesleben, hat auch das proletarische Familienempfinden seine Entwicklung durchgemacht. Das Familienleben der alten Zeit hat in der Neuzeit einen entscheidenden Stoß erlitten: die Familie hörte für die große Masse des industriellen Volkes auf, eine Produktionsgemeinschaft zu sein. Damit war sie unmöglich in der Form wie bisher weiter zu erhalten. Vordem war im Bauern- und auch im Bürgerstand die Familie in einem gewissen Grade Produktionsgemeinschaft gewesen. Der Bauernhof wie die Werkstätte und der Haushalt des Handwerkers vereinigten in arbeitsteiliger Weise Mann und Frau, Kinder, Gesellen, Knechte und Mägde.

Der Proletarierhaushalt vereinigt die Familienglieder längst nicht mehr in dieser Weise. Jeder geht selbständig seinem Gewerbe nach, die trennenden Momente sind dadurch stärker geworden. Das ist kein Miteinanderleben, sondern nur mehr ein Nebeneinanderleben. Die Familie, so weit sie auf Interessengemeinschaft beruht, hat aufgehört eine überragende Bedeutung zu besitzen.

Falsch wäre es indes zu meinen, daß damit auch das Familienempfinden erloschen wäre. Im Gegenteil, während die materiellen Bande des Familienlebens lockerer werden, knüpfen sich die ideellen um so fester. Der Proletarier versucht die Familie auf ein reines, von allen materiellen Momenten unbeeinflußtes hohes Niveau gegenseitiger Liebe und Zuneigung zu erheben. Es ist rührend zu zu sehen, wie diejenigen, deren Familien in der Not der Zeit zugrunde gingen, die ein reines Familienleben mit all seinem trauten Glück nie kennen lernen konnten, wie die sich sehnen nach dem stillen Frieden der Familie[2]).

Zwei Proletarier, die in ihrer Jugend selbst des Familienlebens nicht teilhaftig werden konnten, ein Waisenknabe und ein Findelkind, schildern in ihren kürzlich erschienenen „Erinnerungen“

[1]) Vgl. Anhang, Seite 150, 181.

[2]) Vgl. Anhang, Seite 154, 159, 162, 164, 168, 173.

die Empfindungen, die sie damals beseelten[1]). Es ist wunderhübsch zu lesen, wie kindlich-innig sie an Mutterliebe und Familienglück glaubten. Und nicht nur glaubten. Die Wärme ihrer Erzählung bürgt dafür, daß die gleichen Gefühle ihnen auch als Erwachsene treu blieben. In der neueren Literatur kennen wir kaum noch ein Werk, das so schlicht, so rein menschlich das Sehnen nach Familienglück widerspiegelt, als diese prächtigen Skizzen zweier Arbeiter.

7. Nationalismus und Internationalismus.

In der Werkstätte stehen die Angehörigen verschiedener Nationen an der gemeinsamen Arbeit. Sie alle verbindet ein gleiches wirtschaftliches Interesse. Da ist es denn kein Wunder, daß die nationale Verschiedenheit in dem Maße in den Hintergrund tritt, als die Gemeinsamkeit des Interesses deutlicher im Bewußtsein vorwaltet. Das Gefühl der nationalen Zusammengehörigkeit erliegt dem Solidaritätsgefühl der Klasse; die soziale Frage erdrückt die nationale.

Wohl sind indes die Fälle nicht selten, in denen die nationale Frage selbst zu einer sozialen Frage wird. Auf der Suche nach billigen Arbeitskräften zieht der Kapitalismus fremde, noch auf einer niedrigeren Kulturstufe stehende Völkerschaften ins Land. In deutsche Gebiete kommen slavische, nach Amerika wälzt sich der Strom bedürfnisloser osteuropäischer und asiatischer Arbeiter. Diese nationsfremden Arbeiter, die zugleich gefährliche Konkurrenten auf dem Arbeitsmarkte sind, trifft der Haß der einheimischen Proletarier. Die Fremden werden verfolgt, weil sie die Preise drücken, aber nach außen hin erscheint diese Verfolgung als durch nationale Motive verursacht. Es offenbart sich ein sozialer Gegensatz in nationalen Formen.

Aber mit der wachsenden Erfahrung der Arbeiter bricht sich die Erkenntnis Bahn, daß eine soziale Frage im nationalen Kampf

---

[1]) „Erinnerungen eines Waisenknaben". Mit Vorwort von Prof. Aug. Forel. München 1910. „Ich suche meine Mutter". Die Jugendgeschichte eines Findelkindes. Diesem nacherzählt von Max Winter. München 1910.

nicht ausgetragen werden kann. Der nationale Kampf vertieft die Gegensätze, spaltet das Heer der Arbeitenden und macht es so schwächer zu dem notwendigerweise gemeinsamen Kampf gegen die Unternehmer. Wieder siegt — und es kann auch gar nicht anders sein — die Solidarität der wirtschaftlichen Interessen. Anstatt sich in nationalen Gruppen gegenüberzutreten, gründen die Arbeiter Organisationen zur Wahrung der allen gemeinsamen wirtschaftlichen Interessen.

Die Arbeitsbedingungen des einen Landes sind zu einem guten Teile abhängig von denen der anderen Länder. Es kann nicht diesseits der Grenze ein Paradies und jenseits eine Hölle sein, denn sonst würde die Wanderung der Arbeiterschichten bald wieder eine Umwälzung herbeigeführt haben. Es ist der Fortschritt in einem Lande beeinflußt durch die Gestaltung der Arbeitsbedingungen in anderen Ländern. So muß sich auch von dieser Seite her den Arbeitern die Notwendigkeit einer Interessensolidarität, die über die Grenzen der Staaten und Nationen hinweggeht, aufdrängen. Die Internationale, das ist der Ausdruck dieser Interessengemeinschaft. Die Arbeiter fühlen sich durch feste Bande mit ihren Brüdern aller Nationen verknüpft. Und töricht wäre es, sie darob zu schelten; denn ihr Tun ist eine unausweichliche Notwendigkeit, die der Kapitalismus ihnen auferlegte.

Eine charakteristische Ausnahme von der Regel, daß die organisierte Arbeiterbewegung sich nach der Richtung des Internationalismus bewege, bildet übrigens die Arbeiterbewegung in Australien. Dieselbe hat bekanntlich einen wesentlichen Anteil an der politischen Macht errungen, hat die gesetzliche Festlegung der Arbeitsbedingungen durchgesetzt und das konstitutionelle Prinzip in die Industrie eingeführt. Die Arbeitszeit übersteigt nirgends 8 Stunden, in der Regel ist sie beträchtlich geringer; die Löhne sind höher als in Europa und die hygienischen Einrichtungen der Fabriken dank einer musterhaften Inspektion durch Arbeiterinspektoren vorzüglich. So lernt der Arbeiter sich wohlfühlen im Staate. Die Bewahrung des Staatsganzen und vor allem die Bewahrung der eigenen Klasse gegen die Einwanderung asiatischer

Arbeiter, welche die beherrschende Stellung der Gewerkschaften durch Lohndrückerei brechen könnten, erscheint dem australischen Arbeiter als sein ureigenstes Interesse. Da eben diese Ausschließung asiatischer Arbeiter Australien mit einem möglichen Zukunftskrieg mit der asiatischen Vormacht Japan bedroht, so stellte die Arbeiterpartei die Ausgestaltung der australischen Wehrmacht durch Schaffung einer auf gesetzlicher, sei es auch kurz dauernden Dienstpflicht beruhenden Miliz, als eine ihrer vorzüglichsten Aufgaben in ihr Programm. Der australische Nationalgedanke ist in keiner anderen Partei lebendiger als in der Arbeiterpartei. Dies hindert jedoch nicht, daß die australische Arbeiterpartei mit reger Sympathie auf den Klassenkampf der arbeitenden Brüder in den anderen Industrieländern blickt, daß sie sich als Zweig der internationalen Arbeiterbewegung betrachtet. Der Gedanke des Internationalismus erscheint ihr wohl vereinbar mit einem gewissen nationalen Patriotismus, mit der Notwendigkeit, den eigenen Staat, der ein sozialer Staat ist, zu erhalten und zu kräftigen.

Immerhin mag bemerkt werden, daß sich in den letzten Jahren auch in Australien eine revolutionäre, sozialistische Strömung von der großen Arbeiterpartei loszulösen beginnt, die auf ausgesprochen internationalem, antimilitaristischem Boden steht. Die große Mehrheit der australischen Arbeiterschaft blieb aber bis nun der Arbeiterpartei mit ihrer nationalen, staatserhaltenden Tendenz treu.

Bei aller Internationalität, die für die Arbeiter eine wirtschaftliche Notwendigkeit ist, verleugnen sie auch in Europa keineswegs ihr nationales Bewußtsein. Die Nation als Kulturgemeinschaft ist dem Proletarier nicht minder teuer, als dem Angehörigen einer anderen Klasse. Das hat Werner Sombart bereits sehr deutlich herausgearbeitet. Von den sozialistischen Arbeitern, auf die es hier, wie in unserer ganzen Untersuchung, in erster Reihe ankam, resümiert er: „Wir gingen aus, den Gründen des sozialdemokratischen „Anti-Nationalismus“ auf die Spur zu kommen, und fanden einen recht stark ausgeprägten Nationalismus als Bestandteil des sozialistischen Glaubensbekenntnisses“ [1]).

[1]) Vgl. Sombart, Sozialismus und soziale Bewegung, Seite 179.

Das nationale Bewußtsein der Arbeiter hat seine Wurzel in der Überzeugung, daß ihr Wohlergehen für das Ganze der Nation eine unabweisbare Notwendigkeit sei. Die Arbeiter fühlen sich als die Zukunft, als die Hoffnung der Nation. Weiter: in ihrem Aufstiege werden sie mit den kulturellen Schätzen der Nation bekannter, sie dürsten nun danach, sie sich anzueignen. Und voll des nationalen Geisteslebens, zu dem sie mühsam vorgedrungen, sind sie wahrhaftig nicht diese „Antinationalen", und können es nicht sein, als die man sie bei oberflächlicher Betrachtung hinstellen zu müssen glaubt.

Das nationale Gefühl, das bei aller internationalen Kampfessolidarität in den Massen der Arbeiter bald deutlicher, bald undeutlicher vorwaltet, haben die Theoretiker des Proletariats bereits zu klarer, programmatischer Formulierung gebracht: „So erfüllen wir unsere n a t i o n a l e Aufgabe", schließt Otto Bauer sein tiefgründiges Werk über die Nationalitätenfrage und die Sozialdemokratie, „indem wir das Proletariat in den Kampf gegen den Klassenstaat und die Klassengesellschaft führen. Die prinzipielle internationale Politik, die eine Forderung des proletarischen Klassenkampfes ist, ist darum auch ein Mittel unserer nationalen Politik. Wir müssen die Proletarier aller Nationen zu einem machtvollen, von einheitlichem Willen beseelten Körper vereinen, um die Schätze unserer nationalen Kultur zum Besitztum der ganzen Nation zu machen, um unserer Nation Einheit und Freiheit zu erkämpfen." [1])

Das ist die S y n t h e s e zwischen Nationalismus und Internationalismus. Sie dringt siegreich vor und vermag es allmählich, den halb unbewußten, oft nur gefühlsmäßigen Nationalismus der Klasse, der sich mit internationalen Kampfesforderungen zur Undeutlichkeit verquickt, zu ihrer Klarheit emporzuziehen.

---

[1]) Otto Bauer: Die Nationalitätenfrage und die Sozialdemokratie. Wien 1907, Seite 576.

VII. Kapitel.

Proletarisches Schrifttum.

In tausend Zeitungsblättern, in einer Unmasse Flugblätter, Broschüren und Büchern findet sich niedergelegt, was das Proletariat will, was es von der Gesellschaft fordert. Eine ernste Untersuchung proletarischer Psyche kann an diesen Dokumenten nicht vorübergehen, wird im Gegenteil aus ihnen vielfach Anregung und Belehrung schöpfen. Aber sie allein können natürlich nicht mehr als eine Seite proletarischer Eigenart, seine Verstandestätigkeit, bis zu einem gewissen Grade beleuchten. Ebenso wichtig wie diese ist indes für die psychologische Forschung die Äußerung des Gemütes, des Gefühlslebens der Arbeiter. Von diesem kann man aus der proletarischen Tendenzliteratur nicht sehr vieles erfahren, man muß also zu anderen Hilfsmitteln greifen.

Eine wertvolle Quelle sind die literarischen Arbeiten proletarischer Talente. Das Empfinden des modernen Lohnarbeiters ringt sich in ihnen zu künstlerischer Vollendung empor. Was die Herzen Tausender bewegt, ihre Gefühle entflammt, tritt plastisch in den Gestalten proletarischer Kunstwerke an das Licht des Tages; in den letzten Jahrzehnten ist eine wahre „Arbeiterdichtung“ erwachsen. Es entsteht indes da vielfach ein Bild von dem, was sein sollte, ein Bild des Ideals, das den träumenden Blick gefangen nimmt. Weniger klar tritt in den Werken der Künstler, der proletarischen Talente, das hervor, was ist. Der Blick der Auserwählten gleitet gern über die Niedrigungen des Tages hinweg. Und selbst dort, wo das Gemeine herrscht, sucht er das Schöne, das Erhebende. So treten die Details, die das Leben beherrschen, in den Hintergrund, weil sie zu wenig Stoff zu künstlerischer Betrachtung geben. Und wendet sich der Künstler ihnen zu, dann treten sie gerade aus der Nichtigkeit heraus, in der sie zu betrachten wären.

Einen Einblick in die proletarische Psyche gewähren so die Arbeiten proletarischer Talente oder derjenigen Künstler aus anderen Kreisen, die das Leben des Proletariats darzustellen unternehmen immerhin, aber das, was sie gezeigt, muß noch anderweitig ergänzt werden. Die Ergänzung scheint uns darin zu liegen, daß man sich an die Arbeiter und Arbeiterinnen, die den Typus ihrer Klasse repräsentieren, selbst wendet.

Freilich hier begegnen wir ernsten Schwierigkeiten. Die Arbeiter sind sehr schwer zum Schreiben zu bringen. Dem Durchschnittsarbeiter fällt es schwer, seine Gedanken in der geordneten Reihenfolge der Schriftsprache zum Ausdruck zu bringen, also läßt er es lieber überhaupt bleiben. Dazu kommt noch das Mißtrauen des Arbeiters, das nicht leicht zu überwinden ist. Es macht so bedeutende Schwierigkeiten, überhaupt schriftliche Aufzeichnungen, die für unseren Zweck brauchbar sind, zu erlangen.

Und dann, was soll der Arbeiter schreiben? Da gilt es vorerst die Frage zu beantworten, ob man den Schreibenden überhaupt bestimmte Direktiven geben soll, und wenn ja, welche. Stellt man bestimmte Fragen zur Beantwortung, dann hat man wohl die Aussicht, einige Seiten der proletarischen Psyche ziemlich klar erfassen zu können. Diese Methode hat aber doch den Nachteil, daß sie eben von vornherein das Untersuchungsfeld mehr oder weniger willkürlich abgrenzt, Demgegenüber scheint es zweckmäßiger zu sein, die Arbeiter schreiben zu lassen, was i h n e n wichtig, der Niederschrift wert erscheint. Damit erreicht man zweierlei: erstens bekommt man Aufschluß über die Dinge, die den Arbeiter interessieren, über die Probleme, die ihm Probleme sind, und zweitens ergibt dann die Behandlung des Stoffes Aufschluß über die Art, wie Arbeiter bestimmte Dinge betrachten. Mag sein, daß das so zu erhaltende Bild verschwommener ist, als das der erstbesprochenen Methode, jedenfalls entspricht es aber noch immer mehr der Wirklichkeit, denn es verläuft das Leben ja nicht in diesen wenigen Linien, die man von vornherein zu zeichnen sich vorgenommen hat.

Es soll und kann auch eine erste Untersuchung sich nicht die Beantwortung weniger enggefaßter Fragen zum Ziele setzen. Vorerst gilt es, das Problem aufzurollen, einen vorläufigen Überblick zu geben. Die Untersuchung der Details kann erst dann einsetzen, wenn die wichtigsten Züge proletarischer Psyche — welche das sind, darf man nicht von vornherein zu bestimmen versuchen — aufgehellt sind.

Demnach war der einzuschlagende Weg für uns gegeben. Wir veranlaßten Arbeiter und Arbeiterinnen verschiedener Länder und Berufe, über ein beliebiges Thema ihres Lebens oder ihres Empfindens zu schreiben. Aus der Fülle der Einsendungen hoben wir die heraus, die uns von psychologischem Interesse zu sein schienen, das heißt die, die etwas mehr Selbständigkeit verrieten und sich nicht im bloßen Nacherzählen von Unverstandenem begnügten, und die, die typisch für das Geistes- und Gemütsleben einer größeren Anzahl Proletarier sind. So kamen wir zu einer Anzahl für unseren Zweck brauchbarer Skizzen, die Arbeiter und Arbeiterinnen zu Verfassern haben.

Anfangs hatten wir die Absicht, alle angenommenen Arbeiten im Wortlaut zu veröffentlichen. Das mußte indes vorläufig aufgegeben werden. Wir mußten uns des Raummangels wegen mit der Wiedergabe von Auszügen begnügen. Diese sollen ein möglichst getreues Bild von dem, was die Verfasser sagen gewollt, geben, insbesondere sollen sie die psychologisch bemerkenswerten Züge zum Ausdruck bringen. Einige besonders interessante Skizzen haben wir doch nicht umhin können, im Wortlaut zu bringen. In den Auszügen ließen wir so oft, es anging, die Verfasser mit ihren eigenen Worten reden, es soll auch ihr Stil und ihre Art, die Ansichten vorzutragen, auf den Leser einwirken.

Was wir gesammelt haben, will nicht als Kunstwerk gewertet sein. Es war nicht unsere Absicht, Talente zu entdecken, sondern vielmehr die, Arbeiter über Arbeiter zum Reden zu bringen. Das ist uns, wie wir glauben, in ziemlich genügendem Maße gelungen. Wenn als Nebenvorteil dabei auch hier wieder zutage trat, wie viele Kräfte, wie viele literarische Talente in der Arbeiterklasse schlummern, so gereicht es uns zur Freude und ist an sich eine bedeutsame Tatsache zur Beurteilung des modernen Proletariats. Die schöne, oft künstlerische Art, in der manche Arbeiter ihre Sache vorzutragen wissen, nahm uns oftmals bei der Lektüre der Skizzen gefangen und bereitete uns hohen Genuß. Aber das waren immerhin Ausnahmen. Mag die Mehrzahl der vorliegenden Skizzen, wie auch an den Auszügen zu sehen ist, in der Form etwas unbeholfen sein, sie sind eben deshalb von doppeltem psychologischem Wert, denn sie geben die typischen Empfindungen der Schicht wieder, der sie entsprossen sind.

Anhang.

Fritz Ackermann, *Schreiner, München.*

Arbeitslos!

Der Verfasser erzählt seine Arbeitslosenschicksale. Im Jahre 1901 arbeitete er in einer Bau- und Möbelschreinerei in München. Die ungünstige wirtschaftliche Konjunktur beraubte ihn seines Postens. Der Meister entließ ihn mit der höhnischen Bemerkung: „So jetzt könnt's streiken, jetzt hobt's Zeit." — In München keine Arbeit findend, sucht er sein Glück auf der Walze. Er marschiert nach Starnberg; dann den Starnberger See entlang nach Tutzing. Um nicht gleich seine Ersparnisse angreifen zu müssen, versucht er es mit dem „Fechten". Er wird erwischt und kommt in den Arrest. Seine Gefängniserlebnisse stimmen ihn trübe.

Nachdem er seine Strafe abgebüßt, wandte er sich wieder nach München, die städtische Arbeitsvermittlung weist ihm einen Posten in Kufstein (Tirol) an. Auch dort kann er nicht bleiben. Am Vorabend des hl. Christfestes will ihm der Meister einen Lohnabzug machen. Da er nicht darauf eingeht, wird ihm gekündigt. Nun lockt ihn Wien, ... „angesichts des Winters und der dort jedenfalls herrschenden Arbeitslosigkeit," muß er sich den Plan „gänzlich aus dem Kopf schlagen."

Er reist über München zu einem Freunde nach Plauen, der ihm von einer günstigen Konjunktur am dortigen Platze Mitteilung gemacht hatte. A. konnte sich aber doch nicht dauernd auf seinem Posten behaupten. Er probiert es mit der Bücherkolportage. Der Versuch gelingt nicht.

Es bleibt ihm nichts weiter übrig, als wieder von Plauen abzureisen. — Bei der Ausstellung des Abzugsattestes verlangt die Behörde seine Steuerquittung. Er hatte keine Steuer bezahlt. Nach einigen Schwierigkeiten stundete man sie ihm weiter.

Den folgenden Tag reiste er nach Hamburg. Da er schon einmal dort war, findet er sich leicht zurecht . . . „Ich erhielt denn auch noch am selben Tage Arbeit auf der Schiffswerft von Blohm & Voß und konnte andern Tags dort anfangen. Das ist nämlich die größte Schiffswerft von Hamburg mit etwa 5000 Arbeitern, zahlt aber die miserabelsten Löhne für Tischler in Hamburg, und dazu noch 10stündige Arbeitszeit, während in Hamburg in der Stadt die 9stündige Arbeitszeit eingeführt ist. Da ich aber wegen meiner schlechten finanziellen Verhältnisse gezwungen war, sofort Arbeit anzunehmen, so dachte ich mir, in der Not frißt der Teufel Fliegen, ...“ „Da ich wieder demselben Meister zugeteilt wurde, so dachte ich mir schon, da wird es nicht lange dauern, denn der Meister hatte mich noch von damals dick, und ich hatte mich auch nicht getäuscht. Auf dieser Werft ist das Überstundenwesen derart im Schwunge, daß die tägliche Überarbeit schon zur Regel wurde. Da geht dann eine halbe Stunde vor Feierabend der Meister herum und sagte zu jedem einzeln, heute werde bis 10 oder 12 Uhr gearbeitet, oder, wie es auch öfters vorkommt, daß man von Freitag früh 6 Uhr bis Samstag abend 6 Uhr, also 36 Stunden, durcharbeiten mußte, bei den üblichen Pausen. In welcher Verfassung der Arbeiter da noch sein kann, kann man sich lebhaft vorstellen. Der betreffende Meister fühlte sich aber nicht veranlaßt, mir jedesmal die Mitteilung zu machen, daß Überstunden gemacht werden sollen, sondern ging an meiner Bank vorbei, ohne mir ein Wort zu sagen, er glaubte wohl, ich werde von selbst dableiben. Ich verließ aber die Arbeit nach Schluß der regelmäßigen Arbeitszeit, welche mir ohnedies schon zu lange war. Bei Gelegenheit nun, als ich meine Arbeit ablieferte und zur Entgegennahme einer neuen Zeichnung nach dem Zeichnungsraum kommen mußte, stellte mich der Meister zur Rede und sagte: „Weshalb laufen Sie abends immer weg?“ Ich sagte ihm, daß mir nichts gesagt worden sei wegen des länger Arbeitens; er meinte dann: „Sie sehen doch bei den andern, daß die hier bleiben.“ Ich erwiderte ihm, daß den andern Kollegen jedem einzeln gesagt wird, wenn er nacharbeiten soll, zu mir aber nicht, folgedessen fühlte ich mich auch nicht veranlaßt, er meinte dann: „Es ist schon gut!“ und ich konnte abtreten ...“ Bei der nächsten Auslese wurde A. entlassen. ... „Ich fand aber bald wieder Arbeit bei einem kleinen Meister mit sieben Gehilfen, wo es mir so weit ganz gut gefiel, ich hatte dort einen Stundenlohn von 50 Pfg., bei 9stündiger Arbeitszeit. Anfang November trat dann der Meister mit dem Ansinnen an mich heran, er könne jetzt den Lohn nicht mehr bezahlen, er könne jetzt bloß noch 48 Pfg. pro Stunde bezahlen. Ich fragte ihn, ob er auf den 2 Pfennigen bestehe, da sagte er: „Ja“; ich erwiderte ihm: „Gut, dann geben Sie mir meine Karte.“ Und bin dann sofort aus der Arbeit ausgetreten; denn abziehen lasse ich mir unter gar keinen Umständen.“ Nach achttägigem vergeblichen Suchen nahm er eine Stelle in Vegesack bei der Schiffswerft „Bremer Vulkan“ an. „Aber da kam ich vom Regen in die Traufe.“ Karger Lohn, schlechte Wohnungsverhältnisse. Nach sechswöchentlicher Tätigkeit reiste er nach Hause nach Ulm. In Stuttgart kaufte er sich neue Kleider, um wohl ausstaffiert nach Hause zu kommen, „denn es gibt Leute, welche glauben, wenn man in der Fremde ist, daß man dann zerlumpt; aber das sollte mir keiner nachsagen können.“ In Ulm war er wieder 8 Wochen arbeitslos. „Aber als das Mailüfterl wieder wehte, packte mich unwiderstehlich die Wanderlust und ich packte wieder mein Bündel, um wieder nach München zu reisen.“

Er schließt mit dem Wunsche, „daß es den Proletariern aller Länder in nicht allzu ferner Zeit gelingen möge, sich aus den Fesseln des Kapitalismus zu befreien, um als freie Arbeiter zu leben".

Anna Bachmeier, *Schreinersgattin, München.*

Zur Arbeiterbewegung im Ruhrgebiet und in Rußland.

Eine Hymne an die russische Revolution. Sie beginnt:

„Es geht ein mächtig Rauschen jetzt durch die ganze Welt,
Wie wenn in Frühlingstagen der erste Regen fällt,
Der strömend sich ergießet, daß all' die starre Pracht,
Die längst in bangen Wochen der Winter hat gemacht,
Zerschmilzt";

. . . .

„Wohl rinnen heiße Tränen, wohl fließet kostbar Blut,
Wohl gellen Schreckensschreie ob der Tyrannenwut,
Entsetzlich, grausig Ringen herrscht jetzt im Osten dort,
Die Bestien, sie zwingen das Heer zum Brudermord —"

Doch durch all die Schrecken bahnt sich der Freiheit Weg. Die Hymne schließt:

„Nicht länger soll mehr knechten Willkür die Menschheit jetzt,
Es werde gleichem Rechte die gleiche Pflicht gesetzt;
Und nimmer soll es geben hier Herren und dort Knecht',
Eins soll fürs andere leben, ein einig frei Geschlecht!"

Die Menschenfreundin.

Die Verfasserin geißelt die Wohltätigkeitsmode, die nur das krasseste Elend aufsucht. Eine Wöchnerin liegt matt und krank zu Bette. Die Hebamme fragt, wann sie das Kind taufen läßt. „Ich habe kein Geld, Wasser aber habe ich selbst genug," ist die harte Antwort. Die Hebamme macht der Frau den Vorschlag, ihre Schwester solle das Kind zur Taufe tragen und sagen, daß die Mutter nicht bezahlen könne. Das geschieht. In der Trambahn wird das Kind bedauert, und eine elegant gekleidete Dame läßt sich die Adresse der Mutter des Kindes geben.

„Einige Tage darnach, an einem Nachmittag, tritt diese Dame ins Zimmer der Mutter des Täuflings mit den Worten: „Ich möchte fragen, ob Sie alte Kleider oder Schuhe für Ihre Kinder oder sonst was brauchen", wartet aber die Antwort, nach der die überraschte und beschämte Frau noch sucht, nicht ab, sondern fängt gleich zu examinieren an. „Was ist Ihr Mann, wo arbeitet er und was verdient er?“ Nach Beantwortung der Fragen sagt sie: „Sie haben 7 Kinder, nicht wahr?“ „Nein, Madame, 7 Kinder erlebe ich nicht, ich weiß nicht, wie ich alles für 3 herschaffen soll!“ „O, dann sind Sie nicht bedürftig und ich bin falsch unterrichtet.“ Der Stolz wallt in der Kranken auf, „Madame, ich habe Sie nicht um Ihren Besuch gebeten!“ „Beruhigen Sie sich,“ sagt ungerührt die fette Stimme der Menschenfreundin, „Sie haben keine Ahnung von der Not, die existiert in Familien mit 7 und noch mehr Kindern. Ich muß heute noch mehrere solcher Familien besuchen; werden Sie bald gesund.“ Und mit gnädigem Kopfnicken rauscht sie hinaus.“

Gedanken und Träumereien, die eine Feierstunde in dem modernen Arbeiters auslöst.

Der Arbeiter empfindet es zunächst, „er füllt ihn aus, seinen Platz, das Häkchen, das er ist, greift richtig ein ins Kammrad der Zeit! — Doch fragt er sich da gleich, warum wenn ich meinen Zweck erfülle, warum dann das wühlende, würgende, zermürbende Etwas, das mich nimmer zur Ruhe kommen läßt; warum, wo ich hinsehe, der Mangel, warum der endlose Kampf ums Selbstverständlichste, warum nur die spärlichen Brocken aus den reichen Schätzen der Kunst für meinen verzehrenden Hunger, warum die Not immer und überall als meinen Schatten? Und Wehmut erfaßt ihn da wohl zuerst, doch Bitterkeit und Trotz in rascher Folge. Warum soll er, der so ehrlich seine Pflicht erfüllt, ewig darben und betteln um das, was er mit viel innigerer Seele erfassen, mit viel heiligerem Eifer wahren und pflegen würde, wie die übersättigten Reichen, die an dem reichen Born des Schönen nur flüchtig und gedankenlos nippen, um die Zeit totzuschlagen, die dem sich plagenden Arbeiter mit Pfennigen bezahlt wird, um die er immer wieder feilschen, wenn nicht kämpfen muß.“ Er kann nicht verzeihen, wie Christus an Kreuze. „Wie Neid möcht’s einem manchmal überkommen auf jene, die das Leben noch nicht sehen gelehrt, die sich blind und gedankenlos noch am Gängelbande führen lassen, willige Schafe nicht nur dem Namen nach, die urteilslos dem geistlichen Hirten gehorchen; ja sie brauchen nicht denken, sie kennen ihn nicht, den bohrenden Schmerz, der das Gehirn erweichen möchte, der hinüberführt in die Nacht der Verzweiflung, in der der Mensch sich selbst aufgibt. Die lieben Schafe kennen kein höheres Bedürfnis, als eine leidlich volle Krippe, einen leidlich warmen Stall.“

Den Arbeiter, der scharf und klar alle Ungerechtigkeiten und Härten des Lebens empfindet, treibt es zum Kampfe. Er ist aber im Kampfe kein sich als Übermensch fühlender Fanatiker. „Der Arbeiter erhofft sich keine Märtyrerkrone und keinen Himmelsthron, er weiß, daß ihm kein Orden winkt und kein Judaslohn und dennoch fügt er sich in die bestehenden Gesetze, wenn manche auch auf ihn wirken wie ein Schlag ins Gesicht. Er läßt sich reizen mit verhaltenem Grimme, läßt sich aber zu nichts verleiten, was seine Vernunft, seine Menschenwürde nicht gut heißt, und so kämpft er ruhig, weil zielbewußt, und erkämpft für seine Enkel eine bessere Zeit."

Unsere Kinder können ihn wagen, „den Blick ins unverhüllte Antlitz der Wahrheit, ohne daran zu sterben, denn sie haben ihre Herzen im Leid geschult, im Kampf gestählt, sie lernen frühe furchtlos mit der nackten Wirklichkeit rechnen, sie wissen, ihnen gehört die Zukunft, wenn auch die Gegenwart sie noch knechtet und unterdrückt, und die Enkel werden ernten, was die Väter mit tausend unverstandenen Opfern gesät."

J. Berka, *Bandagist, Berlin.*

Das Tagesfazit eines aufgeklärten, intelligenten, organisierten Arbeiters.

Ein etwas unbeholfen gezeichnetes Bild der aufreibenden Arbeit sozialdemokratischer Vertrauensmänner. Dem Agitator Werner macht seine Frau Vorwürfe, daß er sich im Dienste seiner Partei zugrunde richte, er habe zu viel auf sich genommen. Er wehrt ab: . . . „es ist doch Ehrensache, es muß doch sein, einer muß es doch machen."

Während der Pausen seiner Berufsarbeit, er ist Werkführer in einer Gürtlerei, erledigt W. verschiedene gewerkschaftliche und Parteigeschäfte.

Abends muß er in Werkstättenversammlungen, Sitzungen usw.; erst spät nachts kommt er müde und abgespannt nach Hause, um am nächsten Morgen sein Werk von neuem zu beginnen.

Michael Betz, *Ausgeher und Packer, München.*

Fanny.

Anton ist in der Stadt als Arbeiter beschäftigt. Seine Mutter mahnt ihn, einem „christlichen Verband" beizutreten. Unter andern Neuigkeiten teilt sie ihm in dem Brief auch mit, daß eine seiner Jugendbekannten, Fanny, von einem Großbauernsohn geschwängert und dann von ihm verlassen worden sei. Fanny sei nun in die Stadt gegangen.

Anton hegt zu seiner Mutter große Liebe. „Eine Mutter", sagt er, „ist die Liebe selbst, sie ist die Sorge. Sie ist die Liebe zum Vater, zu ihren Kindern, sie hat nichts als Liebe. Und sie ist die Sorge für alle und zu allen. Sie sorgt für die Kinder, für das häusliche Glück der Familie; sie nimmt nicht selten des Vaters üble Launen, ja Bos- und Grobheiten um der Kinder wegen auf sich, sie verleiht den geringsten Sorgen ihre stetige Aufmerksamkeit; sie ist groß im kleinen, sie ist gewissenhaft.

Und solch eine Mutter soll von ihren Kindern nicht geehrt werden? Solchen Müttern sollen die Kinder böse sein? Solche Mütter sollen in den Zeiten der Not und des Alters von ihren Kindern verlassen sein?"

Dem christlichen Verbande tritt er indes trotz der Mutter Wunsch nicht bei. Das verstünde sie nicht. Er bleibt seiner sozialdemokratischen Organisation treu.

A. nimmt sich vor, Fanny, die er in der Stadt, in der er lebt, vermutet, zu suchen. Nach vielen vergeblichen Bemühungen findet er sie in einem schrecklich verwahrlosten Zustand. Sie ist Prostituierte und lebt im bittersten Elend. Ihre „Wohnung" ist ein Strohlager auf freiem Felde. Die Kleidung ist so mangelhaft, daß Anton von Italienern, die in der Nähe ihres Schlupfwinkels wohnen, erst die allernötigsten Kleidungsstücke kaufen muß, um sie unauffällig durch die Straßen der Stadt führen zu können.

Anton versucht die zuerst Widerstrebende, weil zu tief Gesunkene zu einem neuen, besseren Leben zu erwecken. Sie erzählt ihm ihre Leidensgeschichte: „Ja, sehen Sie mich nur an, Herr Anton, recht genau, bitte! So sehen nämlich die aus, Herr Anton, die den Versuchungen nicht zu widerstehen vermögen, die fallen. Sie müssen fallen. Erst langsam, Stufe um Stufe, dann, wenn sie soweit unten sind, daß sie nicht mehr die Kraft haben, sich emporzuarbeiten, dann ist ihr Schicksal besiegelt, dann geht es mit einer höllischen Geschwindigkeit hinab bis zur letzten Stufe, und die ist so schmal und schlüpfrig, daß sie den ohnehin schon wankenden Füßen und bebenden Händen keinen Halt mehr zu bieten vermag und somit ist dann das Ende vom Lied: eklig Gewürm und bestialische Verfäulnis. Da lebt man dann nicht mehr, nein, da vegetiert man nur noch, läßt dann alles über sich ergehen. Ich hab's gekostet und war damit zufrieden — ich mußte es ja sein — nahm alles ohne Murren und Klage auf mich: Liebe und Schläge, wie's gerade kam. War zu Willen dem vertiertesten Wüstling und dem routiniertesten Feinschmecker. Und so sank ich allmählich in die Tiefe."

Anton bietet ihr in dringenden Worten seine Hilfe an, vor allem müßte sie aber ein neues Leben w o l l e n , müsse selber der Verzweiflung Trotz bieten. „. . . . du bist nicht die einzige, nicht die erste und auch nicht die letzte. Nein, Fanny, du bist nur eine unter den vielen, denn so wie es dir erging, so sind es Legionen, die dir ebenbürtig sind. Und du kannst dich glücklich preisen, daß du hoffen darfst und hoffen kannst auf deine Gesundung und Erlösung. Ewige Schmach klebt nicht an dir, wie solche überhaupt an keiner deiner Leidensgenossinnen kleben kann, gleichviel ob sie gerettet wurde, oder ob sie in Schmutz und Schlamm ihren Geist aufgab. Denn sie alle, deine „Freuden"- und Leidensgenossinnen, sie sind nicht mehr, aber auch nicht weniger als die Opfer unserer, ach, so herrlich schönen Weltordnung. Und wie der Kapitalismus die Frauen in die Prostitution hineinzwingt, so möchte er die Arbeiter zu seinem ihm auf Gnade und Ungnade verfallenen Werkzeuge prostituieren. Euch raubt er die Frauenehre, uns nähme er gern die Manneskraft — zwar nicht direkt, jedoch auf Umwegen. Und so sind wir beide bedroht, so haben wir beide gegen den gemeinsamen Feind anzukämpfen. Da jedoch die Frauen im allgemeinen schwächer und wankelmütiger sind als die Männer, so unterliegen sie auch leichter und früher als wir — und da sie, selbst noch im Fallen, dem Kapitalismus nützlich sind, so sorgt er dafür, daß er auch Frauen immer zu Händen hat, bald beim Tag und bald bei Nacht, wie's ihm eben paßt. Und diese Teil- wie Inhaber des Kapitalismus, diese Frauen- und Mädchenschänder, diese . . . o Fanny; die haben eine höllische Freude daran, so wir Arbeiter unser eigen Fleisch und Blut, unsere Standes- und Leidensgenossinnen, unsere Gefallenen, mit verächtlichem Hohne beschütten . . . ."

„. . . . Aufrichten wollen wir sie: aus ihrem Schmutz, aus ihrer Schmach, aus ihrer Schande wollen wir sie ziehen, müssen wir, wo wir können und wo sich uns Gelegenheit hierzu bietet. Nicht fluchen wollen wir den Verfluchten, nein! Unsere Hilfe bieten wir ihnen an, zur Erkenntnis, zur Menschheit bringen wir sie. Zur Menschheit, Fanny, die im Kampf um das Recht und die Gerechtigkeit liegt; zur Menschheit, die sich befreit von und aus dem Joch des gefühl- und zügellosen Kapitalismus; zur Menschheit, zu der Menschheit, die da aufgebaut ist und die da beruht im unzertrennlichen Gefüge der Freiheit, Gleichheit und brüderlicher Liebe."

Schließlich gelingt es ihm in der Tat, Fanny zu retten, doch es ist zu spät. Ihr Körper unterliegt all den Entbehrungen, denen er ausgesetzt war. Sie stirbt als Antons Braut im öffentlichen Krankenhause.

William Bromme, *Fabrikarbeiter, Berlin.*

Auflösung.

Ein sterbender Proletarier sieht sein elendes Leben noch einmal im Geiste an sich vorbeiziehen. Nur die Liebe zur Natur hatte ihn sein kümmerliches Dasein ertragen lassen. „Ach, könnte er doch hinaus. Könnte er sich doch noch ein einziges Mal auf den Höhen, im Walde, oder wenigstens am Feldrain tummeln. Wie würde er sich freuen an jedem Hälmchen, jedem Blumenstengelchen, jedem Zweig, jedem raschelnden Blatte. Könnte er doch nur noch einmal auf einem Berge stehen und wenn es im Winter wäre, wenn alles nur noch eine große Farbensymphonie in Weiß und Grau ist; könnte er dann seine Blicke auf die fernen, im Schnee vergrabenen Städte und Dörfer, auf die entlegenen blaugrauen Höhen und die hier und da auftauchenden weißen Straßen und Wege schweifen lassen. Wie beglückt würde sein Gemüt dadurch werden! Wie beruhigt würde er nach stundenlangen Betrachtungen heimwärts ziehen .... Und jetzt .... diese vier trostlosen kahlen Wände ..."

Die Schwindsucht hat seine letzten Kräfte aufgezehrt. „Die schlechte Luft in den Fabriksälen, die allzu karge Ernährungsweise, die ungesunde und ungenügende Wohnung, die Sorge um Weib und Kinder, unterbrochen von Arbeitslosigkeit und Krankheitsperioden, dies alles hatte zu dem Fortschreiten des unheimlichen Prozesses in seinem Innern sein gut Teil beigetragen ...." Auch seine Kinder tragen den Keim der furchtbaren Krankheit bereits in sich.

Nun kommt das Ende. „Merkwürdig, es kommt ihm gar nicht mehr so schrecklich vor, früher sträubten sich die Haare, wenn er sich mit Todesgedanken beschäftigte ... Jetzt nötigte es ihn, Vergleiche anzustellen, und er kam zu dem Schluß, daß der einzelne Mensch ja doch nur ein kleines Teilchen des Weltalls ist, wie Tage Teilchen des Jahres sind. Jahrtausende sind vergangen und Jahrtausende werden noch vergehen. Milliarden von Menschen sind schon gewesen und Milliarden werden noch kommen. Der Tod ist Auflösung des einzelnen Individuums und darum nach ungezählten Stößen des Schicksals der letzte Gnadenstoß der Natur. Er ist ein unvermeidliches Übel, das für alle bestimmt ist, und der Schluß der großen Erden-Tragikomödie. Der Mensch, der der Natur Wiege und Sarg und alle Genüsse während des Lebens verdankt, bezahlt mit diesem Leben ihr wieder seine Schuld und nährt mit den aufgelösten Teilen seines Körpers die Pflanzen, die eine grüne Decke über seine sterblichen Überreste ziehen ... Das Gras verdorrt, die Blume verblüht und fällt ab. Alles Fleisch geht in Verwesung über .... Die Menschen sehen die Blätter, die Blüten, die Früchte entstehen und wieder verschwinden, wenn sie verblüht und ausgereift sind, oder wenn irgendein Parasit, in Gestalt von Krankheitskeimen ihre Lebensfähigkeit untergraben hat ...

So ist es auch bei ihm der Fall ...."

Das Scheiden von den Seinen wird ihm schwer. Er glaubt nicht an ein Wiedersehen im Jenseits. Was man für die „Seele" hält, könne nur das „Leben" sein, und dieses entschwinde mit dem Tode. Seine letzte Mahnung an die Menschen ist: „Macht euch das Leben auf Erden schön ...."

Der Fritze.

Der Verfasser schildert das Leben eines Quartalsäufers. Fritze arbeitete als Holzpantoffelmacher, er war ein sehr geschickter Arbeiter. Aber er begann nie am Montag mit der Arbeit, weil er erst seinen sonntäglichen Rausch ausschlafen mußte. Auch die folgenden Tage fehlte er sehr oft in der Werkstätte. Als es einmal gar Sonnabend mittag wurde, bis er zur Arbeit kam, machten ihm seine Kollegen Vorwürfe ob seines leichtsinnigen Treibens, er hörte aber nicht auf sie.

Der Meister versprach ihm dauernde Arbeit zu geben. F. übersiedelte nun mit seiner Familie in das Städtchen. Das Trinken gab er nicht auf. Etliche Wochen arbeitete er fleißig. Dann ergab er sich wieder vollständig dem Suff. Schließlich wurde er vom Meister entlassen.

Er arbeitete dann bei einem Großfabrikanten. Dort trieb er es ebenso wie in seiner früheren Stellung. Endlich wurde er auch da entlassen.

„Fritzens willensschwache, machtlose Frau hungerte längst mit den Kindern. Eine erwachsene Tochter, die in einer Spinnerei rackerte, brachte der Familie trockenes Brot und Kartoffeln auf den Tisch. — Und eines Tages baumelte Fritze im Forste an einer Fichte. Zu seinen Füßen lag die treueste Gefährtin seines Lebens — die Schnapsflasche. Wie oft hatte sie vor ihm auf dem Tische neben dem Bierglas gestanden, wenn Fritze sich in geselligem Kreise mit gleichartigen Trinkern unterhielt, die statt über die Verbesserung ihrer Lage in rohen und rüden Schimpfereien über fade, nichtssagende Dinge diskutierten. War dann ihr Besitzer voll, so torkelte er nach Hause, bis er dann endlich einmal den Weg hierher gefunden hatte. Nun war die Flasche zur Waise geworden und mit ihr seine unschuldigen Kinder. Der Alkohol aber — dieser schlimmste Feind der Völker — hatte triumphiert.“

Mater dolorosa.

Eine Frau, die bereits 7 Kinder zur Welt gebracht, erwartet ihr achtes. Der Ernährer der Familie befindet sich eben in einer Lungenheilanstalt. Zuhause herrscht bitterste Not. „Zu viel Kinder sind eine Last.“ Die Frau wünscht sehnlichst die Rückkehr ihres Gatten. Glaubt sie doch, davon eine Milderung ihres Elends erwarten zu können. Für morgen ist seine Rückkehr angekündigt, sie hofft inständigst, wenigstens nicht früher von ihrer schweren Stunde heimgesucht zu sein. Aber es kommt anders. Geburtswehen befallen sie. Ihre Mutter, eine mürrische Alte, die im gleichen Hause wohnt, holt die Hebamme. Unter schrecklichen Schmerzen gebärt die Frau ihr achtes Kind. „Eine Tasse Zichorienbrühe war das einzige, was ihr zur Kräftigung gereicht wurde. Scheltend und fluchend wirtschaftet die alte Mutter umher. Die Kinder waren wach geworden und kamen, nur mit dem Hemdchen bekleidet, an das Lager.

„Der Storch hat uns wieder einen Jungen gebracht,“ ruft das vierte Kind, eine Tochter, — worauf der zweitälteste Sohn altklug antwortet: „Der hätte doch zu reichen Leuten gehen können. Wir haben genug Kinder und selbst für uns nicht genug zu essen. Mama, warum hast du mich denn nicht geweckt. Ich habe einen Eichenstock unter dem Bett liegen, damit hätte ich dem Storch schon hinausgeholfen.“

Selbst die Hebamme mußte über die Naivetät des Kleinen lachen.

Die Alte (Großmutter) fuhr mit einem Donnerwetter zwischen die gaffende Kinderschar, die das Wochenbett umstand und jagte sie in ihre Betten zurück.

Kurz nach der Geburt des Kindes kommt der Gatte an. Er tröstet sein verzweifeltes Weib. In der Heilanstalt ist er gesundet, er hofft in kurzem wieder eine passende Arbeit zu finden. Neue Hoffnung kehrt wieder in das Gemüt des armen Weibes ein.

Der gute und der böse Knabe.

Die älteren Kinder einer Ferienkolonie haben die Erlaubnis erhalten, frühmorgens nach dem Gebirge aufbrechen zu dürfen, um einen Sonnenaufgang zu schauen. Nach einer frischen kurzen Wanderung erreicht die Schülerschar den Aussichtspunkt. „Das Gesicht nach Osten gewendet, steht die kleine Schar trunkenen Blickes wie angewurzelt da. — Ein großer purpurroter Streifen zeigt sich am Horizonte. Der leichte Nebel, welcher über dem Weltall lag, hat sich geteilt und wogt nur noch in leichten Schwaden die Täler entlang. Gleich einem Silberfaden schlängelt sich ein kleines Bächlein am Fuße des Hügels durch die Landschaft. Und die es umgebenden Weiden und Erlen brüsten sich im Schmucke der glitzernden Tauperlen, die zu Tausenden und Abertausenden an ihren Blättchen sitzen. — Noch schlummert die Erde. — Da! — Wie ein Blitz durchbricht's die Natur! —

Der erste Sonnenstrahl schießt über die Auen, und tausend-millionenfältig wird sein Licht von den Tauperlen zurückgeworfen. Ein einziges Glänzen, Glitzern und Leuchten scheint das Weltall zu sein, was noch jeden Augenblick durch die immer höher kommende Sonne gesteigert wird, bis sie voll und rund, in unvergleichlich majestätischer Schönheit am Horizont steht. Und nun raschelt es in den Zweigen, die Vögel entflattern ihren Nestern, und fröhlich und wohlgemut schmettern die kleinen gefiederten Sänger ihr Lied in den frischen Sommermorgen hinaus."

Das gewaltige Naturschauspiel macht einen besonders tiefen Eindruck auf Wilhelm, einen der aufgewecktesten Knaben. Sein intimer Freund Franz bleibt dagegen ganz ungerührt.

Am Heimwege ist Franz damit beschäftigt, den Blumen mit einer Gerte die Köpfe abzuhauen, Käfer zu quälen und Schmetterlinge zu fangen, um diese dann lebend auf eine Stecknadel zu spießen. Wilhelm ist empört über die Herzlosigkeit seines Freundes und macht ihm ernste Vorwürfe. Er belehrt ihn, „daß jedes erschaffene Pflänzchen und Tierchen auch seine besondere nützliche Bestimmung hat, wenn es auch noch so unscheinbar oder häßlich aussieht. Es gebe doch auch dem Äußern nach viele häßliche und gebrechliche Menschen, in denen doch oft ein recht warmes, mitfühlendes Herz schlägt und die mitunter dazu berufen sind, Großes zu vollbringen."

Nach 15 Jahren ist Wilhelm Mechaniker in einer Fabrik für chirurgische Instrumente. Ein warmer Naturfreund ist er geblieben, seine freie Zeit benutzt er zu Spaziergängen in der freien Natur. „Er unterhielt sich in solchen Stunden mit der Allmutter Natur selbst, lehnte sich an irgendeinen Baumstamm und träumte. Dabei hörte er in ihm die Lebenssäfte emporsteigen, lauschte dem pochenden Erdgeist unter den Moosen und versetzte sich dadurch in eine so friedvolle Stimmung, daß er alles, wohin sein Auge traf, als die wunderbarsten Werke der Schöpfung betrachtete. Aus dieser herrlichen erquickenden Schön heitsquelle schlürfte er dann in vollen Zügen Trost, Hoffnung, Liebe, Freude und Frieden."

Von einem seiner Spaziergänge zurückkehrend, ist er eines Abends Zeuge einer häßlichen Szene. Ein Betrunkener mißhandelt auf der Straße seine Frau, die ihm vom Wirtshause fort nach Hause holen wollte. Bei näherem Zusehen erkennt Wilhelm seinen ehemaligen Jugendfreund Franz. Er tritt auf ihn zu und erinnert ihn an ihre ehemalige Freundschaft. Franz ist beschämt und verspricht Besserung.

Aphorismen eines Arbeitslosen von der Landstraße.

Aus Briefen von **Ernst Schuchardt,** *Metallarbeiter, Gotha.*

Was ist ethische Kultur? „Die Anerkennung daß alle Individuen gleichberechtigt sind, die Freuden dieser Erde zu teilen und zu genießen."

Was ist ein Vagabund? „Ein ausgestoßenes Mitglied der menschlichen Gesellschaft, dem wirklich Arbeitsscheue nachsagen, der Lump will nicht arbeiten."

Was ist Wohltat? „Wohltat ist, wenn jemand das Letzte teilt und dann selbst entbehrt. Von Rechts wegen gibt es keine Wohltat. Wenn jedermann sein Recht auf Existenz forderte, könnte niemand von Wohltat reden. Ich habe ein Recht zu leben und fordere alle Arbeitsbrüder auf, dieses Recht zum Gesetz zu machen."

„Der Kapitalismus gleicht dem Schneeball, der sich von dem Gletscher loslöst, sich durch das Rollen zur Lawine entwickelt, um schließlich sich und alles im Tale zu vernichten."

Wer war der größte Räuber im letzten Viertel des 19. Jahrhunderts? „Morgan, der Mann stahl in diesen Jahren mehr als 1000 Millionen Dollars auf indirektem Wege."

„Gar mancher Millionär betet: Herr, erlöse uns von dem Übel! Leider weiß der gute Mann nicht, daß auch er zu den Übeln gehört."

„Das allergrößte Übel ist die Dummheit, und jeder Vernichtungskampf ist fast erfolglos; denn die Dummheit scheint unsterblich zu sein."

„Der größte Fluch ist, daß die Armen und Elenden ihre unglückliche Lage nicht anerkennen wollen."

„Die Magerkeit des Plebejers ist der Gradmesser, an dem der Patrizier sein Kapital mißt."

„Einer der größten Fehler ist, wenn die Menschen sparen und hungern dabei."

„Die Hoffnung ist ein Seil, an dem sich mancher zu Tode zieht, und zwar langsamer als durch eine einfache Strangulation."

Anton Donnebaum, *Weberei-Praktikant, Budapest.*

Ein Tag aus dem Leben eines Praktikanten.

Ein 16jähriger Praktikant schildert die Leiden eines Arbeitstages. Er muß schwere, ermüdende Arbeiten verrichten. Kein Stündchen Ruhe, keine Erholung. „Kaum ist er mit seiner Arbeit fertig, so werden ihm schon zehn andere aufgedrängt, so daß er aus dem Hasten nicht herauskommt."

Endlich ist sein Tagewerk vollbracht, „. . . müde wankt er heim mit bitterem Weh im Herzen; begrüßt seine Angehörigen und geht nach dem kärglichen Mahle zu Bette, weint vielleicht im stillen und legt sich schlafen, um in der Frühe dem selben Schicksal entgegenzugehen.

Wollen wir hoffen, daß die Zukunft auch diesen armen Geschöpfen hilft, auf daß auch sie ein menschenwürdiges Dasein genießen und damit sie l e r n e n können, um einmal in der menschlichen Gesellschaft eine achtenswerte Stellung einzunehmen. Das walte Gott."

Julius Doringer, *Eisendreher, Wien-Florisdorf.*

Der Verfasser schildert das Leben und Leiden eines seiner Arbeitskollegen. Dieser war ein gebürtiger Bayer. Er hatte das Schlosserhandwerk erlernt, später den Feldzug gegen Frankreich 1870-71 mitgemacht. Als er vom Feldzuge heimkehrte, war sein Vater tot. Das väterliche Erbteil hatte sein Bruder durchgebracht. Storch, so heißt der Arbeiter, wandte sich nach der Schweiz. Später kam er nach Österreich, wo er in Leobersdorf, einem Fabrikort in der Nähe Wiens, heiratete und dort blieb. Bald war er die Seele des Leobersdorfer Arbeiterbildungsvereins. Im Wirtshause geriet er mit dem Fabrikbuchhalter und einem Gendarmeriepostenführer in Streit. Der Gendarm denunzierte ihn heimtückischerweise den Behörden. Ausweisung aus sämtlichen Kronländern Österreichs war die Folge. Storch, der damals krank war, wurde in die Gemeindekanzlei gerufen. Man legte ihn Handschellen an und brachte ihn, ohne daß er von den Seinen Abschied nehmen konnte, per Schub nach Bayern. Für seine Familie sorgten die Arbeitskollegen.

Nach vieler Mühe gelang es Storch, in Budapest einen Posten zu erlangen. Nach eineinhalb Jahren wurde ihm von der Behörde erlaubt, in Wien eine Arbeit anzunehmen. In Wien starb er. Auf dem Totenbette sagte er, daß wohl ihn die Schergen zu Tode gehetzt hätten, aber er freue sich, daß wenigstens seine Kinder brauchbare Menschen geworden seien.

Julius Effenberger, *Fabrikarbeiter, Neustadt a. d. Tafelfichte.*

Am Christabend.

Ein düsteres, stilles Hochtal von erhabener Pracht. „Auch hier in dieser über kleinlichem Erdenleid scheinbar erhabenen Einsamkeit wohnt Unfriede, Jammer und Elend. Wohnt Verfolgung und Zerstörung. — Dort umstreift hungriges Wild die menschlichen Wohnungen, mit erhobenem Kopfe nach Äsung witternd. Da huscht ein Häs'chen über das Feld, ahnungslos, daß seiner das Verderben lauert. Hinter dem blätterlosen Strauch, dort, halb mit Schnee überhangen, funkelt ein Augenpaar, — der Fuchs, auf Beute lauernd. Eben schwebt, mit leisem Fluge, eine Eule dem nahen Gehöfte, ihrem Schlupfwinkel, zu. Schauerlich tönt ihr heiserer Schrei durch das nächtliche Schweigen, und die furchtsamen Rebhühner, die behend über den Schnee laufen, ducken sich erschreckt. —

Ein Hahnschrei ertönt, und bald antworten seine Kameraden in der nächsten Umgebung, den nahenden Morgen verkündend. — Bim baum, bim baum, klingt es da plötzlich herüber übers Feld, vom Kirchlein, die Bewohner des Dorfes zum Gebete rufend. Es ist das letzte Rorate, denn heute ist Christabend. Das Getier des Waldes, das noch immer umherstreift, lauscht auf. —

Hundegebell wird hörbar, und wie wenn das Wild diese Signale des anbrechenden Tages schon kannte, verschwand es langsam im nahen Walde. Hie und da flammt ein Lichtschein auf, bald immer mehr. Einzelne dunkle Gestalten bewegen sich, fröstelnd in ihre Pelze gehüllt, den Weg zum Kirchlein hinauf, aus dessen Fenstern schon Kerzenhelle strahlt.

Türen kreischen, und die Mägde und Knechte der Bauernhöfe schlürfen, noch schlaftrunken, mit Laternen in den Händen über den Hof, nach den Ställen, aus denen Rinderblöken erschallt. — Der Tag ist erwacht." —

In einem kleinen Häuschen am Ende des Dorfes wohnt mit seiner Familie ein Arbeiter der nahen Eisenwerke. Seine Frau merkt, daß er seit einigen Tagen in Gedanken verloren und wortkarg umhergeht. Auf ihre Frage antwortet Werner, so heißt der Arbeiter, nur mit einigen verlegenen, unbestimmten Ausflüchten. In trauriger, gedrückter Stimmung schickt er sich an, das Haus zu verlassen, um zur Arbeit zu gehen. Beim Abschied erinnern ihn seine Frau und seine zwei Kinder, heute ja nicht die Christgeschenke zu vergessen.

Aber Werner weiß, daß er seiner Familie diesmal keine Christbescherung machen kann, und das ist es, was ihn drückt. „Und dem schlichten Manne, dem der Kampf ums Dasein harte Linien ins Gesicht gegraben, dem starken Manne, der schon so viel Not und Elend bezwungen, rinnen zwei schwere Tropfen in den Bart, wo sie alsbald zu Eis erstarren. Vergebens hatte er geschafft und gearbeitet, nichts blieb ihm übrig, um seinen Kindern auch eine Freude bereiten zu können am Weihnachtsfeste. — Alles wäre noch gegangen, wenn er heute wie immer seinen Wochenlohn bekommen hätte. Aber gerade heute sollte er keinen bekommen, weil er durch Unachtsamkeit, wie der Werkführer sagte, einen Schaden angerichtet hatte unten in den Werken, den er mit seinem Wochenlohn bezahlen mußte.

Es war beim letzten Nachtdienst gewesen, da hatte ihn der Werkführer unsanft bei der Achsel geschüttelt. Jäh war er aufgefahren und hatte sich besinnend die Augen gerieben. O weh! — Er hatte geschlafen. In den letzten Wochen war viel zu tun gewesen. Es mußte oft länger gearbeitet werden. Auch mehr Nachtschichten wurden eingeführt. Und Werner, der noch dazu eine Stunde Wegs zu gehen hatte nach den Werken, ebenso wieder zurück, durch den vielen Schnee, hatte sich vor Müdigkeit nicht zu halten vermocht. Die Überanstrengungen der letzten Wochen, der aufreibende Weg täglich hatten seine Kräfte aufgerieben. Die matten Glieder hatten den Dienst versagt, er war, ohne es zu wollen, eingeschlafen. Wie ihm nur das hatte passieren können? — Es war das erste Mal in seinem Leben, daß er bei der Arbeit eingeschlafen war. Hart hatte ihn der Werkführer angefahren: „Wollen Sie schlafen, so bleiben sie zu Haus! — Schauen's den Schaden an. Der Lohn von zwei Wochen ist futsch. Sie bekommen zwei Wochen keinen Lohn, — oder . . . .!" — Mit einer nicht mißzuverstehenden Handbewegung deutete er nach der Tür. Damit ließ er den wie vom Schlage Getroffenen stehen. Der Werkführer war ihm schon lange nicht gut gesinnt. Nun benutzte er die Gelegenheit, um ihn empfindlich zu strafen. Während er an der Arbeit steht, bemerkt er plötzlich den Werkführer hinter sich, der ihn mit triumphierender Miene beobachtet. Er wartet, daß ihn Werner bitte, die Strafe zu verschieben. Der aber bringt dem verhaßten Manne gegenüber keine Bitte über die Lippen; wohl kämpft er schwer mit sich, aber er kann es nicht über sich bringen, sich zu demütigen. Schließlich beruhigt er sich mit dem Gedanken, sich an den Arbeitsherrn selbst zu wenden. Doch als er nach Arbeitsschluß seinen Herrn aufsuchen will, besteigt dieser eben seinen Schlitten. Er hat nicht Zeit, Werner anzuhören, denn er eilt zu seiner Familie. Alles verläßt eilig die Fabrik, um nach Hause zu kommen. Nur Werner schleicht langsam davon, er hat kein Geld erhalten. Ohne etwas zu bringen, will er nicht nach Hause gehen. Ganz in Gedanken versunken kommt er, ohne zu wollen an das Haus seines Brotherrn.

Eben werden die Weihnachtskerzen im Hause des Fabrikanten angezündet. Draußen im Schnee steht frierend der arme Arbeiter und ist Zeuge der reichen Weihnachtsbescherung. „O, . . . es tat seinen Augen so weh, — er mochte nicht mehr hinschauen. Eine Bitternis erfaßte ihn, gegen den Werkführer, gegen die da drinnen, gegen seinen Herrn. Er hatte keine Zeit für ihn gehabt, dieser Herr. Hart lachte er auf. — Sein Gesicht verzerrte sich. Warum hatten es die da drinnen so gut? — Die hatten alles im Überfluß. Hatte er nicht redlich gearbeitet sein Leben lang? Womit hatte er solches Elend verdient? — Sein entstellter Blick erhob sich gen Himmel: — „Hab ich vielleicht jemals weniger gottgefällig gelebt wie diese da? Herrgott!" — rief er. „Hab ich jemals vergessen, zu Dir zu beten? Was haben jene voraus, daß du sie mit Reichtum überschüttest, während du mich und die Meinen elend zugrunde gehen läßt? — Lebst du wirklich, gerechter Gott? An den ich bisher geglaubt? — Nein! — Ich glaub's nicht mehr! Es lebt kein Gott!" — Und er tat, von sinnloser Wut gepackt, was er noch nie in seinem Leben getan hatte; er fluchte gegen den Himmel."

Im Häuschen Werners wartet unruhig die Gattin auf die Rückkehr ihres Mannes. Die Kinder werden nicht müde, nach der Christbescherung zu fragen, die bedrückte Frau ergreift eine quälende Angst. Als es 11 Uhr wird, hält sie es, trüber Ahnungen voll, zu Hause nicht mehr aus. Die Kleinen schlafen; nun eilt sie in die Nacht hinaus, ihren Mann zu suchen. Sie bittet einen Nachbarn, sie zu begleiten. Der, ein frommer Bauer, will die Christmette nicht versäumen. Die arme Frau läuft allein davon. Nun macht sich der Bauer doch auf und folgt ihr mit Pechfackeln hinterdrein. Nach langem Suchen findet die Frau ihren Mann an einen Meilenstein lehnend erfroren auf. Ohnmächtig sinkt sie neben ihm zu Boden. Der Nachbar findet beide und schafft sie nach Hause. Neben dem toten Manne liegt die Frau in wildem Fieber.

Die Kinder erwachen. „Ein blondlockiger Kinderkopf erhebt sich aus dem Bettchen. Seine Augen suchen verwundert und enttäuscht in der Stube. — Da richtet sich auch Franzis Schwesterchen, die kleine Zenzi neben ihm auf. Auch ihre Blauaugen suchen nach dem Lichterbaum, nach ihrer Puppi. — Die Blicke beider haften an dem leeren Tannenwipfel, der noch in der düsteren Ecke neben der Tür liegt. — Dann schauen sie einander an . . . .!

Der Arm Franzels legt sich um den Hals des Schwesterchens und die heißen Tränen aus unschuldigem, enttäuschtem Kindergemüt fließen ineinander. — „Gelt Zenzi," flüstert Franzl, „das Christkind hat uns vergessen!"

Heinrich Exner, *Kassendiener, Wien.*

Mein Kirchlein ist die ganze Welt!

Mein Kirchlein ist die ganze Welt,
Ich lebe dort, wo's mir gefällt,
Im Sonnenschein, im Mondenlicht,
Wo wäre denn die Gottheit nicht?
Mein Kirchlein ist die Welt!

Mein Kirchlein ist der dunkle Wald,
Wo stets der Menschen Lärm verhallt,
Wo jedes Blatt an Busch und Strauch
Erzittert wie vor Gottes Hauch;
Mein Kirchlein ist der Wald!

Mein Kirchlein ist der See darein,
Der lädt mich oft zum Beten ein,
Es schwankt mein Kahn, das Ruder schlägt,
Es pocht mein Herz so tief erregt,
Mein Kirchlein ist der See!
Mein Kirchlein ist auf Bergeshöh'n,
Da klingt das Lied so wunderschön
Hinauf zum Äther lind und weich,
Das hört der Schöpfer sicher gleich.
Mein Kirchlein ist auf Höh'n!

Ein fromm Gebet, des Liedes Schall,
Die Gottheit hört es überall,
Am liebsten in des Tempels Pracht,
Den er dazu für uns gemacht,
Mein Kirchlein ist die Welt!

Weltgeschichte!

I.

Ehmals stieg der Räuber nieder,
Ritter nannt man ihn zur Zeit,
Erzgepanzert Kopf und Glieder,
In der Faust die Axt zum Streit;
In der Felsenschlucht verborgen,
Liegt der Troß und lauscht und späht,
Bis der Kaufmann just am Morgen
In die blut'ge Falle geht!

In den ersten Strahlenringen,
Die der Sonnball rot geglüht,
Weithin wie mit Wolkenschwingen
Über Berge, Thäler zieht:
Rast es bald im wilden Morden,
Speer und Schwert und Keule blitzt.
Ist der Mensch zum Tier geworden,
Daß das Hirn zum Felsen spritzt?

Und das Opfer liegt im Sande,
Mit der Beute, dem Gespann,
Zieht die trunkne Mörderbande
Tosend, heulend felsenan;
Flatternd von des Söllers Zinken
Lugt das Banner weit ins Land,
Würfel kreisen, Becher blinken,
Feile Dirnen sind zur Hand!

II.

Wie in einem Strom begraben
Liegt des Mittelalters Zeit,
Die die Welt geschändet haben,
Deckt die Nacht, Vergänglichkeit;
Was sich scheu entwinden konnte,
Müde ward's des blut'gen Ruhms,
Es erstieg am Horizonte
Die Kultur des Menschentums!

Arbeit war die stolze Veste,
Die die neue Zeit erbaut,
Sie zerbrach der Zwingburg Reste,
Die auf Mord und Blut geschaut.
Was der Zahn der Zeit zernagend
Uns in morschen Trümmern weist,
Steht nun hohl, sich selbstanklagend
Vor dem neuen Zeitengeist!

Arbeit schuf auf allen Wegen,
Drängte Raub und Mord zurück,
Schuf statt Fluch den goldnen Segeen,
Reift das künftge Völkerglück;
Glückt auch noch modernen Räubern
Mancher Raubzug trotz Gericht,
Arbeit wird den Tempel säubern,
Zaubernd Fried' und Sonnenlicht.

Hans Ferch, *Schriftsetzer, Wien.*

Schwere Stunden.

„Endlich erscholl das gellende Signal der Fabrikpfeife, welches Feierabend verkündete, und ich wälzte im kleinen Heer meiner Arbeitsbrüder durch das schmale finstere Tor in den nebeligen Oktoberabend hinaus.

Im schnellen Schritt erreichte ich mein Heim, um in das Zimmerchen zu stürzen. Schon in der Küche vernahm ich ein leises Wimmern, das aus dem Zimmer scholl. Der kalte Angstschweiß trat mir auf die Stirn, und mein Fuß stockte. Drinnen lag mein junges Weib in den Wehestunden.

Mutfassend trat ich ein — ein leichter Schleier legte sich über meine Augen. Durch den Schleier sah ich die Hebamme beim Bette sitzen, in welchem mein armes Lieb, meine treue Gefährtin stöhnend und zuckend lag. Eine mächtige Woge tiefsten Schmerzes quoll in mir empor, das mich auf die Knie vor der Dulderin zwang, als ich sie küssen wollte. Der Schmerz grub tiefe Züge um die Mundwinkel meines jungen Weibes, über dessen Stirne die Schweißtropfen wilden Schmerzes niederrieselten. Und doch in all dem Schmerze, der wie leichter Schatten über die lieben milden Züge huschte, in dem brennenden Wehe, das der Blick verkündete, glomm der Strahl inniger Liebe mir entgegen aus den rehbraunen Augen, über welche sich sekundenlang die bläulichweißen, durchschimmernden Lider in schwerer Ermattung schlossen . . .

Wir sprachen kein Wort, noch küßte ich die kleine, abgearbeitete Hand, dann schlich ich wieder in die Küche. Dort im Dunkel saß ich, das Antlitz in den schwieligen Händen vergraben, erzitterte, wenn ein schmerzlich verhallender Laut an mein Ohr drang. Ich war keines Gedankens fähig, ein Sturm von Furcht, bangen Ahnungen und Verzweiflung raste durch mein Hirn, daß ich vermeinte, wahnsinnig zu werden.

Da trat die Hebamme zu mir und gab mir bekannt, daß, wenn mir meine Frau lieb sei, ich einen Arzt zuziehen müsse. Sie wies mich an einen Gynäkologen, der unweit in einem Hotel logierte. Ich stürzte hinaus, eilte durch die Straßen, schweißtriefend klomm ich die Stiegen empor, um den Doktor zu ersuchen, in mein Heim zu kommen. — — —

Und während der Doktor im Zimmer war, saß ich wieder im Dunkeln, horchte mit zerrissener Seele auf jedes kleine Geräusch; und dabei rechnete ich aus, wie ich dem Doktor bezahlen könne, die Wehefrau und alles andere.

Der Angstschweiß perlte über meine Stirne, hörte ich die Jammerlaute der armen Dulderin. Und wie ein Traum zogen die schönen wenigen Stunden unseres Liebestraumes an meiner Seele vorüber. Wie wir uns fanden, uns das erste Mal küßten, und wie wir uns selig in die Arme sanken an dem Tage, als wir fürs Leben verbunden wurden. Bei dem Gedenken der schönen Tage wich die Wirklichkeit, bis mich ein wilder Schrei emporriß, dem bitteres Jammern folgte. Dann war es still, nur ein wildes Schluchzen klang an mein Ohr.

Ich stürzte in das Zimmer, zu dem Lager meines jungen Weibes, das erschöpft in den Kissen lag. Und wie aus weiter Ferne klang mir des Doktors Stimme, als er, mich tröstend, sagte: „Fassen Sie sich, das Kindlein — ein Knabe war's, ist tot.“ —

Über die Hände meines jungen Weibes rieselten die heißesten Tränen meines Lebens, und leise erklang das Flüstern meines Weibes, als sie mir mit weicher, wehmütiger Liebkosung über den Scheitel strich. Ich küßte unter quellenden Tränen die Hand, in dem tiefen Schweigen, welches nur mit melancholischem Klange die kleine Uhr im Zimmer unterbrach . . . .

Dann saß ich an dem Lager meines jungen Weibes, das in tiefem Schlummer in den zerwühlten Kissen lag. Die blonden Flechten klebten im Schweiße der Ermattung an den Schläfen und die weißen Zähne schimmerten unter den schmalen, schmerzzuckenden Lippen hervor. Ein schmerzlicher Hauch tiefster Duldung lag über dem Antlitz, das ich einst und oft in aufquellender Jugendlust geküßt, das ich verehrt und dem ich in meiner Seele Altäre tiefster Verehrung und seligsten Glückes errichtet.

Wenn ich vom Antlitze meines jungen Weibes meinen Blick wandte, traf er ein ausgebreitetes, weißes Leinen am anderen Lager. Darunter lag unser Hoffen, unsere Sehnsucht . . . .

Unsere Sehnsucht? Nein, meine Seele konnte in jenen Stunden sich nicht belügen. Was harrte dem armen Kinde des Proletariers, der kaum des anderen Tages seinem Weibe die notwendigste Nahrung vorsetzen konnte. Was nützt all die Arbeit, die unsere Muskeln zermürbt, unsere Nerven zerfetzt, unsere Seelen in dem Joch der bewucherten Alltagsfrone verdürsten läßt, wenn wir unseren Kindern nicht ein menschenwürdiges Dasein ermöglichen können. Nein, du armes kleines Wesen, das dem Tag des Lebens entflohen, für dich war es besser, die Blüten des Erdengartens nicht von ferne mit ungestillter brennender Sehnsucht bewundern zu müssen. Wollen wir Klassengenossen, denen das Wort „Enterbte des Glückes" gepredigt wird, unser Gewissen frei halten von dem Vorwurfe, neue Seelen der Verkrüppelung auszuliefern, so müssen wir des Traumes eines Vaters, einer Mutter entsagen, in den Locken unserer Kinder zu spielen, freudigen Herzens dem lispelnden Gestammel zu lauschen und mit jubelnder Elternlust unsere Kinder heranblühen zu sehen. Wir müssen mit vergrämten Herzen unsere Seelenwinkel verschließen, auf daß wir nicht den Neid einziehen lassen, sehen wir das Elternglück der vielen anderen, die sich erfreuen dürfen an dem beschützten Jugendspiel ihrer Kinder.

In jener Nacht offenbarte sich mir der entsetzliche Kontrast der Menschheit. Denn brennend grub sich der Gedanke in mein Hirn, daß wir die heiligsten und stolzesten Gefühle unserer Menschenwürde niedertreten müssen, daß wir umsonst leben müssen, den Weg vom Dunkeln zur Finsternis wandeln, ohne sich an dem sonnigen Glanz der Kindesliebe zu erfreuen, der verschwenderisch in der Natur geboren wird, uns aber versagt bleiben muß. — — —

Von dem schmerzlich zuckenden, schmalen, Entbehrung gewöhnten Gesichtchen meines lieben, lieben Weibes, welches ich in meinem Denken mit der Glorie der stillen armen Dulderin umgab, flog mein Blick zu meinem toten

Kinde. Und auf diesem kurzen und doch so viel Leid bergenden Wege bin ich in jener Nacht Sozialist geworden. — — —

Die Lampe war niedergebrannt; durch das Morgendämmern brach sich der rosige Lichtschein des neuen Tages, der über die hohen Giebel mit qualmendem Lichte drang, siegreich Bahn.

Ich aber sah mit tränenlosem Auge und schneidendem Weh im Herzen in den Morgen und wachte an dem Schmerzenslager meines armen lieben Kameraden und an der Leiche meines toten Kindes."

Mütterlein-Schwesterlein.

„Unser Leben — ein Großstadtleben, unser Vaterhaus — ein kleines rauchiges Zimmerchen, unser Lieben — ein gefesselter Aar in einem wurmstichigen Käfig, geschändet und als unglaublich dargestellt. Und als Verbindungsglied die rastlose Tätigkeit, welche uns mit der Geißel der Alltagssorge von Etappe zu Etappe — von Jahrzehnt zu Jahrzehnt treibt, bis wir ermüdet oder im Alter morsch zusammenbrechen.

In rastloser Tätigkeit — nicht in ideal durchglühter Arbeit, welche im Stolz der Schöpfung uns die Herzen durchfluten läßt, gleitet unser Leben dahin. Ein Strom, der in stählerne oder steinerne Bande gepreßt ist, über den die Brücken führen zum Genuß, zur Lebensfreude. In mattem, melancholischem Triebe eilen die Wellen dahin, ferne vom Blütenduft und Waldesrauschen, ferne dem Gesang der stolz jubelnden Lebensfreude, welche ihre Melodien ferne dem Strome unter Blütenhecken trillert.

Und doch küssen auch uns armselige Wellen die Sonnenfunken seligen Glückes, tönen jauchzend und jubelnd die seligsten Liebeslieder durch die Seele, und die Winkel des Herzens horchen träumend den geliebten Lauten der Mutter, des Weibes oder eines anderen uns teuren Wesens.

Nirgends glüht die Mutter- und die Kindesliebe heiliger in den Herzen als bei den Klassenangehörigen des Elends. Wir, die wir mit unseren Lieben den heiß errungenen Bissen Alltagsbrot teilen, wir, die wir sehen, wie die Mutter mit vor Hunger brechender Stimme bemüht ist, den Hunger der Kinder zu stillen, sich selbst vergessend in heiliger Aufopferung, in uns flutet die heilige Verehrung für dieses anbetungswürdige Wesen der Menschengattung — für das Mütterlein . . . ."

Er sieht seine Mutter von Kummer und Sorge gebrochen, seine Schwester krank und resigniert ihr Leben an der Nähmaschine vertrauern. Er aber kann nicht helfen. Das Schicksal ist stärker als sein Wille.

„Eine reiche Liebe wohnt in uns, wir möchten die Sorgen wegwischen von den gramdurchfurchten Stirnen unserer Lieben. Und müssen mit stummem, wildem Schmerze zusehen, wie sie zugrunde gehen, ohne daß wir ihnen helfen können. —

Ach, gäbe es eine Vorsehung, zu der wir beten könnten um Hilfe, um Erbarmen. Könnte man das Herzblut eintauschen für ein klein wenig Wohlergehen für die Mutter. O wie gerne wollte ich mein Herzblut rinnen sehen, wie wollte ich gerne meine Hände falten, um mein Mütterlein, mein Schwesterlein aus dem grauen Elend der Klasse zu befreien.

Ohnmächtig bin ich — nur schmerzzerrissen wimmert meine Seele im blutigen Spott, wenn ich die Worte über Kindesliebe lese. Entlohnt unsere Arbeit, daß wir nicht die hungern lassen müssen, für die wir arbeiten wollen!

Als der Doktor die Krankheit der Schwester erklärte, daß sie blutarm sei infolge mangelnder Ernährung, rannen meiner Mutter zwei schwere Tränen über die fahlen, gefurchten Wangen.

Ich aber rannte wie wahnsinnig in den Frühlingstag hinaus, alles verfluchend, was mich in Frühlingspracht umgab, immer nur das Bild der Mutter und der siechen Schwester vor der Seele. — —

Das schwerste Los der Klasse: Ohnmächtige Verzweiflung."

Frühling.

Dithyrambischer Preis des fruchtbaren Weibes.

„Was bist du armseliger Frühling der Natur gegen die blühende Fruchtbarkeit des jungen Weibes, das in unbewußtem Stolze als Göttin in deinem Reiche des Schönen und Erhabenen thront. Du bietest ihr als Sklave den reichsten Blütenflor, auf daß ihr Auge in frohem Entzücken aufleuchte in der Wonne des Geschauten; du läßt deine Sänger in Wald und Feld die süßesten, lieblichen Melodien singen, auf daß das Zwitschern und Trillern das junge Weib mit süßem, wohllautendem Klang erfreue; du läßt deinen Blüten süße Düfte entströmen, auf daß der linde Abendwind das junge Weib in seliges Träumen versenke. Ach, arm bist du Frühling, trotz all deiner sinnbetörenden Macht und Lieblichkeit. Deine Reize vermögen das junge Weib nicht zu locken, nur eine liebliche Musik zieht mit Morgenahnen durch ihre Seele — in wonneseligem Ahnen lauscht sie und fühlt sie die Offenbarung ihrer heiligen Macht — sie blickt, den Blick in die Seele gewandt, dem Werdenden entgegen.

Du junges Weib, du Göttin der reichsten Fruchtbarkeit, du Symbol des Reinsten und Größten, dein Träumen ist das stille Andachtsgebet des unentweihten Göttlichen. Ob du nun in dem Lärmen der Stadt den Offenbarungen aus dem Innern lauschest, ob du im Freien dem Werdenden entgegenträumst, ob dich Samt und Seide umfließen oder nur rauhes Linnen umschließt — immerdar bist du der köstlichste Altar, der der Schöpfung tiefe Macht verkündet . . .

Der herrlichste Frühling bist du, junges Weib, in deiner Fruchtbarkeit, in herrlicher Reinheit und ergreifender Weihe. In dir ruht der Völkerfrühling mit all seinem Sehnen und all seinem Glücke . . .

Der mächtigste Frühling bist du, o junges Weib."

Elend.

„O, es gibt eine Klasse, welcher Geburt und Vorrecht eine rosige Brille als Angebinde beim Eintritt in die Welt überreicht. Jeder Hauch der Sorge wird seitens der Umgebung von dem Menschlein ferngehalten, im Genießen der köstlichsten Lebensaufgaben schwelgt dann der große Mensch. Rings um ihn wogt das Leben in breiten Strömen des seligen, unbegrenzten Genießens, und wo er hinblickt, lacht Lebensfreude und Daseinsberechtigung aus verklärten Mienen. Auf den sozialen Höhen schreitend, sehen die Angehörigen dieser Klasse nicht die bleichen Nebelschwaden der Sorge und des Elends, welche in den Niederungen ziehen, Blüte und Pflänzlein ersticken, dem knorrigen Baum das Lebensmark rauben. Die Kinder dieser Klasse wissen nicht, was das Wort und der Begriff Elend bedeutet, und wie ein ferner Jammerschrei des Versinkenden geht der Schrei der breiten Massen in der Brandung unbegrenzter Traditionslehren und starrer dogmatischer Standesbegriffe unter.

Ihnen allen, welchen die Tradition das Recht der Begnadeten verliehen, sind die rosigen Brillen gegeben. Uns aber, denen das Elend schon in der Wiege die Patenhand reichte, nur ihre trüben Melodien vorpfiff, uns blieb die Brille der klaren Wahrheit. Und so sehen wir das Elend, wie es in mächtigen verheerenden Wogen sich über die breiten Massen wälzt, alles Lebensfähige, Edle und Kunstsinnige in seinem Schlamme begrabend. Von der Wiege des rachitischen Arbeiterkindes bis zu dem traurigen Ende des arbeitslosen, hungernden Vaganten, der auf der Landstraße verendet — eine Kette ven Elend, deren Glieder zähe und unzerreißbar, der Hunger, die Krankheit und die gepeitschte Psyche ist.“

Der intelligente Proletar sieht nicht nur sein Elend, sondern das g r o ß e Elend a l l e r. Die Schar dieser Erkennenden ist wohl klein, aber begeistert und opferbereit.

„Wir, die wir beim rauchenden Lampenlicht die Stunden der Nacht opfern, um den Geist für bevorstehende Kämpfe zu stärken, wir sind es, welche die rosigen Brillen zu zerschmettern versuchen. Unsere Psyche ist durch des Tages harte Arbeit und das Autodidaktentum der Nacht sensibel geworden, und wir gewahren all die Nuancen des Elends, welches unter Lärmen und stillen Seufzern an uns vorüberflutet. Wir, die wir mit bangender Erwartung und heißem Sehnen das Werden des Frühlings im grünenden Blättlein begrüßen, die wir im freien Rauschen des grünenden, klingenden Waldes von einer neuen Menschheit träumen, wir ahnen auch die Inbrunst der Massen, welche der kommenden Erlösung harren. Wir erkennen aber auch das Elend, das wie ein Zwangsjoch über unserer Klasse ausgebreitet liegt, in dem die Klasse dahinächzt, eingespannt in die Tretmühle des Alltages, die ihre Muskeln bricht und die Nerven langsam zum Absterben bringt.

Und ob wir in den Straßen der Großstadt, der Fabrikzentren, aus den dumpfen Häusern das Elend starren sehen, ob es sich am flachen Lande unter dem rechtlosen Gesinde und Kleinbauerntum verbirgt, überall dringt unser erkennender Blick in die Tiefen, und riesengroß wächst die Anklage. Und ob wir auch den scharfen Blick verfluchen, der uns das Elend und das erschütterte Seelenleben unserer Klasse zeigt, wir fühlen uns doch als Märtyrer, aus deren bitteren Herzenswunden der Same der Erkenntnis emporsprießt.

Wir intelligenten Arbeiter, die wir mit rauchgeschwärzten zitternden Händen das Buch erfassen, aus dem uns die geistigen Waffen erstehen, wir sind die Bahnbrecher einer neuen Zeit. Das Elend, das jetzt unsere Klasse gefangen hält, ist nur der Verwesungsprozeß der Tradition. Aus diesem Elend wird die Läuterung eines neuen Werdens geboren, einer Zukunftsepoche, wo wir mit an der Tafel der Natur sitzen werden und nicht uns mit Brosamen der arroganten Humanität begnügen müssen. — —

Einstweilen schlägt das Elend mit Keulenschlägen auf uns ein, schmettert Millionen im Lebenskampfe nieder, um die Frucht reifen zu lassen, die jählings in die Halme schießen wird. Jede Errungenschaft fordert Opfer.

Aber die vielen Opfergaben unserer Klasse, welche sie vor dem gefräßigen Götzen Weltordnung niedergelegt hat, haben sie nicht geschwächt. Mitten durch den Sumpf des uns umwogenden Elends marschieren wir unaufhaltsam der Höhe zu, auf deren flammenumwobenen Lichtzinken uns eine neue Weltordnung — die Freiheit und Würde des Menschen geboren werden wird."

Ein Maientag.

„Der erste Maientag! Ein Tag — eine kleine blinkende Welle in der grauen Flut des großen, langen Jahres. Heilig ist er uns Klassenbrüdern, die wir ihn feiern durch die Selbstbefreiung von dem Joch der Tretmühle des Alltages. Seit ich erwacht zur Erkenntnis, feierte ich ihn draußen im rauschenden Walde, ferne der steinernen Gruft der Großstadt, wo die nach Licht ringende Pflanze stirbt, und nur das am Boden klebende, immer demütige Moos selbst im Schatten der Gosse gedeiht.

Draußen, wo der Odem der reinsten Freiheit durch die grünen Hallen braust, wo die Blütenglocken der Blumen am Waldrande mir lieblichen Willkommen bieten, feiere ich den Weihetag meines Denkens. Und wenn der rotglühende Sonnenball über dem Häusermeer auftaucht, wenn die Welt um mich im roten Purpurmantel prunkt, da grüße ich das Licht mit jauchzendem Jubelruf. Da fühle ich durch meine Seele das reinste Glück fluten, und Ströme der weihevollsten Andacht wogen durch mein Inneres. Mit dürstenden Augen, umgeben von herrlichem Waldesschweigen, lebe ich den Minuten meines Glückes, unseres Glückes, als freier Mensch.

Ich bin Atheist, aber ich fühle in den Minuten des seligsten Wonnegefühles meine Seele sich erheben zu hohen Sphären, zur allmächtigen Gottheit, die uns alle vereinigt, und die als Teilchen in unserm Herzen ruht — zur Menschenliebe . . . .

Das ist ein Locken und Jubeln im Walde. Meisen und Finken huschen zwitschernd durch die grünen Baumkronen, hin und wieder lockt von ferne ein dumpfer Kuckuckruf durch den Wald. Unter dem erstorbenen gelben Laub wuchern frische Triebe — eine Seelenwanderung in den einfachsten Arten der Schöpfung. Über den braunen Waldboden huschen glitzernde, und aufflammende Strahlenbündel, und spielend zittern die Sonnenstäubchen auf den weißen Lindenblüten. Unsichtbares Leben drängt sich in tausend Gestalten zum Licht, zur Lebensleuchte, und führt unsere Gedanken zur Vertiefung der Erkenntnis. Ringsum sanft-trauliches Schweigen. Nur über uns rauschen die Baumkronen in mächtigem Brausen, wie die Götterhand, welche in die tönenden und schwingenden Saiten einer Riesenharfe greift. — — —

Meine liebe Lebensgefährtin schreitet dann immer an meiner Seite in den Maientag hinein. Träumend schreiten wir dahin, nur unsere Seelen sprechen die süße Sprache der traum- und glückseligen Gedankenharmonie. Um die gekräuselten Blondlöckchen an ihrer Stirn hüpfen Sonnenfunken und färben den Blondkopf schimmerndgold. Und welch jubelndes Freuen huscht über die süßen, abgehärmten Züge, wenn ich ein einsames Blümlein pflücke und es meinem Weibe reiche. Oder wir ruhen an einem Waldrande, im Schatten eines Baumriesen, vor uns wogende Felder, hinter uns der schweigende Wald. Über uns der mächtige Himmelsbogen, auf dessen Azurblau weiße Wölkchen dahinsegeln. Und mit wonnigem Entzücken schlürfen wir vom süßen Born der uns trunken machenden Freiheit — die wir uns selbst erobert. — — —

Wie ein schimmernder Sonnenglanz liegt der erste Maientag auf den anderen Tagen des Jahres ausgebreitet. O, könnte ich wie ein Messias meine Stimme erschallen lassen, auf daß ich laut verkünden dürfte: Errichtet den Kult des Lichtes und des Frühlings. Baut diesem Kult Altäre in euren Herzen, laßt Opferfeuer in euren Seelen flammen. Nichts soll uns den hohen Festtag des Maien rauben. Nicht ein Kampftag sei er, nein, ein Tag des Friedens, das Versöhnungsfest zwischen Tradition und Zukunft, ein hohes Fest der Menschenliebe. Und diesen Tag feiert in der Natur, wo die Sonne die Opferleuchte spendet, wo die Blümlein unter eurem leichtbeschwingten Fuß ersprießen und der schweigende Wald das hohe, hehre Präludium zu euren Träumen anstimmt. — — —

Sterben möchte ich einmal an einem Maientag, über mir das Azurblau eines frühlingsschönen Morgens, umspielt von kosenden Frühlingsdüften, hingesunken in den Blütenschnee, die brechenden Augen gegen Osten gerichtet, wo die hohe Lebensfackel in glühender Majestät die Welt in purpurnen Lichtschein taucht . . . .“

Willy Foltz, *Spengler und Installateur, Geislingen.*

Aus einer Widmung.

„Nimm den Gruß aus rauhen, harten Händen,
Mög dich nicht die schlichte Kleidung blenden,
Aus der tiefsten Seele schaffen wir,
Glück und Leid, wie alle sie empfunden,
Götterfreude — nie geheilte Wunden,
Wie sie uns geworden — sind sie dir!

— — — — — — — — — — — — — — — — —

Knechtschaft, Armut schlagen uns in Ketten,
Völker! Noch die Freiheit uns zu retten,
Sei das schönste Werk von Männerhand!
Rüstet euch! Euch wird die Göttin schirmen,
Mögen sich die Scheiterhaufen türmen,
Werft ihn selbst hinein — den heil'gen Brand!"

Reflexion.

Das Erwachen aus dem Traum der Jugend zum harten Leben.

„Ich war ein Kleinstädter mit wenig Lebenserfahrung. Mein Heim war meine Welt, die Natur, die Berge mein Glaube, was ich vom Leben ahnte, hatte ich in Büchern gelesen. Und so zart, so sonnig wob ich auf diesem Fleckchen Erde mein Träumen, lag schlaftrunken im Grün der Wälder und träumte. Ich träumte. Von was? Von rosiger Zukunft, und wenn dann der Sonne Gold durch die geschlossenen Augenlider hindurchschien, so rot, so feuerrot — wenn e i n Lied, und nach und nach Tausende von Stimmen aus lieben Vogelkehlen mich umfing, dann zogen meine Wünsche, meine Ideale an mir vorbei, von Höhen der Menschheit, alles so fern, so schön, wie aus fremden Landen, von Morgenrot umspielt, voll von Hoffnungen. Ein großes unklares Bild, malte ich mir vom Leben; was hinabzog ins Irdische, blieb meinen Sinnen fremd, fern — — und ich wollte es so, fernhalten wollte ich's; denn nur das Schöne, Reine war der Grund, der meine Elfenschlösser stützte.

Noch unberührt vom Leben, vom Moder, spielte ich mit Jugend.

Da! — mit einem Schlag wurde ich aus diesem leichten, seligen Schlummer geweckt. Der Jüngling rieb sich noch halb schlafend die Augen und blickte verwundert und neugierig nach dem frechen Ruhestörer.

Vor mir stand ein Schatten, nicht Mensch, nicht Geist, sehnig, hünenhaft — das Leben."

Der Erdgeist.

Im Traum fühlt sich der Verfasser vom Erdgeist durch die Lande getragen. Er sieht die Schönheit der Welt, aber auch die Mühen und Leiden derer, auf deren Schultern sie ruht. Er steigt in Bergwerke und sieht die armen Sklaven der Grube an ihrer trostlosen Arbeit. Er kommt in Fabriken und begreift voll Trauer die Schwere des Daseins, das sich im Lärmen der Maschinen, im Gestampfe der Hämmer eintönig dahinzieht. Und viel anderes Elend ließ ihn der Erdgeist schauen.

„Ich dachte an Gott, an Gerechtigkeit, an Nächstenliebe, ich fragte mich, ob diesen Menschen wohl auch einmal die Himmelspforten offen stünden — nach diesem Leben. Doch was dachte ich denn? War ich denn nicht schon lange überzeugt davon, daß k e i n Gott existierte, daß es keine Gerechtigkeit gäbe auf dieser Welt, daß an ein Leben nach dem Tode nicht zu denken sei?! Nein, ich blieb meinem alten Gedanken treu, er hatte sich schon so oft bewährt. Nur Zufallsgeschöpfe sind wir, von der allmächtigen Natur geschaffen zum Kampf, zum furchtbaren Kampf bis zum Tode.“

Der Erdgeist erzählte ihm „Märchen von Schönheit und Liebe und sprach von der Kunst. In leuchtenden Bildern malte er mir d i e Erde aus, wo Gleichheit und Brüderlichkeit herrschte, wo Denkmäler in Marmor von hohen Tempeln herab in uns die Begeisterung aufflammen ließen, wo alle durchdrungen waren von der großen, hingebenden Liebe, wo sie alle Glieder eines edeln, freischaffenden Organismus waren. Zwischen all diesen Glücklichen blühten und dufteten die Blumen, rauschte der Jasmin, die Vögel sangen, und als ich aufmerksam zuhörte, da wars eine leichte, süße Musik.“

Paul Gent, *Steindrucker*, *Berlin.*

Arbeiterpsyche.

Wir sind stark!
Können Widerstände bezwingen,
Heben und tragen der Erde Lasten;
Können die schweren Hämmer schwingen,
Schaufeln und graben ohn' Ruhe und Rasten;
Mähen und dreschen die goldenen Garben
Nährenden Kornes und backen's zum Brote.
Zimmern und bauen auf schwanken Gerüsten
Häuser und ragende Türme und Schlote;
Sammeln uns auf den Ruf der Führer,
Um vereinigt zu schieben, zu drücken
Mit den Händen und mit den Schultern,
Schwere Kolosse beiseite zu rücken!
Wir sind stark!

Wir sind zäh!
Ob wir gebeugt in langer Frone
Krumm gefesselt an Pulten sitzen,
Ob wir an Feuern in kargem Lohne
Unser Blut, unser Mark verschwitzen,
Ob in giftigen, staubigen Dünsten
Unsere Lungen verderben, ersticken,
Ob der schweren Lasten Gewichte
Unsere Schultern und Arme bedrücken;
Ob unsre Sehnen fast bis zum Zerreißen
Angespannt sind beim Ziehen und Recken,
Ob die Berufsgefahren so viele
Tausende auf die Erde strecken:
Wir sind zäh!

Wir sind wach!
Nacht und Tag und Tag und Nacht
Schaffen wir in wechselnden Schichten;
An den Kräfte- und Lichterspendern
Wir die belebende Arbeit verrichten;
Während die Auserwählten der Erde
Ruhig schlummern: wir wachen als Hüter
Über ihr Wohlsein, als treue Wächter
Über ihr Leben und ihre Güter.
Und dann fühlen und hören und sehen wir,
Mit den Sinnen zur Erde gewendet,
Wie sich in dem Schoße der Zeiten
Schlummernde Saat zum Leben vollendet!
Wir sind wach!

Wir sind stolz!
Ob man uns auch in der Reihe der Klassen
Als die geringste und letzte benennt,
Ob man die fleißigen, schaffenden Massen
Auch nur als niedre Proleten erkennt,
Ob man, den Weg der Erkenntnis versperrend,
Uns auf das „Bete und Dulde“ verweist,
Ob man uns rohen, ungebildeten,
Frechen, schmutzigen Pöbel heißt:
Stolz sind wir doch! Wir fordern — nicht betteln! —
Für uns gleiche Achtung! Für uns gleiches Recht!
Für uns die Kultur auch! Die Schätze der Erde
Für das gesamte Menschengeschlecht.
Wir sind stolz!

Wir sind froh!
Lachen über die Afterkünste
Die mit äußerem, blinkendem Flimmer
Innere Hohlheit und Armut verdeckend
Protzen mit prahlendem, gleißendem Schimmer!
Spotten der klappernden Don Quixote's,
Die ganz ernsthaft vermeinen, sie können
Neue, unüberwindliche Kräfte
Niederspießen und niederrennen. —
Glauben an unsere herrliche Sache!
Bauen auf unsere werbende Kraft,
Haben wir doch am Befreiungswerke
Schon ein gutes Stück vorwärts geschafft.
Wir sind froh!

Ja, wir sind stark und stolz und froh!
Singen uns ein lustiges Liedchen,
Fleißig bauend am Fundamente
Unseres großen, erhabenen Werkes!
Und schaffen munter
Um herrlichen Lohn:
Denn wir erbauen
Der Arbeit den Thron!

Feierabend.

Müde kehrt ein Arbeiter nach Hause. Er hat diese Woche 76½ Stunden bei kargem Lohne gearbeitet. Seine Gedanken schleppen sich träge dahin, er rechnet und rechnet, wie mit dem verdienten Gelde gewirtschaftet werden soll, und er kommt doch zu keinem tröstlichen Schluß.

„Nun ist er mit seinen Gedanken vor der Haustür angelangt, die eben der Wächter schließen will. Mühsam klettert er die vier Treppen, die ihn zu seiner Hofwohnung führen, empor. Ungeduldig klopft er an die Wohnungstür. Seine Frau öffnet. „Na, kommst ja so späte." „Ja, bis Weihnachten jeht's wieder bis halb zehne, zehne, ooch bis elbe." Seine Frau geht, um ihm Essen zurecht zu machen. „So lange?" meint sie. „Ja doch," erwidert er ungeduldig, „rede nich lange, ick will essen." Er geht in die Stube, um sich seines Rockes zu entledigen. Es geht schwer. Die Glieder sind ihm so steif. — Die zwei ältesten Kinder und das kleinste schlafen schon. Bloß seine blonde Grete ist noch wach. Sie hat gehört, daß Vater gekommen ist. Sie klettert aus dem Bett und springt auf ihn zu, als er aus der Stube wieder in die Küche will. Sie klammert sich an ihn. „Vataken!" Er drückt sie von sich: „Jeh ins Bett. Vater is müde!" Er setzt sich schwer an den Küchentisch. Sein Gretel läßt sich nicht abweisen. „Och, Vataken!“ „Scher dir int Nest un laß mir zufrieden,“ schnauzt er. Aber Gretel hat sich an seinem Leib festgeklammert und sieht ihn lachend an. „Jöhre!!“ Er schleudert sie von sich, daß sie stolpert und mit dem Kopf gegen die Maschine geflogen wäre, wenn sie die Mutter nicht aufgefangen hätte. „Aber Mann, biste denn verrückt — wie kannste —“ — „Halts Maul, essen will ich!!“ Um die Lippen der Frau zuckt es. Sie tut ihm sein Essen auf. Das Gretel hat sich an die Mutter geschmiegt und sich in deren Kleidern fast verkrochen, während ihre großen blauen Augen prüfend das Gesicht des Vaters beschauen. Beider Blicke treffen sich. Heiße Scham steigt in ihm auf. „Komm Gretel!“ Die Kleine kommt und schmiegt sich an ihn. „Drück' nich so, Vatern duhn die Knochen weh.“ — Sein Essen steht auf dem Tisch. „Mohrrüben haste gekocht, Mutter?“ sagte er freundlich. „Na, die eßt du doch jerne. Komm, Jrete, laß Vatern essen.“ Sie bringt das Kind ins Bett. Er macht sich ans Essen. Aber schon nach kurzer Zeit legt er die Gabel beiseite. „Ick kann nich essen, un dabei hatt ick doch Hunger.“ Er schiebt den Teller weg, verschränkt die Arme auf den Tisch und legt den Kopf darauf. Ihm ist so dumpf —. Seine Frau kommt mit einem Schulheft aus der Stube und sieht ihn besorgt an. „Vater, eßte nich!“ „Nee, ick kann nich!“ „Du wolltest doch den Hans seine Rechenaufgaben nachsehen!“ „Gib her!“ Die Frau legt das Heft vor ihm hin. Müde schaut er auf die Exempel, die Ziffern tanzen vor seinen Augen. „Seh du nach, ick kann nich!“ Schwer erhebt er sich. „Mir brennen die Augen so und die Backen — wenn ick bloß schlafen kann!“ Er geht langsam in die Stube. Besorgt blickt ihm die Frau nach: „Wenn Vatern bloß nischt passiert!“ —

Hans Gerhardt, *Schlosser, Wies, Steiermark.*

Meine Jugend.

Auf einem Spaziergange wird der Verfasser Zeuge einer widerlichen Szene. Ein wüster Trunkenbold prügelt sein Pflegekind. Da erinnert sich unser Arbeiter an seine eigene Jugend. Früh verwaist, wuchs er bei einem Bauer auf, der ihn im Rausche — was oft vorkam — barbarisch mißhandelte. So lebte der arme Knabe ein kümmerliches Leben. Infolge der erlittenen Mißhandlungen blieb er im Wachstum zurück und würde zum Gespött des ganzen Dorfes. Erst später, als er schon Arbeiter geworden und sich auch körperlich etwas mehr entwickelt hatte, konnte er ein ruhigeres Leben führen.

Josef Güger, *Bauhilfsarbeiter, Blindenmarkt, Niederösterreich.*

Schwer geprüft.

Durch Böswilligkeit oder Unvorsichtigkeit wird ein Mann beschuldigt, das Haus seines Arbeitgebers in Brand gesteckt zu haben. Nach viermonatiger

Untersuchungshaft wird der Unschuldige wieder freigelassen. Die Tage der Haft mit all ihrem Jammer brachten den armen Arbeiter für immer um seine Fröhlichkeit und seinen Lebensmut.

Julius Hasenöhrl, *Schriftsetzer, Wien.*

Der junge Arbeiter.

Ein Arbeiterschicksal. Der Sohn eines Tagelöhners wird Buchdrucker. Nach Absolvierung seiner Lehrzeit wanderte er nach Steiermark und Kärnten. Inzwischen rückte seine Militärzeit heran. Er war drei Jahre Soldat. „Jahre sind vergangen. Ich habe einen eigenen Haushalt gegründet und muß alle Lasten und Beschwerden, die ein Familienvater mit einem bescheidenen Einkommen zu tragen hat, über mich ergehen lassen. Nur eine Stütze, sei es nun bei Krankheit, Arbeitslosigkeit oder sonstigen Kümmernissen, bietet uns die feste Organisation, ohne die ich mir ein Arbeiterleben heute nicht mehr vorstellen kann."

J. K. Haskowec, *Steindrucker, Wien.*

Aus einem Gedicht:

An die Priesterkaste.

Es tagt, und herrlich strahlt die Morgenröte
Der längst erhofften, neuen, bess'ren Zeit;
Und Glied für Glied zerbricht die Sklavenkette
Das Volk, das geistig selber sich befreit.
O, stemmet euch nicht gegen dieses Streben,
Ihr haltet doch nicht auf der Zeiten Rad!
Es muß sich endlich alles überleben,
Auch eure Priesterherrlichkeit.

Die Zeit ist um, wo ihr mit Ammenmärchen
Das arme Volk zur Ruhe habt gebracht!
Es will nun frei sein, — frei wie Heidelerchen,

— — — — — — — — — — — — — — — —

Aus einem Gedicht:

Die Revolution.

Es naht die Zeit, — denn endlich muß es tagen,
Wo auch der Dümmste fühlt, d a ß e r e n t b e h r t,
Daß stets der Arme allem muß entsagen,
Was ihm das Leben macht noch lebenswert.
Darum hat auch der Druck sein Gutes,
Der auf ihm lastet mit Gewicht.
Er ist der Vater jenes wilden Mutes,
Mit dem der Sklave seine Ketten bricht.

Wo sich der Mut und die Verzweiflung paarten,
Da wurde immer Großes noch vollbracht!
Und die Bedrückten, die geduldig harrten
Auf Erlösung — befreien sich mit Macht.
Drum herrschet fort so, ihr Tyrannen,
Ihr grabt damit nur eurer Macht das Grab.
Es wird das Volk sich endlich doch ermannen
Und schütteln eure Herrschaft ab!

Zum Tode verurteilt.

Ein Arbeiter, der zur Arbeit zu alt geworden ist, hat seine Entlassung erhalten. Nun geht's bergab. „. . . . weil ein Unglück (und das ist der Verlust der Arbeit unter allen Umständen) eine Sache ist, deren man sich schämt (sicher hat sich noch keiner dadurch geehrt gefühlt), so sucht jeder diese Tatsache so lange zu verheimlichen, als es eben geht, und so handelte auch jener ältliche Arbeiter, der neben manchen anderen heute seine Kündigung erhalten. Er gibt sich auch den Anschein, als ob ihn die Geschichte ganz kalt lassen würde. Nun ja, er hat bisher immer wieder einen Posten erhalten, allerdings hat er bei jedem Arbeitsantritt seine Ansprüche herabstimmen müssen. Er wollte zwar nie ein Preisverderber sein und hat sich so lange, als seine Ersparnisse es erlaubten, gegen Annahme schlecht bezahlter Kondition gewehrt, aber schließlich doch in den sauren Apfel beißen müssen. Was hätte er auch tun sollen bei der Konkurrenz der j u n g e n Kollegen, die um jeden Preis zu haben sind."

Auf keinem Posten kann er sich mehr lange behaupten. Schließlich kommen mit dem Alter Krankheiten, die die Arbeitskraft vollends erschöpfen. Der Arbeiter fürchtet das Urteil des Arztes, das ihn vielleicht für invalid erklärt. Denn „dieses Urteil ist ein Todesurteil! E r f ü h l t s i c h z u m l a n g s a m e n H u n g e r t o d e v e r u r t e i l t! Und was hat er verbrochen? Nun, er hat im Dienste der Industrie seine Kräfte aufgebraucht und ist vorzeitig alt geworden. Und weil er ehrlich bleiben wollte, so ist er selbstverständlich arm geblieben. Und so erntet er die Früchte seiner Ehrlichkeit und kann seine Freiheit voll und ganz genießen und auf irgendeinem Misthaufen verrecken."

Josef Heitmeier, *Eisenhobler, München.*

Münchner Vorstadtleben.

Tiefstes Elend. Die Mutter ist Wäscherin in einer Badeanstalt. Ihre zwei arbeitslosen Söhne wissen sich auf keine andere Weise Brot zu verschaffen, als durch Holzdiebstahl. Darin bringen sie es zu einer beträchtlichen Fertigkeit. Aber doch ist ihr Leben Jammer und Not. Ein Hundebraten, den sie gelegentlich eroberten, dünkt ihnen ein Leckerbissen.

Alfred Helbig, *Schriftsetzerlehrling, Berlin.*

Ein Wintertag.

Ein kalter Morgen mit Schnee und Eis. So früh es ist, wir begegnen doch schon Arbeitern, die schlaftrunken und halbverfroren zu ihrer Arbeitsstelle eilen.

Da blendet helles Licht die Augen. Aus einem Tanzsaal dringt der helle Schein, wir hören die Klänge fröhlicher Musik. „Die Augen der Tänzer und Tänzerinnen sprühen vor Lebenslust und Freude. Ihnen bringt der Winter ja nur Lust und Leben, während Millionen von Arbeitern jetzt Not und Hunger leiden. Und vor dem Lokal halten die Droschken. Auf dem Bock sitzen die Kutscher und warten auf Fahrgäste. Sie denken wohl gerade an Frau und Kinder, welche zu Hause in der kalten Wohnung Hunger leiden."

Eine Kutsche rollt vorbei. In ihr sitzt ein reicher Fabrikant. Der „mit behaglichem Lächeln" die Welt betrachtet. Vor seiner Fabrik drängen sich indes, Einlaß heischend, die Arbeitslosen.

Nachmittags führt der Weg zu einer Eisbahn. Frohes Getummel, heiteres Jagen. Im Gegensatz dazu arme Jungen, die sich mühen, den Handwagen von der Stelle zu bringen.

Am Abend huscht die Prostitution vorbei und auch der Trunksucht der Arbeiter begegnen wir.

„Und nun bist du gewandert, hast aber lange noch nicht allen Luxus und alles — Elend gesehen. Aber du hast schon genug gesehen, um dir eine Meinung von der heutigen Gesellschaft zu machen. Auf der einen Seite Geld im Überfluß, frohes Genießen und Ausgeben ohne zu arbeiten, und auf der anderen Seite trotz rüstigen Arbeitens Not und Elend, Kummer und Sorgen. Auf der einen Seite eine kleine Zahl Ausbeuter, auf der anderen Seite eine große Anzahl Bedrückter, Geknechteter. Aber die große Anzahl des Volkes wird sich diesen Druck nicht mehr gefallen lassen, die Arbeiter werden ihre Ketten sprengen, ihre Fesseln abstreifen, um wieder Menschen zu werden. Und wenn dermaleinst diese Zeit kommen wird, wirst du da untätig zuschauen? Nein, das darfst du nicht; du hast mit eigenen Augen gesehen, was Not und Elend heißt, und du mußt mit den Bedrückten gegen die Unterdrücker kämpfen, zum Siege der guten Sache!"

Klara Hellwig, *Dienstmädchen, Berlin.*

Das Mädchen für alles.

„ . . . Ich war „Mädchen für alles", mußte von früh um sechs Uhr bis abends 10—11 hintereinander arbeiten . . . . ."

„Wenn ich so in der Nacht bei einer kleinen Lampe saß und flickte, fielen mir oft vor Müdigkeit die schmerzenden Augen zu, denn tagsüber hatte ich doch auch tüchtig arbeiten müssen, war immer treppauf treppab gelaufen, hatte ruhelos herumgewirtschaftet, wurde von einer Arbeit zur andern gejagt, getrieben. Wenn ich da also in der Großstadtzeitung las, wie sich die dortigen Arbeiter und Arbeiterinnen untereinander beschützten, halfen, wie sie zueinander hielten, ja, große Organisationen bildeten, da hatte ich dann immer das Gefühl, als wäre ich eine richtige Sklavin, die ungerecht und schlecht behandelt, bezahlt, wurde und ich sehnte mich mehr denn je nach der Großstadt, wo die Leistungen besser bezahlt, der dienende Mensch besser, gerechter behandelt wurde.“

Franz Hertel, *Hilfsarbeiter, Berlin.*

Frühlingsruf.

Die Saaten grünen —
Und Blumen regnet schon mein Arm.
Ich rufe dich!
Fühlst du den Wind, der mild und warm
Und doch so frisch weht durch die Welt?
Fühlst du nicht meinen Blütenmund
Auf deiner Stirne heiß und wund?
Fühlst du der Freiheit Odem nicht,
Der aus erwachtem Leben bricht?
Und auch die süße Stimme — horch —
Des Lenzes Lieder dringen durch!
Erhab'ne Schönheit, unzählbare Wunder,
Der Liebe Lieder klingen.
Durch tausend Mauern und manches Tor
Drang Lust und Liebe stürmisch vor.

Da pocht das Herz im raschen Schlag
Die Augen leuchten zum Gruß dem Tag.
Und weiter eilt der Bote schon,
Es trägt sein Lied der Wind davon.

Doch blieb der Odem der Freiheit zurück
Es dürstet das Herz nach Liebe und Glück.
Nach Licht und Sonne das Auge sich sehnt
Und Kampfeslust die Glieder dehnt.

Ein starker Arm, der Eisen bricht,
Ein Herz, aus dem die Liebe spricht.
Gar viel vermag vereinte Kraft,
Mit Frühlingslust sie Wunder schafft!

Der Frühling und die Liebe.

Nackt und verlassen kommt die Liebe, Einlaß heischend, zu den Menschen. Bei einer falschen Schwester, die in einem reichen Hause dient, klopft sie an, sie, die falsche Liebe, solle der wahren Liebe Platz machen. Die echte Liebe wird abgewiesen, denn sie ist ja nackt und arm.

Die Liebe sucht weiter nach Menschenherzen, denen sie dienen will. Am folgenden Tage sieht sie in der Kirche eine andere Schwester. Diese gibt sich für die echte Liebe aus, „redete von der Keuschheit ihrer Seele, von der Wahrheit ihrer Werke, von der Not ihres Leibes und der Duldsamkeit ihrer Seele". Da weinte die rechte Liebe bitterlich und ging traurig zum Tempel hinaus.

Eines Abends kommt sie zu einem „Fest für die Armen":

„Es gab ein großes Wiedersehn für sie, ein herbes, denn alle ihre Schwestern sollte sie sehen. Alle die sie hassenden Schwestern. In Flitter und Tand, in Seide und Samt, das waren die falschen Töchter der großen Mutter. Da kam zuerst die Eitle, wie hatte sie so gerne das Gold. Und es waren eine große Zahl der Herzen, in denen sie wohnte und die ihre Dienste nicht entbehren mochten. Sie hatte einen Spiegel erfunden, in dem sie wirklich schön aussah. Aber den Spiegel des klaren Wassers meidete sie aufs sorgfältigste. Sie trug den ihren immer in der Hand und bei jedem zweiten Gedanken hielt sie ihn ihrem Herrn vor die Augen, und immer erblickte er sich glatt und ohne Fehl. Der Spiegel zerrte die Augen nach und nach höher, so daß sie über allzu vieles hinwegsahen. Um diesen Spiegel beneideten sie auch die falschen Schwestern nicht wenig, sie hielten sich ein wenig abseits, doch war ihre Freundschaft fest. Dann kam die falsche Schwester Lebefroh. Sie hatte schon von jeher nichts ernstes in ihrem Wesen gehabt, sie hatte immer schlecht gespielt wie ein unartig Kind. Sie trug immer einige schlimme Hintergedanken bei sich und trat mit vieler Wollust auf den Blumenbeeten anderer herum. Sie hatte es schon auf der Klippe immer versucht, aus dem funkelnden Tautropfen Gold zu machen, und die nackte rechte Tochter war ihr nicht weniger als der ersten verhaßt. Auch ihr Magen war sehr groß, er füllte den ganzen Leib. Und sie hatte es ja auch versucht, ihr, der Nackten, das Haar zu stehlen, um sich zu schmücken. Sie machte es sich lustig in den Herzen der Menschen und gefiel sich in allerlei Bocksprüngen. Dann kam die Schwester Sinnenlust. Auch sie hatte vielen Dienst zu tun, und sie huschte schnell an der echten Liebe vorbei. Ihre Augen rollten gierig, und von den verlorenen Pfeilen Amors trug sie immer bei sich.

Nein, es war wirklich zum Ekel, alle diese falschen Schwestern hatten sich mit goldner Schrift ihren Namen, den Namen der echten Liebe, aufgeschrieben und prunkten damit und lebten hier fröhlich. Sie schaute in das Gewoge noch einmal, sie sah das lustige Durcheinander aller ihrer falschen Schwestern — — und es brach ihr das Herz, daß sie auch nicht einen fand, der ihrer reinen Hände bedurft hätte. Sie wandte sich betrübt von dannen. Vor der Tür traf sie den Frühling und zu ihm sprach sie also:

Stark ist die Liebe und stärker als der Tod, dich erweckte ich aus deinem Schlummer, doch mit dem Menschen habe ich not. Da sind alle meine falschen Schwestern eingezogen, o, wehe den Falschen."

Die echte Liebe wandte sich von den Menschen und stieg wieder empor zu ihrer hohen, einsamen Klippe: „Doch du mußt sie herunterholen von dieser Sonnenklippe! Das Wehe wird dich treiben, und sie wird deine Brüder in dein Haus bringen, um die du weinst."

Karl Hnilitschka, *Metallarbeiter, Wien.*

Ein Arbeiterleben.

Durch Not und Überarbeit stirbt eine Frau, die zwölf Kinder geboren Nur zwei ihrer Kinder blieben am Leben. Nach dem Tode der Mutter kommen die Kleinen eines dahin und das andere dorthin in die Fremde. Das ältere Kind wird von seinen Pflegeeltern ausgebeutet. Kinderarbeit. Später heiratet der Vater wieder und nimmt die Kinder zu sich. Aber auch im neuen Heim ist das Elend ständiger Gast. Schon früh tritt der gesellschaftliche Gegensatz vor des Kindes Auge. „Einst sollte die Schulklasse photographiert werden, Karl hatte kein Gewand, die Kinder machen sich lustig über ihn, und so lernt er schon zeitig kennen, daß nicht alle Kinder Gottes gleich sind."

In der Lehre, die der Erzähler dann beschreibt, wird es nicht besser.

„Wenn Karl schon als Kind, dann als Lehrling vom Sozialismus sprechen hörte, so ist es begreiflich, daß er Interesse hat und gleich nach seiner Freisprechung Mitglied seiner Gewerkschaft wird. Durch die verschiedenen Vorträge weiß er, daß die Gewerkschaft zur Regelung der Arbeits- und Lohnverhältnisse notwendig, daß der einzelne Arbeiter nichts, die Gesamtheit ein Machtfaktor ist, daß aber der wirtschaftliche und politische Kampf nicht getrennt werden können, sondern daß die gewerkschaftlich organisierten Arbeiter die Kerntruppe der politischen Partei sind. Der Sozialismus verlangt: die Produktion und Konsumtion für und durch die Gesellschaft. Jeder soll arbeiten, dafür aber auch das zum Leben Notwendige haben. Die Produktionsmittel sollen nicht in Händen von einzelnen Kapitalisten sein, sondern der Gesamtheit gehören."

Der junge Arbeiter ist ein begeisterter Sozialdemokrat geworden. „Wenn auch die Gegner den Zukunftsstaat mit einer Kaserne oder Gefängnis vergleichen, so sind wir doch überzeugt, daß erst dann der schöne Spruch „Freiheit für all das, was Menschenantlitz trägt“ zur Geltung kommen wird.“

Rudolf Horaczek, *Steinschleifer, Wien.*

Der Wendepunkt.

Ein Arbeiter ist seit langem auf der Arbeitsuche. Er ist äußerlich bereits sehr herabgekommen. Abermals steht er vor einer Werkstätte, seine Arbeit anzubieten.

„Ich hatte Hunger, eine tierische Begierde erwachte in mir . . . . Ich mußte, ich mußte um jeden Preis Arbeit bekommen . . . .! Ja, Arbeit, das war das Fundament meiner realsten Wünsche, alles schien nur an das einzige Wort „Arbeit“ geknüpft und sollte sich jetzt erfüllen. Unfaßbar, was in dem Moment dies Wort enthält — unbeschreiblich meine Furcht vor dem Entschwinden dieses Hoffnungsschimmers. Ich hörte schon die Worte: „Wir brauchen niemanden“ und „Es ist alles besetzt“, die man mir schon an hunderten Malen zugerufen hatte, in meine Ohren klingen, was meine Freude sichtlich dämpfte. Ich hörte das alte Jammerlied, ein ganzer Abgrund von Elend öffnete sich vor meinen Augen und drohte mich zu verschlingen. Traurig und düster klang dies Lied, und immer lauter pochte das Herz . . . .

Langsam und nur schwer konnte ich mich dem Gedanken anpassen „man könnte mich hier brauchen“; der Pessimismus hatte mich zu sehr in seiner Gewalt. Da plötzlich fielen meine Gedanken auf meine alte Mutter. Nie fragte sie, ob ich Arbeit bekommen habe, sie wußte, daß „alles besetzt sei“ und daß „man meiner nicht benötige“. Das war nur die erste Zeit, damals noch, als wir uns in Hoffnungen wiegten. Jetzt war sie schon daran gewöhnt . . . . gewöhnt zu hungern und zu weinen . . . . .

Mir war bange. Nur wenige Sekunden hatten über mein Los zu entscheiden, und diese wollte ich nicht so schnell fliehen lassen. Doch ich mußte endlich Ernst machen. Meine defekten Schuhe wollten dem Wasser nicht mehr standhalten, der Polizist an der Ecke, der mich mit seinen Blicken seit langem verfolgte, näherte sich mir. Ich trat also ein.

— — — — — — — — — — — — — — — — — — —

Als ich das Haus verließ, waren meine Hoffnungen zerschmettert und mit ihnen mein Ich. Zertreten hätte ich mich am liebsten, und ein Fluch rollte mir über die Lippen. Preisen die Satten jenen, so können die Hungrigen ihn fluchen . . . .! Da klopfte mir jemand auf die Schulter mit der freundlichen Einladung, ihm zu folgen. Es war der Polizist. Nichts leichter als das; jetzt hatte mein Gang wenigstens eine Bedeutung. Ich hatte beim Verlassen des Hauses den Entschluß gefaßt, mein Leben, das für mich nur eine Qual bedeutet, in die Donau zu werfen! Jetzt dachte ich an gar nichts. Lautlos schritt ich an der Seite meines Begleiters zur nur wenige Schritte weit entfernten Wachtstube.

— — — — — — — — — — — — — — — — — —

Nach wenigen Minuten wurde ich entlassen und war nun wieder frei. „Der Wachmann glaubte, Sie sind ein Dieb oder Einbrecher," meinte entschuldigend der diensthabende Kommissär „und schaun Sie, daß Sie Arbeit bekommen." Mich fror. Wie ich es anstellen soll, hat der freundliche Herr zu sagen vergessen.

Ich verachte die Menschen, vielleicht auch mich. Für den Rat des Herrn Kommissärs hatte ich keine Verwendung, doch der Polizist gab mir einen Anhaltspunkt. Hatte mich dieser für einen Verbrecher gehalten, so mußten naturgemäß so wie ich Verbrecher aussehen. Was lag nun näher als — sich so zu kleiden wie es „anständige" Menschen tun und so zu „arbeiten" wie es Verbrecher tun. Es gelang mir und ich blieb unbehelligt."

Johann Janeček, *Metallarbeiter, Wien.*

Gesprengte Fesseln.

Eine Frau, die einen rohen Trunkenbold zum Manne hat, fühlt sich zu einem braven Arbeiter hingezogen der bei dem Ehepaar zur Miete wohnt. „Sie vergleicht im stillen diesen ruhigen und sanften Menschen mit ihrem rohen, brutalen Mann. Seit drei Jahren verheiratet, hat sie noch nicht viele guten Stunden erlebt. Obwohl sie ihren Mann niemals recht leiden konnte, und ihn nur auf Zureden ihrer Mutter, die ihr Kind gut versorgt zu haben glaubte, geheiratet hatte, versuchte sie anfangs, sich ihm anzupassen und mit Zureden von seiner Gewohnheit des Trunkes abzubringen, sah jedoch bald ihre Bemühungen als nutzlos ein und fügte sich in das Unvermeidliche. Still erduldete sie die rohe Behandlung des Trunkenboldes, und trotzdem konnte sie es nicht vermeiden, daß er manchmal im Rausche selbst vor Mißhandlungen nicht zurückschreckte und die Nachbarn dann oft solchen Szenen ein Ende bereiten mußten. Die Leute waren an solche Sachen gewöhnt; waren doch solche Auftritte auch in anderen Familien nichts Seltenes und erregten deshalb nicht viel Aufsehen und Beachtung.

Anfangs schämte sie sich, nach solchen Auftritten mit den Nachbarn zusammenzukommen, doch mit der Zeit stumpfte sich ihr Gefühl dafür ab und sie sah diese Behandlung als etwas beinahe Selbstverständliches an. Nun kam dieser Hart und begegnete ihr, dem mißhandelten und zurückgesetzten Weibe, mit größter Achtung, als ob sie irgendeine bessere Frau, eine Dame wäre.

Er erschien ihr als ein ganz anderer Mensch, als ein Ideal, an das sie nur mit Verehrung denken konnte. Unausgesetzt dachte sie an ihn, und sie empfand die rohe Behandlung von seiten ihres Mannes jetzt doppelt, wenn Hart dieselbe mit anhören mußte.“

Die platonische Zuneigung verdichtet sich im engen Zusammenleben der Proletarierwohnung bald zur sinnlich heißen Liebe. Ein zweiter Mieter, ein Saufkumpan ihres Gatten, stellt der Frau nach. Er erreicht sein Ziel nicht und verrät deshalb dem Gatten das Liebesverhältnis der Frau, von dem er Kenntnis erlangt hatte. In einer dramatisch bewegten Szene sagt sich die Frau von ihrem Gatten los und folgt dem Liebhaber in die Fremde.

„In einer großen Industriestadt der Schweiz lebt Hart mit seiner Frau, als welche Frau Benk dort gilt, glücklich und ruhig, nachdem sie die Fesseln ihrer unglücklichen Ehe gesprengt. Das Band der Liebe ersetzt ihr vollständig das Band der legitimen Ehe, die ihr als Fessel nur Unglück und Leiden brachte.“

Josefine Joksch, *Kleidermacherin, Wien.*

Lebensskizze.

Ich habe früher immer gespöttelt, wenn ich von sogenannten „feineren Leiden“ hörte (und man hört heutzutage ziemlich viel davon), jenen Leiden, die jenseits der Sorgen um Nahrung und Wohnung beginnen sollen. Seit kurzem tue ich das nicht mehr, und das kam so:

Wir waren drei muntere Burschen — aber wir saßen nicht gemütlich beim Weine, sondern nur zuweilen in einem Volkskaffeehaus, oder wir besuchten zusammen ein billiges Konzert. Wir hätten unsere Zusammenkünfte vielleicht anderswohin verabredet und hätten uns nicht auf die Billigkeit der Konzertbillets kapriciert, wenn nicht zwei von uns — ich und noch einer — Fabrikarbeiter gewesen wären. Der Dritte war Student an der technischen Hochschule und aus einem guten Hause, d. h. einem Hause, dessen Mitglieder sich's gut gehen lassen konnten. Er betrieb außer seinem Brotstudium noch nationalökonomische und philosophische Studien. Doch da er, dem Zuge unserer Zeit folgend, die Welt nicht nur aus den Büchern, sondern in der Wirklichkeit kennen lernen wollte und, wieder dem Zuge unserer Zeit folgend, diese Wirklichkeit in den Stätten der Armut suchte, so stieß er zu uns.

Wir waren ihm zwei interessante Arbeitertypen, nichts weiter. Was er uns war? — Er war etwas älter als wir, ziemlich frei von den Vorurteilen seiner Klasse (daß er die Verachtung gegen die Nichtshabenden nicht ganz los werden konnte, wußten nur wir, nicht er selbst), hatte viel und ernsthaft gelernt und gedacht und war, obwohl im Wesen stolz und verschlossen, immer bereit, von dem, was er wußte oder zu wissen glaubte, so viel mitzuteilen als nur irgend anging. Das machte ihn uns sympatisch. Außerdem war er der Mensch, dem wir den Groll, den wir gegen seine Klasse hegten, entgelten lassen konnten. Wir überschütteten ihn mit Spott und Bitterkeiten — er hatte ja Verstand und Feingefühl genug, uns zu verstehen. Niemals hat er den Bildungsprotzen herausgekehrt, oft genug wir aber den Arbeitsprotzen. Wir wußten es ihm immer wieder deutlich zu machen, wie überflüssig er und seinesgleichen für uns eigentlich wären und wie nützlich wir und unsersgleichen für ihn; daß die Produkte unserer Tätigkeit der Allgemeinheit zur Verfügung ständen, während jene der so sehr gerühmten geistigen Tätigkeit, in wenige Bücher und Hochschulen eingesperrt, für die meisten wertlos seien. Wir verlachten die kühle Objektivität seines Urteils, das er aus der Wissenschaft gewann, und suchten es als ein Partei- und Klassenurteil hinzustellen. Er konnte sich nicht immer wehren, wenn er nicht verletzen wollte, und so waren wir mächtig durch unsere Ohnmacht und kannten keine Rücksicht. Trotzdem zerschlug sich unsere Freundschaft nicht. Das Trennende zwischen uns, seine kühle Unparteilichkeit und unsere leidenschaftliche Parteilichkeit, war zugleich das Einigende. Wir wußten schließlich doch, was wir ihm und seinem kritischen Geiste zu verdanken hatten, und ihn wieder brachten wir dazu, daß er unsern „tiefen Haß schweigend ehren mußte“. In allen Stücken haben wir zwei Arbeiter gegen den Studierten zusammengehalten, nur ein einziges Mal ließ ich meinen armen Freund allein, um mich an die Seite meines reichen zu stellen.

Wir hatten die Beobachtung gemacht, daß Stein — der Student war's, der diesen ungemütlichen Namen führte — es geflissentlich vermied, Bettler, zu beschenken. Daß dies nicht gewöhnliche Filzigkeit war, sondern ein „Prinzip‘ aus, weiß der Teufel, welchem Buche gewonnen, hatten wir sogleich weg. Und es war auch so. Das Mitleid, wurde uns gesagt, sei ein Gefühl, das überwunden werden müsse, weil es ein Irrtum sei, zu glauben, man vermindere die Leiden der Welt durch dasselbe. Im Gegenteil: das Mitleid vermehre sie. Erstens schon deshalb, weil es die Leiden der Mitleidenden schaffe und mit diesen auch ihre Leiden erhalte. — Das war nun ungeheuer neu und gefiel mir sehr. Ich für mein Teil hatte das Mitleid nie gern in Anspruch genommen. Immer habe ich das Verachtende daran herausgefühlt. Wohl schien es mir, als ob ich bei meinem tiefen Sehnen nach Lebensgenuß und meiner bitteren Armut Schweres zu ertragen hätte, aber ich hätte darob lieber angestaunt als bemitleidet werden wollen. Nun hatte mein Selbstgefühl eine neue Festigung erhalten. Was hätte mir das Mitleid, zumal das landläufige, bieten können, das mir die herben Freuden ersetzte, die mir meine stolze Verachtung aller derer, welche nicht litten wie ich, machten? An andere Leiden dachte ich damals gar nicht. Unsereins sieht ja Elend genug, um gegen dessen Eindruck abgestumpft zu werden, und das Mitleid zu „überwinden“, kostet keine besondere Anstrengung. — Ich fragte nur danach, ob i c h das Mitleid entbehren könne und da ich diese Frage bejahen zu können glaubte, war sie für mich entschieden — es war entbehrlich.

Der Jüngste unter uns, der blasse Heinrich, war von einer sanfteren Art. Nicht zu viel Mitleid hätten wir, sagte er, sondern zu wenig; vertiefen und vermehren müsse es sich, nicht überwunden werden. Könnte er nur jedem Menschen das Mitleid geben, das echte, das rechte, er würde eine Welt einrichten, die jeden erfreuen müßte. Was er denn in dieser freudvollen Welt mit diesem „vertieften Mitleid" anfangen werde? witzelten wir, es müßte sich ja wegen vollständigen Mangels einer Gelegenheit für seine Betätigung selbst aufheben. Er blickte daraufhin sinnend ins Leere und sagte mit einem Ton, der heiter sein sollte, mich aber damals schon (oder bilde ich mir das heute nur ein?) unheimlich ernst berührte: „Über solche Dinge kann man ja ungeheuer leicht reden und urteilen, so lange man noch überflüssige sechs Kreuzer hat, um sich im Kaffeehaus zum warmen Ofen zu setzen wie wir, aber man müßte andere hören, die dies nicht mehr tun können."

Seine Worte machten einen etwas peinlichen Eindruck auf Stein, weil sie ihn an seinen Überfluß, auf mich, weil sie mich an meinen Mangel erinnerten, auf uns beide aber wohl deshalb, weil sie eine Wahrheit enthielten, die sich nicht gut bestreiten ließ. Gutmütig einlenkend fuhr er lächelnd fort: „Was kümmert ihr euch überhaupt um das Leid der Leidenden und der Mitleidenden, da ihr ja das Mitleid überwinden wollt. Wollt ihr denn mit dem Mitleid das Mitleid überwinden?"

Damit hatte der Streit sein vorläufiges Ende gefunden. Wir gingen auseinander und sahen uns längere Zeit nicht. Die Krise war hereingebrochen, und auch ich war unter denjenigen, die ihr zum Opfer fielen. Ich mußte halbe Tage machen und tat, was alle Arbeiter in diesem Falle tun: ich jagte nach einem andern oder doch einem Nebenverdienst, unterbot meine Arbeitskraft, fluchte, machte Schulden, hungerte, verachtete mich, daß ich dieses elende Leben nicht hinwarf, und klammerte mich mit jedem Hoffnungsschimmer, daß es besser werde, aufs neue daran. Heinrich hatte ich einmal in einer Versammlung der Arbeitslosen getroffen. Er sagte mir, daß er bereits zehn Wochen ganz ohne Arbeit sei, augenblicklich im Asyl für Obdachlose Unterkunft habe, aber nicht wisse, was dann, wenn es ihm diese nicht mehr gewähre, geschehen solle. Ich erschrak und gab ihm die wenigen Heller, die ich besaß. Ich dachte nicht daran, jetzt die Überwindung des Mitleids zu versuchen, obwohl sich mir das Mitleidsproblem für wenige Sekunden wieder aufdrängte. Wie wäre es, dachte ich, wenn alle diese humanitären Anstalten und Institutionen, diese Spitäler, diese Asyle, Krippen usw. nicht wären, wenn niemand einen Rock, niemand einen Teller Suppe, niemand einen Heller verschenkte, wenn das bißchen Mitleid fehlte, das diese Dinge schuf und diese Handlungen bewirkte, würden dann diejenigen, die heute diesem Mitleid ihr Dasein verdanken, sich ruhig hinlegen und sterben? Müßte sich nicht vielmehr doch endlich der Geist der Rebellion regen, müßten sie dann nicht ertrotzen, was sie jetzt als Bettler demütig hinnehmen müssen, das und noch viel mehr? Müßten sich dann nicht unter dem Ansturm dieser Unglücklichsten unsere elenden, nichtswürdigen Zustände für alle zum Bessern wenden? Ja, er war ein Weiser, der Mann, der es zuerst erkannte und aussprach, daß das Mitleid das Elend, das Gebrechen stütze, daß es alles, was verdient, zugrunde zu gehen, am Zugrundegehen hindere. — Indes was nützte mir diese Einsicht? Ich konnte das Mitleid der Menschen so wenig vermindern, wie es mein Freund, der nun noch blässer und schmächtiger geworden war, vermehren konnte. So gingen wir, jeder mit seinem Kummer, unsere Wege.

Wenige Tage später erhielt ich von Stein einen Brief. Wie es nun ginge, ob wir schon Arbeit hätten und ob wir nicht heute abend in unser Stammkaffee kommen wollten, er hätte mit uns zu reden. Mich freute der Brief, er war so herzlich geschrieben, und ich knüpfte unbestimmte Hoffnungen an ihn. Ob er wohl an Heinrich auch geschrieben hatte? Doch dieser konnte einen Brief natürlich nicht erhalten haben, er wagte sich wohl kaum zu seiner ehemaligen Quartierfrau zurück, um nach Briefen zu sehen, war er ihr doch die letzten zwei Wochen die Miete schuldig geblieben. Warum nur ließ er sich nicht bei mir sehen? Ich hatte ihn doch gebeten, wenn er im Asyle nicht bleiben könne, sogleich zu mir zu kommen. Ich hatte mich seinetwegen bemüht, einen Teil meiner ebenfalls rückständigen Miete zu bezahlen, damit ich es wagen dürfte, einen Gast aufzunehmen. Während ich nachdachte, wo ich ihn suchen und möglicherweise finden könnte, kam er. Er sei die vorige Nacht in den Straßen Wiens herumgelaufen, aber heute glaube er das nicht mehr aushalten zu können, er habe seinen Winterrock verkaufen müssen. Ich sagte: „Schade, wir hätten ihn nachts brauchen können. Dieses miserable Loch ist so kalt und das Bettzeug ist auch darnach. Du bleibst natürlich einige Tage bei mir, was wir dann tun werden, wissen die Götter.“ — Ich zeigte ihm Steins Brief und forderte ihn auf, mit mir zu gehen. Er willigte ein. Wir trafen unsern Freund bereits auf der Gasse, doch als wir in das Kaffeehaus eintreten wollten, besann sich Heinrich plötzlich, daß er noch einen Gang zu machen habe. Seine verheiratete Kousine sei ihm heute begegnet und habe ihm für einen oder zwei Tage Arbeit versprochen. Er müsse jedoch noch mit ihr darüber reden. Bei der Kälte werde er ganz dumm, er hätte bald darauf vergessen. Vielleicht könne er auch bei seinen Verwandten übernachten, dann käme er jedenfalls morgen. Und fort war er. Ich glaubte ihm alles auf ein Wort. Ich war ja auch schon ganz arbeitslos gewesen und wußte, wie man die flüchtigsten Bekanntschaften und Beziehungen ausnützte, um sich wieder einen Tag weiter zu schleppen. Stein schien es zu bedauern, daß ihm der andere entschlüpft war. Er war sehr wortkarg, stand bald auf und fragte mich, ob ich das Buch schon gelesen hätte, das er mir geliehen, er brauche es und wolle sich's gerne bei mir holen. Ich war etwas befremdet von diesem Vorschlag. Indes ließ ich ihn mitgehen. — Es ist nicht gemütlich, von der kalten Gasse in ein kaltes Gelaß zu treten, und mein verwöhnter Freund fröstelte leicht, als ich ihm einen Stuhl anbot.

Er begann rasch, wie um einer Verlegenheit Herr zu werden, den eigentlichen Grund seines Kommens zu erklären. Er habe für einen von uns einen Posten gefunden, zwar auch nicht für immer, aber doch für längere Zeit, nicht gerade schlecht bezahlt und achtstündige Arbeitsdauer. Der die Stelle annehmen wolle, möge sich morgen vorstellen gehen, doch müsse derselbe — — er zögerte ein wenig — einen anständigen Anzug und einen Winterrock tragen. Die Leute seien einmal so blöde — er könne nichts dagegen tun — gegen die Blödigkeit nämlich — wohl aber gegen die Winterrocklosigkeit. Er werde Kleider bringen lassen — wir könnten sie ihm ja wieder zurückschicken, wenn wir sie nicht oder nicht mehr brauchten; und ob ich nicht eine Kleinigkeit nehmen wollte — für die nächste Zeit — ich könnte sie ihm ja wieder zurückgeben. Ich machte auch jetzt keinen Versuch, das Mitleid einzudämmen, nein, ich ließ es wohlig über mein Herz hinfluten. — —

Die „Kleinigkeit" waren 60 Kronen. S e c h z i g Kronen! Das erste, was ich tat, war, meiner Quartiergeberin den rückständigen Zins zu zahlen. Mein zweites, um einen Ofen zu laufen. Einen Ofen hatte ich mir schon jahrelang gewünscht. Doch immer, wenn ich ihn kaufen wollte, stellte sich heraus, daß es noch viel notwendigere Sachen gab. Heute aber brauchte ich doch nicht zu knausern. Mein Einkauf war bald gemacht; denn wie lange, lange hatte ich mir meinen Ofen doch schon ausgesucht. Wie fror ich an den Fingern, als ich ihn nach Hause trug. Aber ich wollte schon noch warm werden heute!

Und mir ist auch warm geworden an diesem Tage, ach, wie wohlig warm. Elf Uhr nachts war's, als ich meinen Ofen zum ersten Mal zum Glühen brachte. War das eine Freude! Da brauchte ich nicht zusammengekauert sitzen zu bleiben, nein, ich konnte mich frei bewegen, mich in jeden Winkel der Stube begeben und fühlte überall Wärme, Wärme, Wärme. Das war keine Kaffeehaushitze, kein Werkstättendunst, zu Hause war ich, zu Haus! Ich stemmte mich mit den Händen auf die Tischplatte und Sessellehne und ließ mich wie ein Turner in seinem Barren vor- und rückwärtsschwingen, so übermütig war ich. Doch als mir später das Lampenlicht verlosch, und der glühende Ofen mit seinem lichtroten Schein allein sichtbar war, da wurde ich wieder wehmütig gestimmt. Ich mußte der Heimat gedenken, der Mutter, die so weit, so weit weg war von mir! Warum ich mich denn gerade heute nach ihr und ihrer milden Güte sehnte, weshalb mir denn gerade heute die Kindheit in so lichten Bildern erschien? War mir denn noch niemals warm geworden, seitdem ich das Elternhaus verlassen? Es mußte schon so sein. Wie sich denn wohl die Dinge gestalten würden, wenn alle Menschen plötzlich warme Öfen bekämen? Dann müßten doch alle so freundliche Gedanken denken, wie ich jetzt tat, und Haß und Neid könnten nicht gedeihen bei solcher Glut. Aber die Reichen hatten auch Öfen und doch keine freundlichen Gedanken. Vielleicht war es doch besser, zuerst keinen Ofen zu haben, um dann bei seinem Empfang sich freuen zu können, als immer einen zu haben und ihn für nichts zu achten. Ja, die Fähigkeit sich zu freuen, das war's, was man sich bewahren mußte, und die hatten die Reichen verloren, und das waren ihre „feineren Leiden". Es war wohl ganz gut, daß es Leiden gab, und eine Ruhepause im Leiden mußte doch für jeden einmal kommen.

Nicht nur in den Romanen und Theaterstücken, auch im Leben — ich erlebte es ja. — Die freie Stelle, die sollte Heinrich nehmen und zu mir ziehen. Für mich hatte ich die eigentlich ganz unbegründete Hoffnung, daß es nun doch endlich in der Fabrik besser werden würde — zudem hatten wir ja unsern Ofen — wir konnten doch zu Hause bleiben. Es würde schon gehen. Wir würden gerade so viele Leiden und so viele Freuden haben, als wir brauchten. Wenn's nur schon morgen wäre! Wenn er nur schon da wäre! — Meine Phantasie schweifte hin und her und her und hin, bis sie mich ins Theater führte, in welchem ein Stück gespielt wurde, das gut ausging. Es war ein Anzengruber-Stück: „Der liebe Herrgott hat's Leben zum Freudigsein geben," jauchzte die Horlacherlies, und ich streckte verlangend meine Arme nach dem lieben Mädchen aus. — — —

Der andere Morgen brachte mir einen Brief. Ich erbrach ihn und las:

Lieber Freund!

Ich habe Euch gestern belogen, als ich Euch sagte, ich müßte mich einer Arbeit wegen entfernen. In Wahrheit verließ ich Euch, weil ich einen Entschluß wankend werden fühlte, dessen Ausführung mir notwendig erscheint. Ich habe meine letzte Quartierfrau durch eine List zu bestimmen gewußt, mich noch einmal aufzunehmen. Daß sie mir in meiner letzten Nacht Obdach gewährt und daß sie mit mir noch rechte Unannehmlichkeiten haben wird, habe ich ihr natürlich nicht gesagt. Ich habe mir Gift zu verschaffen gewußt, und wenn Du diesen Brief liest, bin ich nicht mehr. Man sagt gern, daß der Selbstmörder ein Feigling ist. Das ist nicht wahr. Zum Sterben gehört ebensoviel Mut wie zum Leben. Wenn ich gestern mit Euch ins Kaffeehaus gegangen wäre und eine Tasse Tee mich wieder erwärmt hätte, hätte ich ihn sicher nicht gehabt. Ich hätte noch gerne gelebt; ich war so neugierig. Ich hätte gerne noch nachgedacht über so vieles in dem rätselhaften Etwas, das man Leben nennt. Genützt hätt's freilich nichts, wie's den andern nichts nützt, aber gefreut hätt's mich doch, wie's die andern freut. Vielleicht ist's eine Dummheit, daß ich schon den Platz räume. Ein Zufall hätte mich retten können. Aber ich kann doch nicht auf einen Zufall warten! Wenn's diese Woche geschneit hätte! Ich habe schon alle Leute, die ich nur ein bißchen kenne, angepumpt und bin deshalb als ein so schlechter Kerl behandelt worden, daß ich schon selbst glaube, es zu sein. Stein ist verschont geblieben. Es widerstrebte mir, gerade diesem Manne meine Not zu offenbaren. Ich habe mich heute noch viel mit ihm beschäftigt. Ich möchte eigentlich noch manches sagen, bin aber zu müde, und die Alte schreit um ihr Licht. Verzeih mir, daß ich Dir geschrieben habe. Ich weiß, Du wirst leiden, wenn Du den Brief lesen wirst, aber ich kann Dir diese letzten Leiden, die ich Dir antue, nicht ersparen. Ich kann heute nicht mitleidig sein, weil ich zu selbstleidig bin.

Ich mußte, ehe ich sterben ging, mit einem Menschen reden, den ich liebte, ich mußte das Leben grüßen . . . .

Die Zeitungen brachten die Notiz von seinem Selbstmorde mit dem Vermerk: Arbeitslosigkeit dürfte das Motiv der Tat gewesen sein.

Die Heinrich zugedachte Stelle habe ich bekommen, und mein Ofen hat mich seither schon oft erwärmt; aber ich bin seiner nicht mehr froh geworden.

Die feineren Leiden haben auch mich erfaßt . . . .

Therese Kabrna, *Fabrikarbeiterin, Mähr.-Trübau.*

Das Los einer Arbeiterin.

Ein trauriges Frauenschicksal. Frühzeitig muß das Mädchen in die Fabrik. Mit 20 Jahren heiratet es. Nun folgt eine glückliche Spanne Zeit, doch mit einem Male bricht ein furchtbares Unglück herein. Der Gatte, ein Bergmann, wurde mit fünf anderen Kameraden in der Grube verschüttet. Nun steht die arme Frau mit ihrem Kinde verlassen da. Kümmerlich fristet sie sich durchs Leben. Schließlich landete sie als Sterbende im Spital. Ihr Sohn, der sie gerne unterstützen würde, ist beim Militär. So stirbt sie einsam und verlassen.

Karl Kaniak, *Steindrucker, Wien.*

Goldene Jugend.

Das Kind einer armen Witwe verbringt seine zarteste Kindheit in einer kleinen Kammer. Es ist beinahe immer allein, denn die Mutter muß hart verdienen. Von draußen lockt der helle Sonnenschein. Da schlüpft der Knabe durch das Fenstergitter, gelangt in den gräumigen Hof und will mit den andern Kindern spielen. Weil er aber noch so naiv ist, Mein und Dein nicht auseinanderhalten zu können, erntet er kräftige Prügel. Verschüchtert zieht er sich zurück und sitzt nun wieder einsam träumend in seiner Kammer. Die Schulzeit beginnt. Unser Junge ist der Prügelknabe seiner Mitschüler. Anfangs nimmt er die Schläge ruhig hin, später setzt er sich kräftig zu Wehr und wird sogar ein richtiger Raufbold.

Der Verfasser resümiert: „Raufen ist häßlich — aber wer da bestehen will, der muß seine Fäuste gebrauchen. Das ist die Lehre, die man ihm eingebläut — als selige Erinnerung an seine goldene Jugend.“

Weihnacht.

Am Tage vor Weihnachten frägt der Lehrer die Kinder der Reihe nach, was sie sich als Weihnachtsgeschenk wünschen. Ihre Ansprüche sind nicht zu bescheiden. Zauberlaterne, goldene Rüstung usw. Nur ein armer blasser Knabe ist genügsamer. Er wünscht sich einen Säbel, Gewehr und Tschako. Der Lehrer meint, das Christkind werde ihm diese Sachen schon bringen und vielleicht noch eine Trompete dazu.

„Und endlich, endlich war der Christabend da — und vorüber. Das Christkind war an der finsteren Kammer vorbeigegangen. Beim Nachbar drüben tuteten die Buben auf ihren Trompeten, rasselten auf den Trommeln — hüben preßte der Knabe sein Antlitz an die Fensterscheiben. So oft er Schritte hörte, durchzuckte es ihn freudig: „Jetzt! Jetzt! Jetzt kommt das Christkind zu dir!" Nein! Es war nur die Nachbarin oder irgendein anderer Mitbewohner des Hauses. Und der Kleine hoffte doch! Das Christkind hatte ja so viel zu tun, so viele Kinder zu befriedigen, da konnte es ja nicht an allen Orten gleicherzeit sein. Es wird schon noch kommen!

Es kam der Stephanstag — das Christkind aber nicht. Der Wirtssohn hatte ein großes Schaukelpferd erhalten, Tschako, Säbel, Trommel, Trompete und Gewehr, und er kam zu den Kindern des Nachbars, seiner Herrlichkeiten sich zu rühmen. Und er war doch so schlimm und sollte ja nichts bekommen, denn der Lehrer hatte es gesagt und der weiß es ja, denn er ist ein gescheiter Mann. Das Christkind mußte sich verirrt haben, denn die Gaben gebührten eigentlich ihm, dem braven Kinde, das da mit Mühe die aufquellenden Tränen unterdrückte. Oder war das Christkind auch ungerecht? Der kleine arme Bube war nun schon böse, recht böse auf das Christkind. Sein Herzchen empfand zum ersten Male die ganze Bitterkeit einer Ungerechtigkeit. Fortwährend grübelte der kleine Kopf; ein jeder Trommelschlag drüben schmerzte ihn, ein jeder Trompetenton wollte ihm schier das Herz zerreißen, und schließlich vermochte die ganze Tapferkeit des kleinen Herzens den Tränenquell nicht zu unterdrücken. Der Knabe weinte, weinte — und seine Mutter mit ihm. Sie wußte, ohne daß er es ausgesprochen hätte, was ihn quälte. Ihr Schmeicheln, ihre Küsse vermochten aber nicht den Tränenstrom des Kindes zu hemmen. „Das Christkind . . . . ist . . . . schlecht!" — „Ich . . . mag . . . . es . . . nicht!" — „Ich hab . . . es . . . nicht . . . . mehr . . . gern!" so kam es stoßweise über die Lippen des Kleinen.

Da nahm ihn die Mutter auf ihren Schoß, streichelte ihm das Haar und sprach mit tränenschwerer Stimme: „Liebes Kind, es gibt kein Christkind!" „Die Eltern kaufen zu Weihnacht die Spielsachen ein, legen sie unter den Christbaum und sagen den Kindern, das Christkind war da und hat euch die schönen Sachen gebracht!" „Einen Vater hast du nicht, der dir Spielereien kaufen kann, und deine Mutter ist so arm, daß sie dir kaum zu essen kaufen kann!"

Der Knabe weinte nicht mehr.

Am ersten Schultage schenkte der Lehrer dem Knaben aus Mitleid Feder, Tinte und Papier. Das war das erste Weihnachtsgeschenk. Dem Verfasser erschien es als ein Symbol.

„Mein Tag gehört nicht mir. Wie viele tausend andere zwingt mich das Geschick zur Maschine — macht mich zur Maschine.

Ich bin ein Arbeiter. Schaffe für andere Werte — für mich das tägliche Brot. Hetze mich, kümmere mich, plage mich, sorge mich — wie tausend andere.

Aber wie das Glockenzeichen meine Maschine zur Ruhe bringt, fällt auch die Fessel meiner Gedanken, und sie entschweben ins Traumland. Mit heißer Inbrunst drücke ich mein stilles Liebchen, die Poesie, an die Brust. Meine freien Stunden gehören ihr. Ich lebe fern des Tages Müh' und Plag' ein zweites Leben — im Traumland, und meine Erlebnisse fließen durch die Feder aufs Papier. — —

Wieder geht das gute Wesen durch die Lande mit seinen reichen Gaben. An mir geht es wieder vorüber — hat nichts für mich in seinem Weihnachtskorb. Ich grolle ihm nicht. Mag es die Menschen beschenken, so reich es will — ich neide niemandem diese Gaben, denn sie können keiner Seele mehr Freude schaffen, als mir jenes kleine Geschenk, das mir der Zufall, ahnungslos, aber bestimmend für mein inneres Weben und Streben damals beschied."

Walter Kellermann, *Fabrikarbeiter, Berlin.*

Die materielle Lage des Arbeiters und ihre Besserung.

Aus einer längeren Abhandlung einige charakteristische Stellen: „Wie eben das Große und Ganze unseres Gemeinlebens das Eine und Andere ergänzt, ist derjenige Teil unseres Gesellschaftskörpers am mißlichsten und faulsten, je nachdem er zu den Erzeugnissen für das Allgemeinwohl der Gesamtheit beiträgt oder dieses vernachlässigt. Sehen wir uns einmal den Bestandteil dieses Körpers und sein Wesen genau an. Zu unterscheiden sind jetzt nur noch zwei Punkte, nämlich: die Reichen und die — Armen. Sollte mir jemand noch eine andere Klasse anführen, welche angeblich noch ins Gewicht fallen sollte, so erwidere ich, daß diese nur noch der Nachläufer derjenigen Kategorie ist, welche ihnen materielle Erfolge durchblicken läßt und je nachdem nach oben oder unten abschwenken."

Das Leben der nützlichen Gesellschaftsglieder, der Arbeiter, ist ein sehr trübes. „Schon die Art der Arbeit, welche ja meistenteils in Gestalt von Spezialarbeit besteht, macht diese zu einer langweiligen, stupiden Beschäftigung. Damit ihm diese aber nicht als solche erscheint, darum ist die eifrige Geschäftsleitung bemüht, denn sie versteht es, die Preise derart zu kalkulieren, daß zu einem annehmbaren Verdienst eine gute Dosis Regsamkeit und Schnelligkeit erforderlich ist, um dorthin zu kommen. Es läßt sich hiernach leicht feststellen, daß bei einem jeden Arbeiter, und sei er noch so stupide, mit der Zeit sich eine gewisse gleichgültige Unlust sich einbürgert, welche auf das Seelenleben auch seine Spuren hinterläßt. Wir folgen ihm weiter. In dem von schlechter und staubiger Atmosphäre schwangeren Arbeitsraume beginnt er sein Tagewerk, interesselos und doch fleißig, da das eiserne Muß dahinter steht. Den anstrengenden Stunden körperlicher Arbeit folgt als erste die Frühstückspause, welche meistenteils 15 Minuten beträgt. Nachdem so der Vormittag dem einen am Schraubstock, dem anderen am Amboß, dem dritten durch Schneiden von Blechen oder Biegen derselben dahingegangen ist, unter scharfer Kontrolle, was wir nicht vergessen wollen, tritt die größere Erholungszeit, nämlich die Mittagspause ein. Wie des Vormittags, so werden einzig und allein auch jetzt wieder Butterstullen verzehrt, so auch des Nachmittags. Wie gesagt, keine kräftige Suppe, kein Stückchen Fleisch für solche anstrengende, körperliche Arbeit. — Der größte Teil unserer deutschen Arbeiter nimmt nämlich seine Hauptmahlzeit erst des Abends ein, da seine Mittagszeit nur kurz bemessen ist und seine Wohnung zu entfernt liegt.

Ein Arbeiter, der sich solcher unwürdigen Behandlung bewußt wird, muß sich unwillkürlich die Frage vorlegen, wie war es möglich, daß solche Übelstände in unser Erwerbsleben einrissen, und zweitens, wie kann solchen gesteuert werden."

Der Verfasser plädiert für einige kleine Reformen, die der Staat und die Unternehmer durchführen sollten.

„Hoffen wir, daß die Zeit nicht mehr weit liegt, wo sich die maßgebenden Kreise ihrer Nächstenpflicht bewußt werden zum Wohle des ganzen Wirtschaftslebens."

Karl Koch, *Schriftsetzer, Wien.*

Verbrechen.

Es ist „Auferstehungstag". Des herrlichen Frühlingstages freuen sich die Menschen und atmen voll Wonne die würzige Luft. Ein Prozessionszug bewegt sich durch die Straßen. Vom Jubel dieses Frühlingstages sticht traurig die Gestalt eines hungernden, frierenden Vagabunden ab. Der Hunger quält ihn.

„Plötzlich steht er neben dem angeschnittenen Schinken, in dem das große Fleischermesser steckt — ein Griff und im wilden Laufe davon. „Aufhalten! Aufhalten!" hört er hinter sich schreien. — Eine wilde Hatz. — Krampfhaft drückt er den Schinken mit der Linken an die Brust, der Duft desselben wirkt berauschend auf ihn, mit der Rechten zieht er das Messer aus demselben, um es wegzuwerfen. Da wird er von kräftigen Fäusten erfaßt, er spürt nicht die Hiebe, die hageldicht auf seinen Schädel sausen, er fühlt nur, daß man ihm das nehmen will, worauf er jetzt ein Recht zu haben glaubte, er hat nur rasende Angst um sein Essen. Der hinzugekommene Standinhaber entreißt ihm den Schinken, er stößt mit der messerbewehrten Rechten nach ihm — mit einem Aufschrei sinkt der Metzger zusammen — tot. — — — "

Man bringt dem Verurteilten das Galgenmahl. Schinken, Weißbrot, ein Fläschchen Wein. Der Gefangene nimmt fast nichts zu sich. Dann kommt der Priester. Der Gefangene bleibt ungerührt. Das kränkt den Seelsorger.

„So lange er hier wirkte, war aus dieser Zelle noch keiner ungebessert gegangen. Langsam tritt er auf ihn zu und ihm die linke Hand auf die Schulter legend, mit der Rechten gegen die Decke weisend und frommem Augenaufschlag spricht er salbungsvoll: „Ja, mein Sohn, hättest du früher gebetet, so hätte es nicht so weit kommen können." —

Die Hand des Paters stößt er beinahe von seiner Schulter weg, funkelnden Auges steht der Verurteilte auf und auf die Tablette mit den Eßwaren deutend spricht er, nein, schreit er dem Pater ins Gesicht: „Hättet Ihr mir das früher gegeben, so hätte es nicht so weit kommen können."

Marie Koch, *Näherin, Wien.*

Proletarierinnenschicksal.

Das älteste talentierte Kind armer Eltern hat eine außergewöhnliche Begabung zum Klavierspiel. Den Eltern ist es unmöglich, das Kind ausbilden zu lassen, denn sie brauchen seine schwachen Kräfte schon jetzt zur Erwerbsarbeit. Das Klavier einer wohlhabenden Mitschülerin dünkt dem Kinde als ein Heiligtum — als ein unerreichbares Heiligtum. Als sie später doch Gelegenheit hätte, einen geordneten Unterricht zu empfangen, lehnt sie ab. Sie ist müde geworden und trägt „resigniert weiter das harte Joch einer Fabrikarbeiterin".

II.

„Lassen Sie Ihre Tochter weiter lernen, studieren, sie ist befähigt dazu, sie ist ernst, gescheit, sie soll das Mädchengymnasium besuchen, und wenn sie damit fertig ist, so wird auch die Universität den Frauen geöffnet sein." Der Mutter ist es nicht möglich, das Kind studieren zu lassen, selbst dann nicht, als ihm ein Freiplatz im Gymnasium angeboten wird.

„Die Eltern waren über das erhaltene Schreiben sehr ungehalten, denn sie hatten ja so viel mit ihren Kindern durchzukämpfen. Keines wollte den normalen Weg gehen, alle hatten Talente, versicherten ihnen die Lehrer, und die Kinder wollten deshalb höher hinaus, wollten weiter lernen, doch die engen Verhältnisse drängten sie immer wieder in die alten Ketten zurück. Deshalb herrschte Mißstimmung zwischen Eltern und Kindern. Den einfachen Leuten war das Drängen ihrer Kinder unbegreiflich. Und wieder erzählten die Eltern ihrer Tochter das ewige Lied von Not, Sorgen und Kummer; umsonst suchte das

Mädchen reiche Leute für ihr Schicksal zu interessieren, die Eltern erreichten, daß ihre Tochter endgültig verzichtete."

Das Mädchen mußte seinem Traum entsagen und als Näherin das Leben fristen.

„Und Jahre gingen dahin, und sie hat sich langsam in ihr Schicksal als Näherin mit bescheidenem Verdienst gefunden. Nur manchmal kommen noch Augenblicke, wo die Ketten tief ins Fleisch schneiden, und das ist dann, wenn sie von dem Fortschreiten des Frauenstudiums hört."

Susi.

Aus dem Leben eines alten Dienstboten.

Ein alter Dienstbote, der zu nichts mehr gut ist. „Zum ehelichen Weib begehrt ist sie niemals worden, sie war doch nur ein armer Dienstbote, auch von dem wird eine Mitgift verlangt, denn Heiraten kostet Geld, und ein Zusammenleben war gegen ihre fromme Natur. Doch mit den Jahren wurde sie des ewigen Tag und Nacht Angehängtseins müde, sie trat aus dem Dienst und verwirklichte ihr Ideal, das sie jahrelang sorgsam gehegt und das der Inbegriff ihrer Träume war. Sie mietete sich eine ganz kleine Kammer, kaufte am Tandelmarkt eine sehr bescheidene Einrichtung und ging als Bedienerin. Ja, sie wollte frei sein, wenigstens die Nacht frei, wollte nur ein armseliges Plätzchen haben, das ihr gehörte. Und das ist ihre Haupteigentümlichkeit, die die Frauen, welche Wohnzimmer, Schlafzimmer, Speisezimmer, Salon usw. ihr Eigen nennen, bei Susi nicht für normal bezeichnen. . . . ." „Aber Susi gab nicht nach und verschönte sich auf ihre Art das Leben."

Schließlich verliert sie ihren letzten guten Posten. Sie muß ihre Möbel verkaufen, ihre eigene Kammer aufgeben und mietet sich nun bei fremden Leuten ein Bett. Endlich findet sie wieder eine Bedienung, die ihr monatlich 5 fl. trägt. Davon kann sie nicht leben. Mitleidige Leute raten ihr, sich um eine Pfründe zu bewerben, Das tut sie. „Und Susi träumt von dem horrenden „Glück", das ihr bevorsteht, und rechnet, was sie sich dann werde gönnen können, wenn sie 4 fl. Pfründe und 5 fl. für die Bedienung auf ihrem jetzigen Posten erhalten wird. In glänzenden Farben malt sie sich diese Zukunft aus, vorausgesetzt, daß sie diese Pfründe erhält, diese armselige Zukunft eines alten Dienstboten."

Franz Krump, *Schriftsetzer, Wien.*

Der Erstgeborene.

Selbsterlebtes. Das älteste Kind muß die Aufsicht über die anderen Kinder führen, außerdem hat es noch viele häusliche Arbeiten zu verrichten. Der Knabe las leidenschaftlich gerne.

„Während er in den Büchern von der großen Elternliebe las, fühlte er sich als das Aschenbrödel. Ihm machte man keine Freude. In seinem Leben reihte sich Arbeit, Schelte und Prügel; selten ein gutes Wort hörte er. Ja, seine Geschwister, die hatten es gut, um die sorgte man sich, da mußte er herhalten, damit ihnen nichts zuleide geschah. Stellten sie etwas an, bekamen sie nicht Prügel, wie er sie früher bekam; nein, er bekam sie wieder. Sie verstanden's ja nicht, aber er, der Erstgeborene, der Ältere. War's da ein Wunder, wenn er sich in sich selbst zurückzog, wenn alle möglichen romanhafen Schrullen ihn bewegten. In den Büchern wurde viel getötet; wer weiß, wenn nicht die Furcht vor den Prügeln gewesen wäre, ob er nicht eines seiner Geschwister getötet hätte, um sich von einer Last zu befreien und vor den Prügeln zu schützen. Sicher, der Gedanke kam ihm, er war da, aber auch die Furcht, die Furcht vor den Prügeln, und sie war stärker, zu seinem Glück, sonst hätten ihn die Verhältnisse frühzeitig zum Mörder gemacht. —

Während andere Kinder, wie er las, die Freude der Eltern waren, dünkte er sich ihr Arbeitstier, spürte er nur ihre Faust. Sorgten sich andere Kinder um die kranke Mutter, drängten sich diese liebevoll an das Krankenbett, so hatte er Angst davor. Seine Mutter war nur krank, wenn sie in die Wochen kam. Da dachte er an Flucht aus dem Elternhause, denn es gab für ihn nur neue Mühen. Vom Bette aus diktierte ihm die Mutter das Kochen und alle andere Arbeit, und verließ sie das Bett, hatte er ein Kind mehr zu betreuen."

Sein Leseeifer verursachte, daß man den Knaben Schriftsetzer werden ließ. Maßgebend dafür war freilich auch, daß er nun gleich einen kleinen Lohn, ein Kostgeld, vom Unternehmer erhielt.

H. Lippmann, *Hotelangestellter, Arbon, Schweiz.*

Neue Kämpfer.

Ein Arbeiter erzählt einigen Kameraden, wie und warum er Sozialist geworden.

„Aus der Stille der Werkstatt kam ich in den Lärm der Fabriken und vertauschte die Ruhe meiner Heimat mit dem Geräusch der Großstadt. Hier lernte ich das moderne Sklaventum und jenes mit unsichtbaren Fesseln gebundene Geschlecht kennen. Lernte die heutige Gesellschaftsordnung verachten und wurde Sozialist —.

Die zwei Dienstjahre beim Militär stärkten mich in dem Haß gegen alles Bestehende, bis ich schließlich bei einem Streik einen Arbeitswilligen in der Erregung „Streikbrecher" nannte. Mit zwei Monaten Gefängnis mußte ich dieses Verbrechen büßen, wurde von meinem Vater, der es durch irgendeinen Umstand erfahren, verflucht und sollte nie als Sozialist die Schwelle meines Vaterhauses betreten. Seitdem irre ich heimatlos und ohne Arbeit umher. Ein einzelnes von den vielen Opfern des Kampfes zwischen Kapital und Arbeit! Was ist Sozialismus? wirst du, Klassenbruder, mich jetzt im stillen fragen.

Die Reichtümer der Welt, also was Mutter Erde für uns hervorbringt, sind jetzt im Besitze einzelner Menschen, die ihr Leben in Pracht und Bequemlichkeit dahinbringen, während die große Masse ihr Dasein in Not und Elend fristet. Ein Mensch mit Vermögen wird verehrt und geachtet, aber wehe dem armen Teufel, der nicht reich geboren wird und sich an der Heiligkeit des Eigentums vergreift, er wird beschimpft, bestraft und verachtet und mit der verdrehten Religion unseres Nazareners auf ein besseres Jenseits vertröstet. Sieh, das ist Gerechtigkeit der Welt.

Eine andere, gerechtere Gesellschaftsordnung herbeizuführen, ist das Ziel der Sozialdemokratie. Also verbinden wir uns als geknechtete Proletarier, gewerkschaftlich und politisch. Ziehen wir allmählich die von Gott verordnete Obrigkeit herab; zertrümmern das goldene Kalb der Gegenwart, bis wir durch die Verstaatlichung der Produktionsmittel einer für alle und alle für einen leben können. Dann haben wir statt dem Wert des Geldes den Wert des Menschen gesetzt; sind glückliche, freie Menschen im Himmelreich auf Erden."

Josef Mattern, *Futteralmacher, Wien.*

Proletarier.

Der Verfasser schildert das Leben eines Freundes. Reizlose, eintönige Jugend, bitteres Elend in der Lehre. Von klerikaler Seite wird er schon während seiner Lehrzeit auf den Sozialismus als etwas durchaus Verdammenswertes aufmerksam gemacht. Später kam er durch Jugendfreunde „in den Verein der Freidenker, der sein ganzes Wesen einer gewaltigen Änderung unterwarf. Der Verkehr mit den Mitgliedern und die Diskussionen gaben dem religiösen Gebäude, das er sich errichtet hatte, einen gewaltigen Stoß. Die Wogen der politischen Bewegung trugen das übrige bei, um sein Klassenbewußtsein zu wecken. Er lernte die heutige Gesellschaftsordnung kennen und trachtete in das Wesen derselben einzudringen, wozu ihm durch Schriften und Broschüren reichlich Gelegenheit geboten war."

Nach seiner Heirat kommt er wieder in materielle Notlage. Er versucht ihr durch die Auswanderung nach Amerika zu entgehen.

Emil Maurer, *Handelsangestellter, Wien.*

Frühling.

„Dreht euch, ihr Räder, dreht euch nur, du Vogel am Dache, zwitschere und künde den Frühling, grünt ihr Bäume, lebet auf. Fertig muß es werden, fertig fünfundzwanzig Stück dreißig Kreuzer, achtundachtzig in einem Tage: schneller! schneller! . . . .

Blühet, ihr Blumen, ergötzet die Menschen. Das Fenster darf nicht offen sein, sonst durchdringt der laue Wind deinen Körper, und du mit deinem tuberkulösen Körper, was willst du von einem offenen Fenster, von einem lauen Winde? Arbeite nur, arbeite, ob du früher oder später gehst! Was willst du von den Blumen? Lerne begreifen, daß die nicht für dich wachsen, nicht für dich, nur für die, die des Tages Mühen auf andere wälzen. — — —

O, du dumpfe Atmosphäre, du schwarzer Rauch, selbst die Aussicht verdirbst du mir.

Laufe, du Metallblatt in der Drehbank, schreie, du ächzender Gasmotor, hämmere, du Hammerwerk, und du, Paragraph an der Wand, zwinge mich zu weitern Leiden aber aufhalten kannst du nur meinen Körper. Und du, Maschine, wenn du noch so ächzest, der Frühlingsschimmer dringt doch herein, wenn auch nur durch das Oberfenster, und wie er mich trifft, der Frühlingsschimmer, wie er immer und immer sagt, daß er nicht für mich da ist, nicht für uns.

Lump, hinaus willst du in die Luft, in die freie, frische Luft? Was wären die Räder ohne dich? Was wäre die Maschine ohne deinen Körper? Sie arbeitet, und du, du bist nicht mehr als sie. Ersticke! Es sind andere da, die dich ablösen.

Warum wird es Frühling? Warum bleibt es nicht immer so dumpf und düster wie im Winter? O, du Frühling, tötest mich nur, du zeigst mir das Leben, das Leben der Glücklichen. Wenn der Schnee fällt und die Kälte mich zum Hierbleiben zwingt, ist sie doch nicht grausamer als du, Frühling, du, der mich hinauslockt. Die Kälte macht mich zusammenkauern, die drückt mit ihrer unergründeten Macht das schwere Werkzeug in die Hand und macht mich zum Sklaven, zu dem, wozu mich die Gesellschaft verurteilt. Du Frühling, du willst deine Frische in mich eindringen lassen, du tötest mich aber, denn du rechnest nicht mit deinem Vorgänger, der seine Dumpfheit in mein Inneres eingesenkt hat, der sich in mein Herz eingegraben hat. O, Frühling, das bringst du nicht heraus, und wenn deine Schönheit noch so glänzt! Auch dich zwingt die Gesellschaft in ihre Macht, wenn du es nicht glaubst, so sieh, wie sie mich zum dumpfen Dasein zwingt und dich in ihre Schranken verweist. Sie, die Gesellschaft genießt dich, und wenn du glaubst, hier genug gewirkt zu haben, und deine Tätigkeit hier einstellst, so sucht sie dich dort auf, wo du wieder zum Vorschein kommst. Die genießen dich, die Dumpfheit nicht vertragen, die das Geräusch der Maschinen nicht dulden, die den Hammer nicht klopfen hören, die das Kreischen der Säge nicht vernehmen; die den Kolben der Maschine nicht stoßen sehen, die, deren Kraft nur besteht im Ausnützen unserer Kraft. Wir, die Räder der Bewegung, die Triebe der Zeit, für uns bist du nicht.

— — — — — — — — — — — — — — — — —

Nein, jetzt bist du es noch nicht!

Aber du zeigst uns den Weg, du ermahnst uns zum Kampfe, du ermunterst uns, du gebietest uns, aus der Dumpfheit deines Vorgängers uns zu befreien und in das frische, blühende Leben einzudringen. Und wir erwachen! Wir werden aufstehen, werden unsere Kraft zur Geltung bringen, werden unsere Macht ausnützen und werden dich, schöner Frühling, auch für uns in Anspruch nehmen. Die Gesellschaft, die dich heute nur für sich begehrt, die uns zum Darben verdammt, der werden wir nicht zürnen, wir werden sie zu Menschen erheben, wir werden sie lehren, Mensch zu sein."

Lorenz Müller, *Korrektor, München.*

Auferstehung.

Noch schmachtet in Fesseln von Schnee und Eis
Des rührigen Säemannes Mühe und Schweiß,
Das schlummernde Saatkorn noch nicht sich regt,
Vertrauensvoll in die Erde gelegt.
Öd liegt die Heide, so weit, so weit
Bedeckt mit dem schneeichten Totenkleid;
Noch schläft die Natur, noch hält sie in Bann
Der eisige Winter, der grimme Tyrann!

Doch plötzlich sich drängendes Leben regt,
Wenn mit Hui der Lenzsturm die Heide fegt,
Fruchtbringender Regen rauscht herab
Und öffnet den Saaten das Wintergrab.
Wenn die Sonne strahlend vom Himmel grüßt,
In belebender Liebe die Fluren küßt:
Dann springen die Fesseln, dann sproßt es hervor,
Dem Mai entgegen, zum Licht empor!

Ihr Völker der Arbeit! Nach düsterer Nacht
Auch euch der Freiheit Morgenrot lacht,
Wenn umschlinget euch alle von Land zu Land
Der Bruderliebe geheiligtes Band;
Durch Nebelschleier dann bricht herein
Des Frühlings goldener Sonnenschein,
Dann brechen die Ketten der Tyrannei
Im Völkerfrühling, im wonnigen Mai!

Anton Franz Nepokoy, *Hilfsarbeiter, Wien.*

Wanderlied.

Den Proletariern der Landstraße gewidmet!

Es raunt und rauscht das bunte Feld,
Im süßen Blütenhauche;
In blauer Ferne blinkt die Welt,
Und lockt zum Wanderbrauche.
Die Sonne zieht die Erde an:
Die grüne Welt den Wandersmann.

Er greift zum Stab mit frischem Mut,
Und eilet durch die Länder;
Ihn fesselt nicht der Habsucht Gut,
Noch zarter Liebe Bänder
Ihn locket weder Tand noch Spiel;
Die weite Ferne ist sein Ziel.

Und ist er müd, so nimmt er Rast
An einem Meilensteine;
Er trägt nicht viel an Bürd und Last,
Er ist so ganz alleine;
Doch nimmer ist er arm darum,
Die Welt ist ganz sein Eigentum.

Studie über Bildung im Proletariate.

Der Verfasser teilt das Proletariat in drei Kategorien. Die erste ist die der indifferenten, die zweite die der klassenbewußten Arbeiter und die dritte ist die der außergewöhnlichen Talente, die über ihre Klasse hinaus wollen.

Die erste Kategorie: „Statt dem durch Nachdenken erworbenen Klassenbewußtsein besitzen die Individuen dieses Teiles nur ein dunkles, instinktmäßiges Ahnen ihrer Lage. Ihr Bildungsdrang ist sehr gering, bei manchen Individuen fehlt er fast gänzlich oder er schlummert in ungewecktem Zustande. Auch die Bildungsmöglichkeiten des indifferenten Proletariats sind nur gering. Da es nicht organisiert ist, besitzt es nicht die Institutionen zur Erwerbung der Bildung." Eine Unterordnung dieser Kategorie bildet das Lumpenproletariat.

Die Arbeiter der zweiten Kategorie zeichnet ein großer Bildungshunger aus. „Das Klassenbewußtsein ist die mächtigste Triebfeder der Bildung." Die Talente des klassenbewußten Proletariats werden bei günstiger Bildungsmöglichkeit Agitatoren, Redakteure oder Beamte der Arbeiterinstitutionen.

Der „dritte mehr psychologisch unterschiedene Teil des Proletariats, den ich gern den individualistischen Teil nennen möchte, ist jene Gruppe hochbegabter Individuen, deren Bildung über die Schranken der Klasse hinaus bis zur weltpolitischen und philosophischen Höhe reicht und die dadurch Drang und Bedürfnis haben, einen außerproletarischen Beruf zu ergreifen (Gelehrte, Schriftsteller, Künstler). Wenige dieser Auserkorenen erreichen ihr Ziel. Sie führen alle einen verzweifelnden Kampf mit den halben und deshalb ungenügenden Bildungsmöglichkeiten der bestehenden Gesellschaftsordnung." Daran gehen sie zugrunde.

„Solange der Proletarier innerhalb seiner Klasse nach Bildung strebt, ist ihm Gelegenheit hierzu geboten, sobald er aber mit seiner Bildung hinaus will aus seiner Klasse, bekommt er die Herrlichkeiten unserer Gesellschaftsordnung auf das empfindlichste zu spüren. Aber selbst den machtvollen Talenten, welchen es gelingt, die gefährlichen Klippen zu überspringen, bleiben Narben zurück von den Wunden, die ihnen der Kampf mit der Not geschlagen hat. Dieser Kampf schwächt das Talent, vielfach zehrt er es ganz auf. Das Individuum hat sich durchgesetzt auf Kosten seines Talentes."

„. . . . . . Die Grenzen zwischen den drei Teilen des Proletariats sind in Wirklichkeit nicht so scharf, als ich sie hier konstruiert habe. Tatsache aber ist, daß sie existieren, wenn sie sich auch nur undeutlich und verschwommen den Blicken des Beschauers zeigen wollen.

Es besteht die Hoffnung, daß das indifferente Proletariat von dem klassenbewußten Proletariat allmählich usurpiert wird. Diese zwei Teile werden noch in absehbarer Zeit einen einzigen Teil bilden: das große organisierte klassenbewußte Proletariat. Freilich, der mehr psychologisch unterschiedene Teil der Talente des Proletariats wird noch lange seinen furchtbaren Notschrei in die Welt hinaussenden müssen."

Aber einmal kommt auch für sie die Befreiung. „Das Proletariat wird aufhören zu sein, dafür aber wird eine freie glückliche Menschheit sein."

Franz Pfeffer, *Schneider*, *München.*

Der Verfasser, ein verkrüppeltes Bauernkind, hat in seinem Elternhause wenig Gutes erlebt. Der Vater war roh. Einmal schlug er den Knaben mit einem Stocke derart, daß man ihn vom Platze tragen mußte. Das kranke Bein des Kindes war so schwer verletzt worden, daß es von nun an auf Krücken gehen mußte. Nachbarn rieten dem Vater, den Jungen, der sehr aufgeweckt war, etwas Tüchtiges lernen zu lassen. Der Kosten wegen kann der sich aber nicht dazu entschließen. Anstatt das Kind in die Schule zu schicken, wird es auf den Rat eines Pfarrers zum Viehhirten verwendet. Dadurch kam der Knabe um seine Schulzeit, alles in allem ging er nur drei Monate in die Schule. Das war übrigens seine schönste Zeit gewesen. Mit zwölf Jahren kommt er in eine Schneiderwerkstätte. „Hier mußte ich von $^1/_2$5 Uhr früh bis 8 Uhr abends und noch länger sitzen und durfte gar nicht sprechen. Der Tag war lang, und ich denke oft an das Vaterhaus, wo es doch noch Gelegenheit gab, sich geistig selbständig zu beschäftigen.“ Die Überarbeit macht ihn krank. Nach 14 Tagen, die er zu Hause verbracht, muß er wieder in die Werkstatt. Dort wird er von älteren Kollegen sittlich verdorben. Die Onanie bringt ihn geistig und physisch herunter. Dazu kommt noch, daß ihn die Tuberkulose befällt.

Die Arbeitskollegen entfremden ihn auch der Religion. „In der Werkstatt hörte ich von den Gesellen, daß Pfaffen Lunmpe seien und daß es keinen Herrgott gibt. Das hat mir auch gleich gefallen, da ich vom Religionsunterricht her den Pfarrer satt bekommen habe.“

Eine Krankheit führt ihn wieder zum Glauben zurück. Freilich, es ist mehr Aberglaube als Glaube. Er fürchtet sich vor dem Teufel, betet und singt Heiligenlieder so oft als er kann. Sein frommer Meister setzt ihn trotzdem vor die Tür.

Als er älter geworden war, entwickelt er eine verschwommene Auffassung vom Wesen des Seins. Die Religion spielt immer noch eine große Rolle, aber sie erscheint ihm nicht mehr als etwas Überirdisches. Er versucht sie zu erklären. „...... wird der Mensch gesund und blühend, so fällt das religiöse Barometer, genau wie beim wirtschaftlichen Glück. Dagegen Krankheit, Verlassenheit und Not sind die besten Erzieher zur Religion.“

Die Religiosität hat ihn nicht gehindert, ein Trunkenbold zu werden. Er freut sich während der ganzen Woche auf den sonntäglichen Rausch.

„Und das ging so hin, bis einmal ein größerer Schulbub rief: „Buamer, da schaut's her, da geht der besoffene Schneider.“ Da ging mir ein Stich durch das Herz, war ich von den Lausbuben für lächerlich gehalten, das kann ich nicht vertragen, und Schluß war es mit dem Rausch.“

Von nun an war er ein nüchterner Arbeiter. Später wurde er Sozialdemokrat.

Dominik Prenner, *Portier*, *Mürzzuschlag.*

Der Holzmeister.

Ein Holzhauer gründet einen bescheidenen Hausstand. Seine Hütte ist so entlegen, daß er die ganze Woche nicht nach Hause kommt. Montag früh verläßt er das Haus, um erst Samstag wiederzukommen. An einer gefährlichen Arbeitsstelle macht der Sohn seinen Vater, der Holzmeister ist, aufmerksam, er solle die Leute nicht so sehr überanstrengen, es werde einmal ein Unglück geschehen. Der Holzmeister antwortet, er könne nicht anders, denn auch er werde von der Unternehmung — einem Stifte — gedrängt. In der Nacht geschieht das Unglück. Der Sohn wird von einem heruntersausenden Holzstück getroffen und ist tot. Eine arme Familie ist ihres Ernährers beraubt. Der Holzmeister kann keine Ruhe mehr finden, überallhin verfolgen ihn die vorwurfsvollen Blicke seines sterbenden Sohnes. Verzweifelt klagt er sich an, an seinem Tode schuld zu sein. Ruhelos irrt er umher. An der Stelle, an der das Unglück passierte, überfällt ihn ein Schüttelfrost. Er vermeint, er habe hier Ruhe gefunden, und muß mit Gewalt von dem Platze entfernt werden. Das Fieber rafft ihn nach zwei Tagen dahin.

Karl Reichel, *Fabrikarbeiter, Pottendorf, Niederösterreich.*

Und unser ist der Morgen!

Auf einer Wanderung durch Schlesien erinnert sich ein Handwerksbursche des ersten Aufstandes des deutschen Proletariats im Jahre 1844. Kampfeshoffnung beseelt ihn.

„Und wenn auch der Kampf verloren ging, Schergen und Büttel ein Fest feierten und die Angeln der Kerkertüren ihren Rost abstreiften, so war doch ein Gutes übrig geblieben: der Geist der Solidarität war in diesen geknechteten Seelen lebendig geworden. Die Kämpfer, die mit wild aufeinanderschlagenden Zähnen, vom Hunger zahm gepeitscht, zurückkehrten an die Stätten ihrer Fron, hatten den Sozialismus in die Herzen ihrer Kinder und Kindeskinder gepflanzt. Und Werdestimmen ertönen allüberall, das Leben füllt sich mit neuer, wunderbarer Sehnsucht, und kraftgeboren schreitet der Gedanke der Erlösung durch unsere Zeit . . .“ — — — —

„Ich ging still die unbelebte Dorfstraße entlang und bog dann zur Anhöhe ab. Der Pfad, auf dem nur spärliche Spuren von Rädern ausgeprägt waren, schlängelte sich in vielen Windungen empor. Die Nachtluft trug mir den Duft von frischem Harz entgegen. Ich atmete in langen, durstigen Zügen. Wie wohl das tat?

Ich kam zu einer Lichtung.

Horch?

Ich vernehme Stimmengewirr. Ich bleibe stehen und lausche.

Ein Lied! Ein Freiheitslied! Feierlich, sehnsüchtig und voll rauschen die Akkorde . . . .

. . . Wir Sozialisten zieh'n ins Feld
Und unser ist der Morgen! — — — —

Das ganze Hügelgelände singt mit, und die Bäume neigen ergriffen ihre Wipfel . . .

. . . Und unser ist der Morgen! — — —

Die Klänge sind verhallt.

Ich trete heraus auf die Lichtung.

Im Silberlichte des Mondes erblicke ich eine kleine Männergruppe. Zehn, zwölf .... Sie stehen um einen riesigen, unvollendeten Steinbau herum. „Einer steigt auf die Stufen und spricht."

„Worte des Grolles sind es, die sich gegen jenen Mächtigen richten, der nun im Sachsenwalde schläft — B i s m a r c k! Gegen den Mann von Blut und Eisen. Dem kein Mittel zu schlecht war, um seine Herrschsucht zu stillen. Der den Massenmord auf den französischen Schlachtfeldern inszenierte, um sich mit dem Lorbeer des Nationalhelden zu schmücken. Und der den Proletarier, wenn er die Hand gegen seinen Ausbeuter ballte, mit Flintenknall und Säbelschlag zur Marterbank zurücktrieb. Gegen diesen Bismarck, dem die Industriebarone hier einen T u r m errichteten. Zum höheren Ruhme dafür, daß er gierig wie ein Tiger nach dem Blute der Ärmsten lechzte ...

Und dann sprach er von der Zeit, wo der einzelne nur im Dienste der Gesamtheit stehen werde, wo die Geschichte der Menschheit nur eine Geschichte der Menschlichkeit sein wird. Wo man die Namen derjenigen löschen wird, die um ihrer Interessen willen Menschenblut in Strömen vergossen ... Wo eine neue Generation an unseren Kerkertüren rütteln und die Ketten zersplittern werde .... bis der Morgen des Tages graut."

Die Männer vergraben sozialistische Schriften. „Diese Urkunden unserer Zeit, sie seien dem Steine übergeben! Glücklichere Menschen mögen einmal der Opfer gedenken, die ihr Wohlbefinden gekostet hat."

Jodann Riedling, *Eisendreher, Wien.*

Du sollst nicht stehlen!

Skizze aus dem Proletarierleben.

„Man schrieb 1884. Ich war damals ein Knabe von 9 Jahren und besuchte eben in einem westlichen Vororte Wiens die vierte Volksschulklasse. Mein Bruder zählte 4 Jahre, und mein siebenjähriges Schwesterlein lag auf dem Krankenbette. Unsere Mutter, eine kleine, schwache Frau ohne Willen, war mit sklavischer Furcht einem rücksichtslosen, brutalen Gatten ergeben; noch dazu war er Trinker. Was er verdiente, brauchte er nahezu für sich. Die Mutter sorgte für uns Kinder, indem sie sich eine Einnahmequelle als Wäscherin verschaffte. Kam der Vater betrunken nach Hause, so gab es Zank und Streit, manchmal auch Schläge für die wehrlose, abgehärmte Frau und selbstverständlich auch für uns Kinder. Nur eines hatte ich der Mutter und den Geschwistern voraus: ich konnte mich nämlich durch den Schulbesuch den väterlichen Zornesausbrüchen oft entziehen. Und so waren mir denn meine geliebten Bücher und Hefte traute Freunde geworden. Vielleicht würde ich es sonst auch nie, ohne diesen unbewußten Zwang, den ich mir selbst auferlegte, zu einem Vorzugsschüler meiner Klasse gebracht haben. — — —

Der Winter war hereingebrochen und bescherte unserer Familie einen trostlosen Christabend. Der Vater wieder nicht daheim, kein Kreuzer Geld im Hause, kein Licht, und so scheuerte die Mutter spät abends in der Finsternis den Stubenboden, mit ihren Tränen denselben netzend. Meine Geschwister und ich weinten vor Hunger, und da der Tränenstrom der Mutter nicht versiegen wollte, dachte ich mir, sie weine ebenfalls, weil sie tagsüber noch nichts zu sich genommen hatte. Da rief mich unsere Nachbarin, eine Kutschersfrau, ich möge ihr vom Krämer etwas besorgen. Schnell lief ich die Treppe hinunter, denn da gab's zumindest wieder einen Kreuzer Botenlohn. Auf der Straße angelangt, gewahrte ich in verschiedenen Fenstern den hellen Kerzenschein der Christbäume, die mir durch mehrere Fenster entgegengrüßten. Wie verklärt blieb ich stehen. Meine Augen hingen an all der Pracht und dem Glanze, doch je länger ich in die Flämmchen sah, desto trübere Bilder woben sich um den Baum, und zuletzt sah ich wieder unsere Stube und meine weinende Mutter. Dies brachte mich zur Besinnung, und ich eilte, meinen Auftrag zu vollführen. Es war gerade niemand im Kaufladen. Der Duft von Kaffee, Wurst und Käse machte mich förmlich betäubt, mich würgte es im Halse. In meiner unmittelbaren Nähe lagen größere und kleinere Brote. Der Anblick verwirrte mich, mein Herz pochte stürmisch und mit dem Zunehmen des Klopfens nahm der Abstand zwischen meiner Hand und dem Brote immer mehr ab, ein Griff und — ich weiß heute noch nicht, wie's geschah — ein kleines Brot war hinter meinem Rock verschwunden. Dies alles war das Werk eines Augenblicks, schon kam der Krämer aus der anstoßenden Wohnung in den Laden, gab mir, was ich stotternd verlangte, und hinaus lief ich, dem Hause zu, das uns beherbergte. Erst auf der Straße erlangte ich meine Fassung wieder, war's doch der erste bewußte Diebstahl in meinem Leben. Keuchend kam ich im zweiten Stockwerk an, gab der Kutschersfrau das eben Geholte und trat dann in unsere Wohnung ein. Herrgott, wie jubelten die beiden Kleineren, als ich Brot brachte. Der Mutter bedeutete ich, daß ich's um meinen „Verdienst" gekauft habe. Es war bald aufgezehrt, doch die Mutter hatte nichts davon genossen. — Ich war enttäuscht! — Kurz vor Toresschluß torkelte der Vater betrunken zur Türe herein. — Mein „Diebstahl" blieb kein Geheimnis, ich hatte mich gesprächsweise selbst verraten. In der Schule, wo ich mich früher so gern als Sittenrichter aufgespielt hatte, galt ich nun selbst als Sünder. Der Religionslehrer sagte zu mir: „Daß ich das auch von dir erleben mußte!"

Lange Zeit noch wurde ich geneckt und gehänselt, meine Lernbegier und mein Fleiß waren geschwunden. Einer der wenigen, die mich mit ihrem Gespött verschonten, war der Sohn einer Witwe, der blondköpfige W. Er hatte sich nie gerächt, daß ich ihm einst — als er aus Hunger Äpfel stahl — anklagend die Worte ins Gesicht schleuderte: „Du sollst nicht stehlen!" "

Eduard Richter, *Bäcker, Aussig.*

Der Sohn eines armen Schuhmachers lernt frühzeitig die Leiden des proletarischen Lebens kennen. Der Vater ist bald da, bald dort beschäftigt. Der Knabe besucht in sechs Städten die Schule. Der Vater entzweit sich mit der Mutter und verläßt Frau und Kinder, um in Wien mit der Schwester seiner Frau einen neuen Hausstand zu gründen. Später wohnten trotz der Eifersucht der beiden Frauen alle zusammen in Wien.

Der Junge kam zu einem Bäcker in die Lehre. „Ein Bäckermeister fragte mich eines Tages, ob ich nicht Bäcker lernen wollte, da ich groß und stark wäre, gab mir auch das feine Brioschgebäck zu kosten und sagte, solche gute Sachen könnte ich alle Tage essen, wenn ich Bäcker werden wollte. Ich überlegte und erbat mir 8 Tage Bedenkzeit. Einesteils war ich froh, von zu Hause fortzukommen, da es nicht mehr friedlich zuging, dann hatte ich im Leben noch nie ein so gutes Gebäck gegessen, da bei so viel Kindern der Vater als Schuhmacher tüchtig arbeiten mußte, um nur Kaffee und trockenes Brot zu erschaffen. Wir waren ja auch froh, wenn wir nur nicht hungrig schlafen gehen mußten, was manchesmal auch vorkam, wenn der Vater kein Geld für gelieferte Arbeit erhielt. Einesteils aber graute mir, Bäcker zu lernen, weil mich mein Vater schon immer gruselig gemacht hatte, daß ich dann nicht so viel schlafen könnte als ich wollte. Sobald es halbwegs dunkelte, suchte ich mir einen Platz unter dem Tisch oder Bett oder in irgendeinem Winkel, ringelte mich wie ein Stacheligel zusammen und schlief so, daß mich niemand mehr erwecken konnte. Mein Vater war darüber immer sehr erbost, und ich höre heute noch seine Worte in meinen Ohren: ‚Du solltest nur ein Bäcker werden, du verfluchter Kerl, dann könntest du auch schlafen.‘ Was nicht ist, kann noch werden und es ward.“

Anfangs ging es dem Bäckerlehrling recht schlecht, weil ihn um 12 Uhr nachts immer der Schlaf übermannte. Später gewöhnt er sich an die Nachtarbeit. Als Gehilfe kostet ihn die gewerkschaftliche Tätigkeit manchen guten Posten. Nun geht er auf die Wanderschaft. Mittlerweile rückt die Militärzeit heran. Er hatte beim Militär viel Schlimmes mitzumachen.

Wieder nach Hause gekommen, heiratet er. Er beginnt nun selbst eine Bäckerei. Der Betrieb rentiert sich nicht, er muß zusperren. Dreimal versucht er noch, in verschiedenen Orten sich selbständig zu machen. Nirgends hält er sich. Dann bekommt er nach einigen schlechten Arbeitsstellen einen guten Posten in einer Mühle. Er beteiligt sich an der Gründung einer gewerkschaftlichen Organisation der Bäcker. Die Meister sind darüber so erbost, daß sie den Müller zwingen, ihn zu entlassen. Er kommt nun als Oberbäcker in eine Arbeiterbäckerei. Doch gibt es auch da Streitigkeiten. Nach $1^1/_2$jähriger Tätigkeit verläßt er die Arbeiterbäckerei. Von den Bäckermeistern, bei denen er Arbeit sucht, wird er mit Hohn empfangen. Er findet nun wieder in der Arbeiterbäckerei, freilich in untergeordneter Stellung, Beschäftigung. „Nach drei

Jahren wurde Maschinenbetrieb eingeführt, wo ich wieder nahe daran war, entlassen zu werden, da von 18 Bäckern 8 brotlos wurden. Anstatt zum Segen wurden die Maschinen uns zum Fluche."

Eugen Romann, *Schlosser, München.*

Ein Erlebnis aus meiner Wanderzeit.

Auf der Suche nach Arbeit trifft der Verfasser zufällig einen Bekannten aus früherer Zeit. Beide wandern nun miteinander.

„Gedämpft klang das melodische Herdengeklingel zu uns herab, auf dem gleißenden Spiegel des unbewegten Thunersees fuhr ein kleiner Dampfer rauschend dahin gegen Interlaken, das Verdeck besetzt von feinen Herren und Damen, dem internationalen Reisepublikum, das überall anzutreffen ist, wo man bequem hinkommen kann. Wir aber zogen fröhlich singend unsere Straße fürbaß, höchst zufrieden, daß wir gesunde Glieder hatten, um selber fortzukommen. Es ist doch schön, solch freies Wanderleben, vielleicht das schönste, was es im Leben des Proletariers geben kann. Glücklich daher der Arbeiter, der in seinen jungen Jahren diese Einsicht gewinnt und fröhlich hinauszieht in die lockende Ferne, um für eine kurze Zeit die goldene Freiheit des Wanderlebens zu genießen. Denn nur zu rasch verrauschen diese Jahre des Hoffens und Träumens und was dann später seiner wartet, das ist die harte Fron, der eintönigen, alle Spannkraft lähmenden Arbeit in dumpfer Fabrik."

In einem Dorfe am Thunersee bekommen sie Arbeit. Anfangs ging es ihnen sehr gut. Später gerieten sie aber wegen der Kost mit dem Meister in Streit. Das verleidete ihnen das Arbeitsverhältnis so sehr, daß sie bald von dannen zogen.

J. Rosenzweig, *Tapezierer, Graz.*

Das Jubiläum.

Ein Arbeiter feiert sein 40jähriges Arbeiterjubiläum. Der Fabrikbesitzer, der Direktor, der Bürgermeister und der Pfarrer, sie alle loben und feiern den wackeren Mann, der sich so vorteilhaft von seinen jüngeren, dem Unternehmer weniger treu ergebenen Kameraden abhob. Vom Bezirkshauptmann bekommt er gar eine Medaille.

„Der alte Mann wußte vor freudiger Aufregung nicht, was mit ihm geschah. Man führte ihn in die Wohnung des Herrn Direktors. Dort durfte er sich oben an der Tafel an den Ehrenplatz setzen. Er bekam zu essen und zu trinken, daß ihm nur so schwindelte. Er wußte gar nicht wohin das alles. Und was für ein Essen, Speisen, die er sein Lebtag nicht einmal gesehen, geschweige denn gegessen hatte.

Er aß und aß, man staunte über den Appetit des alten Mannes, er staunte selbst. Er trank mit Wohlbehagen den vorgesetzten belebenden Wein.

Und nun sah er mit seinem überglücklichen Gesicht um sich und konnte nicht reden.

Und als alles vorbei war, führte ihn die elegante Equipage des Direktors nach Hause. Gehen hätte er nicht mehr können."

Am nächsten Tage war der Alte krank. Er fieberte. Der Arzt gab wenig Hoffnung. Er sagt zu den Kameraden des Jubilars: „Der arme Teufel hat sich seit 40 Jahren zum ersten Male satt gegessen. Das ist eine Unvorsichtigkeit, die er mit dem Leben büßen kann. Ja, meine lieben Leute, es ist eine gefährliche Sache zu essen, wenn man nicht einmal im Essen geübt ist."

Bernard Rußwurm, *Modelltischler, Wien.*

Ein Proletarierleben.

In einer kinderreichen Familie wächst ein braver, begabter Junge auf. Er ist der Obhut seiner um einige Jahre älteren Schwester übergeben, da die Mutter in die Arbeit geht, also nicht Zeit hat, ihre Kinder selbst zu pflegen. In der Schule erzielt der Knabe die besten Erfolge. Obwohl er zu Hause keine Zeit zum Lernen hat, sondern Kartonnagearbeiten ausführen helfen muß. Im Alter von 12 Jahren kommt der Knabe zu einem Mechaniker in die Lehre. Schon als Lehrling eignet er sich durch die eifrige Lektüre sozialwissenschaftlicher und naturwissenschaftlicher Werke eine nicht gewöhnliche Bildung an. Nach dem Freiwerden geht er auf die „Walz". Er kommt nach Wien. Hier findet er in einer größeren Maschinenfabrik Arbeit. Infolge eines Streiks, an dem er sich in führender Rolle beteiligt, verliert er seinen Posten. Die Arbeiter wollen für ihn einstehen. Er läßt es nicht zu, er nimmt das Opfer nicht an. Auch den ihm angebotenen Posten eines Gewerkschaftsbeamten lehnt er ab. Er will in der Mitte seiner Arbeitskollegen bleiben. Nachdem er wieder anderwärts Arbeit gefunden, gründet er einen Hausstand. Seine Kameraden verläßt er nie und seinen Kindern ist er ein guter Vater. So manchen seiner Kameraden, der auf Abwege geraten, führte er, und selbst wenn es mit Gewalt geschehen mußte, auf den rechten Weg zurück. „Ohne kirchlichen Glauben handelte er stets im Geiste des Christentums, seinen Nebenmenschen als Bruder erblickend."

Marie Sarolta, *Bühnenangestellte, Prag.*

Winterstürme.

Ein altes Ehepaar leidet bittere Not.

Da eröffnet sich die Aussicht auf bessere Tage. Der Mann erhält leihweise eine Drehorgel. Von ihr erhofft er sich einigen Verdienst. Er wandert nun von

Wirtshaus zu Wirtshaus und spielt die abgedroschenen Schlager. Einmal geben die halbbetrunkenen Gäste dem Alten viel zu trinken. Er wird berauscht und schläft am Wirtshaustisch ein. Als er wieder erwacht, ist seine Drehorgel verschwunden. Der Alte ist verzweifelt. Der Hausknecht des Wirtes hat für seine Verzweiflung wenig Verständnis und setzt ihn an die Luft.

„Die kalte Winterluft wehte dem Alten scharf ins Gesicht und brachte ihn vollends zur Besinnung. Er hatte nur einen Gedanken: sein Werkel war fort, nun war alles aus.

Wie im Traume schritt er durch die nächtlich stillen Straßen. Die schneidende Kälte drang durch seine dünne Kleidung und jagte ihm eisige Schauer über den Rücken.

Er ging und ging . . .

Draußen im Liebhardtstal vor einem Baum blieb er stehen.

Aus seinem Halstuch machte er eine Schlinge, die schlang er um einen kahlen, knorrigen Ast . . .

Die Bäume ächzten unter den pfeifenden Windstößen. Purpurne Finsternis bedeckte Himmel und Erde und verhüllte seine Tat . . . .“

Meine Nachbarin.

Ein Trunkenbold hat eine tapfere Frau. Sie sorgt für den kleinen Hausstand, indem sie als Wäscherin schwer arbeitet, indes der Mann jeden Samstag sein schwer verdientes Geld ins Wirtshaus trägt. Und dennoch zürnt die Frau ihm nicht, weiß sie doch, daß nur Kummer und Elend ihn zum Trinken geführt hatten. Die beiden Leute haben das typische Leben der Großstadtproletarier durchgekostet: schwere Arbeit und doch bittere Not. Kein Sonnenstrahl das ganze Leben. Als der Mann alt wurde und die Arbeitsgelegenheit für ihn noch spärlicher ward, da sank er vollends dem Trunk in die Arme. Die blasse, verkümmerte Frau, die unter den Exzessen des Trunkenboldes zu leiden hat, zürnt ihm nicht. Sie begreift ihn.

Der Zinstag.

Eine arme Frau weiß nicht, auf welche Weise sie das Geld für die Miete der kleinen Wohnung beschaffen soll. Sie rechnet alles, was sie von dem Manne und den schon tüchtig arbeitenden Kindern bekommen kann, zusammen, aber es langt nicht. Diesen Tag lebten alle nur von Kaffee. Der Tochter gelingt es, von ihrer Meisterin einen kleinen Vorschuß zu beschaffen, diesmal sind sie also gerettet, sie bringen den Zins doch zusammen. Darüber herrscht große Freude in der Familie.

„Die Mutter war glückselig. Ihre Freude steckte die ganze Familie an. Sogar der wortkarge Mann, dem die täglichen Sorgen und die Furcht vor der

Zukunft das Reden fast verleidet hatten, beteiligte sich heute lebhafter an dem Gespräch als sonst.

Die Familie schien ganz vergessen zu haben, daß sie heute nur von Kaffee gelebt hatte und daß in den nächsten Tagen der Hunger ständiger Gast sein würde, wenn der Greisler nicht mehr borgen wollte.

Ihre drückendste Sorge war von ihnen genommen, hatten sie doch nun wieder für einen Monat ein sicheres Obdach."

Das Spielzeug.

Kinder spielen im Hofe. Ein armer Knabe, der Sohn eines Straßenkehrers, schaut ihnen traurig zu. Die Kinder brauchen gerade einen Prügeljungen zum Spiel. Nun rufen sie den Knaben herbei. Glücklich folgt er ihrem Ruf.

„Geduldig ließ sich das Kind des Straßenkehrers einfangen und an den Hackstock anbinden; er ließ sich stoßen und drängen und lächelte nur leise dazu. In seinen spielenden Bewegungen lag eine stumme Resignation.

Das Spiel hatte schon bald eine halbe Stunde gedauert. Jeder der Knaben war schon mindestens dreimal Fleischhacker gewesen. Nun wurde das Spiel den Kindern langweilig.

Ferdl wußte wieder etwas Neues.

„Kommt zu mir! Ich hab von meinem Vater a große Schachtel mit Bleisoldaten gekriegt. Damit wollen wir spielen."

Die Spielkameraden waren es zufrieden.

Im Laufschritt ging es die Treppe empor. Als letzter folgte schüchtern Franzl.

An der Türe der elterlichen Wohnung angekommen, drehte sich Ferdl um, als er das Kind des Straßenkehrers erblickte, sagte er brutal: „Ja, was fallt denn dir ein? Schaust, daß d' weiter kummst, sonst sag' i 's meinem Vater. — Mit dir därf i überhaupt net spielen!"

Dabei stieß er das Kind mit der Faust vor die Brust, daß der kleine Körper an die Wand taumelte.

Die Knabenschar verschwand hinter der geöffneten Tür.

Das Kind des armen Arbeiters blieb allein — ausgestoßen.

Über das Herz des mißhandelten Kindes war ein düsterer Schatten geglitten. Auf dem Grunde seiner reinen, unberührten Seele dämmerte zum ersten Male das unklare Gefühl eines bitteren Hasses auf."

Anton Schmautz *Schreiner*, *Basel.*

In der Sommerfrische.

Ein tuberkulöser Proletarier, der noch geheilt werden könnte, muß zugrunde gehen, weil er nicht die nötigen Mittel hat, um aufs Land zu gehen.

Seine Frau will sich bei einem Pfarrer, dann bei einer reichen „wohltätigen“ Witwe Hilfe holen. Beide sind nicht zu treffen, sie sind eben selbst in der Sommerfrische. — Haß gegen die Reichen.

„Mit Hilfe einiger hundert Franken könnte ich vielleicht wieder meine Gesundheit erlangen, und damit wäre ein Familienunglück, viel Leid und Weh abgewendet. — Aber unsereiner muß so lange in der dumpfen, staubigen Werkstatt arbeiten, bis er ganz erschöpft ist, damit die andern in Pracht und Herrlichkeit das Leben genießen können. Da kümmert sich kein Mensch, was aus dem Arbeiter und seiner Familie wird; und doch rühren alle Schätze und Reichtümer der Erde nur von der Arbeit allein her.“

Ein Bittgang der Frau des Kranken wird folgendermaßen geschildert:

„Da steht nun vor ihr die im großartigen Stil erbaute prächtige Villa mit schönen Verandas und Terrassen inmitten des weit ausgedehnten Parkes, welcher mit einem hohen Eisengitter eingefriedigt ist. Welcher Luxus und welche Pracht herrscht doch hier! Schönblühende Blumen und seltene Zierpflanzen umgeben den grünen Rasen und spenden einen wohltuenden Duft von sich. Weiße Kieswege führen in Windungen unter den dunkelgrünen Föhren- und Tannenbäumen durch die weiten Parkanlagen, welche im Hintergrund mit einem regelrechten Wald abschließen. Alles, was der Kunstsinn des Gärtners hervorbringen kann, ist hier vereinigt.

Zögernd blieb Frau Knorb an dem kunstvoll gearbeiteten Gitter stehen und bewunderte staunend all die Schönheiten, welche sich hier befanden. An dem Hause waren alle Fensterläden zu, als wäre es gar nicht bewohnt. Tiefe Stille herrschte ringsum. Kein lebendes Wesen war zu bemerken in dem weiten Parke, nur ein großer Hund kam jetzt in wilden Sätzen laut bellend an das Gittertor herangesprungen, als er die Frau bemerkte. „Ach, wenn nur mein Mann eine Zeitlang hier wohnen dürfte und gut zu essen hätte, dann brauchte er nicht in die Sommerfrische zu gehen; denn hier ist es so gesund wie auf dem Lande draußen,“ jammerte die Frau. Dann faßte sie endlich Mut und drückte an die elektrische Glocke. Nach einer Weile kam eine streng aussehende Frau an das Tor und musterte mit forschendem Blicke die Draußenstehende.

„Zu wem wollen Sie, Frau?“ fragte sie kalt, ohne das Tor zu öffnen.

„Mit der Frau Stegelin möchte ich gerne sprechen, wenn sie so gut wäre, mich anzuhören,“ sagte Frau Knorb verlegen.

„Mit der Frau Stegelin?“ fragte die Drinnenstehende etwas überrascht und maß die Frau Knorb von oben bis unten. „Frau Stegelin ist nicht daheim, sie ist verreist in die Sommerfrische. — Was hätten Sie ihr zu sagen?“ „Ach, ich hab' sie um etwas bitten wollen — mein Mann ist nämlich schwer krank — aber wenn sie nicht daheim ist —“ sagte Frau Knorb schmerzlich bewegt. „Ja, da ist jetzt nichts zu machen. — Gehen Sie zum Armenpfleger, wenn Sie in der Not sind. Frau Stegelin hat die Bettelei überhaupt nicht gern; Sie würden also auch umsonst gekommen sein, wenn sie daheim wäre.“

Der Kranke geht bald zugrunde.

„Der Leichenzug setzte sich in Bewegung. Stumm und nachdenklich folgen die Männer dem Leichenwagen nach. Da kam ihnen eine elegante Equipage, mit zwei feurigen Rossen bespannt, entgegengefahren. Eine ältere Dame saß zurückgelehnt im Wagen. Als sie am Leichenzuge vorbeifuhr, wendete sie, wie unangenehm berührt, ihr Gesicht auf die andere Seite, als ob sie durch diese Begegnung an etwas Peinliches erinnert worden wäre. „Die Frau Stegelin," flüsterten sich einige Männer zu.

Als der Sarg in das frische Grab versenkt wurde, da sagte ein Begleiter zu seinem Kameraden: „Nun geht auch Knorb in die Sommerfrische — um nie wieder zurückzukehren."

Der Flüchtling.

Anschauliche Erzählung der Leiden und Freuden des Lebens auf der Walze. Ein Handwerksbursche, dem Erfrieren nahe, wird von zwei mitleidigen alten Leuten aufgenommen und verpflegt. Sie erzählen ihm die traurige Geschichte ihres Sohnes, der geflüchtet ist, weil man ihn für schuldig hielt, einen Burschen halbtot geprügelt zu haben. Mittlerweile stellt sich seine Unschuld heraus, er ist aber unauffindbar. Seine Eltern und sein Mädchen grämen sich um ihn. Der Handwerksbursche trifft dann auf seiner weiteren Reise zufällig den Burschen und schickt den Hochbeglückten nach Hause. Die Barmherzigkeit der Eltern gegenüber dem Handwerksburschen kam ihnen so schließlich selbst zugute.

Der Arbeitslose.

Ein junger Handwerksbursche erzählt den Arbeitskollegen seine Lebensgeschichte. Er war in einer kleinen österreichischen Stadt bei armen Leuten aufgewachsen. Als er Geselle geworden war, erfuhr er, daß seine vermeintlichen Eltern nur Pflegeeltern gewesen seien. Seine Mutter war Magd in einem Stifte gewesen und von einem jungen Geistlichen verführt worden. Franz hatte nun Sehnsucht nach seiner Mutter, die inzwischen einen Vorarbeiter geheiratet hatte. Lange überlegte er, schließlich entschloß er sich, die Mutter aufzusuchen. Die ist von seinem Besuch nicht sehr erfreut, denn sie schämt sich als ehrsame Frau ihrer Vergangenheit. Sie bewegt den Sohn, sofort wieder abzureisen. „Geweint hab ich wie ein kleines Kind, es wäre mir viel lieber, ich hätte von meinen Eltern nie etwas gehört."

Bald darauf wurde Franz, der ein schwächlicher Bursche war, vom Meister entlassen. Auf den Rat seiner Kollegen entschloß er sich nach schwerem innerem Kampfe, seinen Vater, der ein reicher Pfarrer geworden war, zu besuchen. Da kam er aber noch schöner an. Der Pfarrer weist ihm die Tür und droht sogar mit der Verhaftung, falls er sich nicht freiwillig entferne. Traurig geht der Bursche weiter. Zwei Jahre später ist er zum Schneeschaufler herabgesunken.

— Es ging ihm elend. Er sank immer tiefer. Bei einem Einbruchsdiebstahl machte er den Aufpasser und wurde von der Polizei erwischt. Er war aus Not zum Verbrecher geworden.

Der Brandstifter.

Ein alter Taglöhner ist arbeits- und unterstandslos geworden. Vergebens bittet er um ein Nachtlager in einem Stalle. Er wird überall, wo er hinkommt, barsch abgewiesen. In einem einsamen Heuschuppen versucht er unterzukommen. Die Türe ist fest verschlossen. Müde und hungrig wandert er weiter. Er kommt wieder zu einem Heuschuppen, auch hier ist es ihm nicht möglich einzudringen.

Er entschließt sich, die Nacht neben dem Schuppen zu verbringen. Doch ihn friert zu sehr. Mühselig trägt er sich Laub und dürres Holz zusammen, er zündet es an, um sich zu erwärmen. Die Flamme breitet sich in dem dürren Stroh rasch aus, er vermag ihr nicht mehr Herr zu werden, bald brennt der ganze Schuppen. Der Arme rührt sich nicht von der Stelle. „Er blieb ruhig in der Nähe dort stehen. — O, die Wärme tat ihm wohl.“ Der „Brandstifter“ wurde verhaftet. „Er war nun für drei Jahre der Sorge um ein Nachtlager enthoben . . . .“

Auguste Storm, *Glasarbeiterin, Antoniwald (Böhmen).*

Eine Jugenderinnerung.

Ein schwaches, ärmlich gekleidetes Mädchen stampft, von der Warenablieferung kommend, heimwärts durch den Schnee.

„Ach! nur einmal möcht ich's so gut wie die Kinder reicher Leute haben. Doch mein Traum wird wohl nie in Erfüllung gehen, denkt das arme Mädchen. Als das Kind eines Arbeiters hat man wohl kein glänzendes Los zu erwarten. Immer dichter fällt der Schnee, immer müder wird die Kleine, kaum daß sie mehr die Füße tragen, ringsum kein Haus, wo es sich wärmen könnte, wohl noch eine Stunde zu gehen. Sie setzt sich nieder, sie kann nicht mehr, sie schläft ein.“

Ein des Weges kommender Mann findet die Schlafende. Er weckt sie und bringt sie nach Hause. Dort muß sie sich gleich an die Arbeit setzen, das sei die beste Erwärmung. Und die Arbeit währt bis 12 Uhr nachts. Am nächsten Morgen heißt es aber schon wieder um 6 Uhr aus dem Bette sein, um rechtzeitig zur Schule zu kommen.

Wilhelm Teipel, *Mechaniker, Berlin.*

Gemaßregelt.

Ein Arbeiter, der seine ganze Kraft der Organisation und den Arbeitern widmet, wird durch sein Emporkommen — er bringt es zum Obermeister — veranlaßt, nun in schroffer Weise den Standpunkt des Unternehmers zu vertreten. Er ist noch härter und genauer als sein Vorgänger. Einen ehemaligen Freund, der ihm jetzt im Wege ist, läßt er maßregeln. — „Der Arbeiter ist sich selbst der größte Feind, das heißt, wenn er über seinesgleichen gebieten kann. Da seine Bildung sich leider noch auf einem niedrigen Niveau befindet, ist es leicht, ihn zu dem ärgsten Egoismus zu entfachen. Zu seinem eigenen Schaden." — —

„Kann sich der Mensch nicht selbst mehr trauen? Ist es eine unwiderstehliche Kraft, die ihn veranlaßt, alle früheren Grundsätze und Ansichten zu verleugnen, in den Schmutz zu treten, wenn er es zu etwas Besserem gebracht hat."

Berta Timm, *Näherin, Pasing bei München.*

Eine Mantelnäherin.

Ein Mädchen aus besserem Hause wird durch die Krankheit ihres Vaters gezwungen, sich ihr Brot selbst zu verdienen. Sie versucht zuerst im Verein mit ihren Schwestern, durch Perlenaufnähen das Nötigste zu erwerben. Aber der Verdienst ist so gering, daß sie sich entschließt, einen Posten als Erzieherin anzunehmen. Sie bekommt auch einige gute Dienstplätze, aber die Herrlichkeit dauert leider nie sehr lang. Entweder es wachsen die Kinder heran und die Erzieherin wird überflüssig, oder aber es ergeht sich der Dienstherr in Liebenswürdigkeiten, die ihr das Verbleiben unmöglich machen. Schließlich gerät sie ins Unglück, sie findet lange keinen Posten. Nun lernt sie Mantelnähen. Der Sohn des Meisters, bei dem sie arbeitet, gewinnt ihre Sympathie. Die beiden heiraten. Doch die Arme hat sich in ihrem Manne schwer getäuscht. Statt zu arbeiten, treibt er sich in den Kaffeehäusern umher. Sie kann ihn nicht einmal zur Besorgung der einfachsten Geschäftsgänge gebrauchen. Er bestiehlt und betrügt seine Frau, um dem Laster zu frönen. Die Frau wird Mutter. Leid und Kummer weichen nicht von ihrem Haus. Die Nachbarn müssen oft sie und die Kinder vor den Roheiten des Mannes schützen. Vergebens sucht sie von ihm loszukommen, immer wieder kommen seine Verwandten und reden ihr zu, es noch einmal mit ihm zu versuchen.

Schließleich reißt sie sich aber doch los und erringt damit die Möglichkeit, ein zwar arbeitsreiches, aber zufriedeneres Leben zu führen.

Kantors Jette.

Jette ist die älteste Tochter eines mit einer reichen Kinderschar gesegneten Kantors. Sie muß für alle arbeiten. Um sich sein für die große Familie nicht ausreichendes Gehalt zu verbessern, beginnt der Kantor mit der Zucht von Seidenraupen. Jette ist auch hier wieder behilflich. Als die Geschwister schon herangewachsen sind, entschließt sich Jette, in die Stadt zu gehen, um sich allein durchs Leben zu bringen. Nur ungern lassen die Ihrigen sie ziehen. Durch Zufall kommt das Mädchen nach langem Umherirren in einen Gasthof, wo sie als Aushilfsköchin eine Zeitlang beschäftigt bleibt. Dort lernt sie ein Dienstmädchen kennen, an das sie sich inniger anschließt.

Die beiden Freundinnen raten und stützen sich gegenseitig, bis beide annehmbare Dienstplätze gefunden haben. Ihre freie Zeit verbringen sie stets miteinander.

Als die Freundin einmal mit ihrer Herrschaft verreisen muß, bekommt Jette Heimweh.

„Jetzt, wo Jette wieder auf ihre eigene Unterhaltung angewiesen war, kam ihr der Gedanke an Heimat, Eltern und Geschwister. Mit elementarer Macht brach bitterstes Heimweh über sie herein. Fast krank wurde sie, schlich in der Wohnung umher und war außerstande, ihre Arbeiten mit gewohnter Präzision zu verrichten. In dieser Not traf ein Brief von Marie ein, in dem sie die baldige Zurückkehr ihrer „Gnädigen" ankündigte. Mit einem Schlage war da Jettes Wesen verändert. Eifrig oblag sie wieder ihren Beschäftigungen und erwartete mit Ungeduld den Tag der Ankunft ihrer Freundin."

Später lernt Jette einen jungen Arbeiter kennen und lieben, sie fand in der Ehe das lange gesuchte Glück.

Fritz Thurm, *Schriftsetzer, Berlin.*

Theorie und Praxis.

Ein Unternehmer hält in einer Mittelstandsvereinigung eine schwungvolle Rede, die in dem Schlußsatz gipfelt: „Ich glaube, Ihnen den Beweis geliefert zu haben, daß alle Äußerungen von Arbeiterausbeutung usw. nichts als Phrasen sind, und daß das aus Allerhöchstem Munde gefallene Wort von der gesicherten Existenz des deutschen Arbeiters bis ins hohe Alter hinein in des Wortes vollster Bedeutung seine tiefinnerste Berechtigung hat."

In Wahrheit ist dieser Unternehmer, der so schön von der Arbeiterfreundlichkeit zu reden wußte, ein Ausbeuter. Die berechtigten Lohnforderungen seiner Arbeiter weist er unter allerlei nichtigen Vorwänden ab. Einer der Arbeiter charakterisiert ihn also: „Hält schöne Reden bei seinen Freunden, versichert, seine Arbeiter gut zu bezahlen, und wenn man ihn beim Worte nehmen will, vertröstet er einen, drückt sich und fährt ins Seebad."

Karl Walz, *Metallarbeiter, Wien.*

Mein Lebenslauf.

Als uneheliches Kind einer Bauerstochter verläuft die Jugend des Knaben nicht gerade rosig, aber ein größeres Elend bleibt ihm doch erspart. In der Volksschule kommt er gut vorwärts, zum Besuch höherer Schulen reichen indes weder sein Fleiß noch die Vermögensverhältnisse seiner Mutter. Eine staatliche Anstellung mit Pensionsfähigkeit erscheint der Mutter als das verlockendste Ziel für ihren Sohn. Er erlernt deshalb das Schlosserhandwerk, das ihn befähigen soll, einmal Lokomotivführer zu werden. Nach der Lehrzeit, die er in einer kleinen Reparaturwerkstätte verbrachte, kam er auf Empfehlung seines Lehrers in die Eisenbahnreparaturwerkstätte nach Rottweil in Württemberg. Diesen guten Posten verlor er, weil er einmal an einem Montage „blau" gemacht hatte. Kurz entschlossen ging der junge Schlosser auf die Wanderschaft. In Neuhausen am Rheinfall erlangt er einen Posten.

„Diese Zeit meines Aufenthalts in der Schweiz benutzte ich zu mehrfachen Besuchen von Winterthur, Zürich u. a. m., ich kam aber auch durch den Besuch im deutschen Verein in Schaffhausen mit Leuten in Berührung, die mich mit den Forderungen der arbeitenden Klasse vertraut machten. Die Maifeier in Schaffhausen, bei welcher die Arbeitervereine mit Musik und Fahnen aufmarschierten und an der auch ich teilnahm, machte einen mächtigen Eindruck auf mich."

Als die Arbeit im Betriebe nachließ, gab es Entlassungen. Walz war einer der Ersten unter denen, die daran kamen. Er wanderte nun weiter durch Vorarlberg, Innsbruck, Salzburg nach Wien. Hier findet er keine Beschäftigung. So geht's wieder weiter nach Budapest. Dort kommt er in einer Waffenfabrik unter. Ein Streik der Arbeiter rüttelt ihn auf.

„Wenn ich bis dato noch mehr oder weniger indifferent war, so sollte das Folgende mich endgültig belehren, auf welcher Seite mein Platz ist.

Durch die Schikanen, welche ein ehemaliger preußischer Oberstleutnant K. auf die etwa 1000 Mann zählende Arbeiterschaft dieses Betriebes ausübte, kam es zu einem Streik der gesamten Arbeiterschaft. Der Streik dauerte 14 Tage und endete mit einer Niederlage der Arbeiterschaft, wobei 40 bis 50 Mann gemaßregelt wurden.

Was sich bei diesem Streik unter den Augen der Behörde und durch das Zutun der Polizei abspielte, werde ich nie vergessen."

Nach dem Streik wurden die Löhne noch mehr erniedrigt. Unser Verfasser zog es deshalb vor, die Stadt zu verlassen. Nun ist sein Ziel Berlin. Dort gab es aber mehr Arbeitslose als anderwärts; lange irrt er arbeitslos umher. Es kam so weit, daß er betteln gehen mußte, um leben zu können. Auf Wunsch seiner Kollegen in Budapest reiste er schließlich wieder dahin zurück. Dort erhielt er auch gleich einen guten Posten. Aber wieder brach ein Streik aus, er ging verloren, W. wurde gemaßregelt. Nun muß er in einem berüchtigten Kleinbetrieb Arbeit nehmen. Wegen eines geringfügigen Streites mit einem Konstabler erhielt er um diese Zeit acht Tage Arrest.

Nachdem er noch in einigen Werkstätten gearbeitet hatte, rückte seine Militärzeit heran. Als deutscher Staatsbürger muß er zwei Jahre dienen. Er verbringt sie in Ingolstadt.

Nach der Militärzeit sucht er seine Mutter auf, er findet sie alt und kränklich, muß sie aber zu seinem Schmerze doch bald wieder verlassen. Er erhielt einen Posten in Leobersdorf bei Wien. Dort arbeitet er über zwei Jahre, verläßt dann, „durch die Schikanen eines neuen Werkführers und eines neuen Betriebsleiters hierzu gedrängt, mit zwei anderen Kollegen den Betrieb".

In Leobersdorf bekleidete er die Stelle eines Funktionärs der gewerkschaftlichen Organisation.

Nun ging's nach Wien. Dort findet er in den Schuckert-Werken Arbeit. Über das dort eingeführte Prämiensystem sagt er, daß es dem Egoismus der Arbeiter Tür und Tor öffne.

Über sein jetziges Leben führt er aus: „Seit zwei Jahren habe ich dem Alkohol fast vollständig entsagt und lebe abstinent, auch das Rauchen habe ich mir fast vollständig abgewöhnt, und zwar beides nicht zu meinem Schaden. Im Gegenteil, jetzt sehe ich erst, was für ein gefährlicher Feind der Alkohol der Arbeiterklasse ist, und was leben heißt.

Mein Sonntagsvergnügen besteht im Lesen guter Lektüre (ich besuche zurzeit das erste Schuljahr der sozialdemokratischen Arbeiterschule), im Theaterbesuch oder in Ausflügen in die Umgebung Wiens.

Wenn in der Zukunft sich mein Leben so gestalten würde, als wie es in der Gegenwart ist, so wäre ich zufrieden.

Jedoch ich weiß nur zu gut, daß mit einem gewissen Alter, ungefähr zwischen 40 bis 45 Jahren, sich die Abhängigkeit und Erwerbslosigkeit steigert. Und vor dieser Zeit graut mir um so mehr, als ich, wenn ich heute zu Haus käme, förmlich als Fremder betrachtet würde, seit meine Mutter gestorben ist.

Man braucht jedoch nicht erst alt zu werden, es genügt, wenn man krank oder ein Krüppel wird, um an der heutigen kapitalistischen Gesellschaftsordnung zu verzweifeln.

Deshalb muß jeder, soweit es in seiner Macht liegt, mithelfen, diese Gesellschaftsordnung von Grund aus umzugestalten.

Je früher dies gelingt, desto besser für die gesamte Menschheit."

W. Wagner, *Fabrikarbeiter, Hamburg.*

Durch Wahrheit zur Freiheit.

Ein Unternehmer hält seinem eben frei gewordenen Lehrling eine kleine Rede. Unter anderem sagt er: „Ich hoffe, daß Sie ein guter Arbeiter und Gehilfe in meiner Fabrik sein werden und somit ein treues Glied der menschlichen Gesellschaft und des Staates. Ich warne Sie daher vor zu vielem und engerem Umgange mit den älteren Arbeitern und vor der Beteiligung an ihren Vereinigungen, die alle nur darauf hinstreben, die bestehende Ordnung zu stürzen, es würde Ihnen nur zum Verderben gereichen." Der junge Geselle soll also weiter in der Fabrik bleiben dürfen, freilich um niedrigeren Lohn als die andern Gehilfen. Der Unternehmer glaubt mit dem Burschen um so leichteres Spiel zu haben, als dieser eine mittellose Waise ist. Der Junge „hatte während seiner Lehrzeit so manches Leid erfahren und war an vieles gewöhnt, doch daß sein Lehrherr nach langersehnter, beendigter Lehrzeit noch fernerhin ihn auszunützen trachtete, hatte er doch nicht erwartet. Er hatte so oft den Gesprächen der Gehilfen und Arbeiter gelauscht und gehört von „Unterdrückung der Arbeiter und ihrer Rechte" usw. Er hatte gehört von den Ideen des Klassenkampfes, des nahen Zukunftsstaates und dergleichen; doch hatte er im stillen nur gelächelt über diese hirnverbrannten, umstürzlerischen Gesinnungen und Weltanschauungen — so nannte sie der Chef — und daher hatte er über derartige Probleme nie ernsthaft nachgedacht. Jetzt aber in dieser Stunde wurde es ihm zur Gewißheit, was er so lange nicht verstanden hatte. Das Bewußtsein, daß auch er zu den Unterdrückten gehörte, war in ihm erwacht und empörte ihn. Dafür also hatte er vier lange Jahre treu und rechtschaffen für die Interessen seines Lehrherrn gestrebt, um nun als unvollkommenes, schlechter bezahltes Glied dieses Betriebes zu gelten? Doch mit der Erkenntnis wuchs auch sein Mut und seine Selbstachtung."

Er verläßt sofort die Fabrik, um anderwärts sein Glück zu versuchen. Doch die erste Erfahrung als Gehilfe hat ihn in die Reihen seiner kämpfenden Brüder geführt.

Alois Weber, *Fabrikarbeiter, Basel.*

Meine Entwicklung zum Freidenker.

In der Schule wurde dem Kinde vom Pfarrer das Gebot eingeschärft: „Du sollst nicht lügen." Die Lüge, so sagte der Pfarrer, sei eine schwere Beleidigung Gottes. Später, als der Knabe zum Manne herangewachsen war, hörte er einmal im Wirtshause einen Disput über die Sozialdemokraten. Sein Jugendlehrer, der Pfarrer, wurde um die Meinung über die Sozialdemokraten gefragt. „Das sind Menschen, gab der Herr Pfarrer zur Aufklärung, die nichts arbeiten, alles vertrinken, und wenn sie kein Geld haben, von den fleißigen und sparsamen Leuten verlangen, daß diese mit ihnen teilen."

Nach einiger Zeit lernte unser Verfasser die Sozialdemokraten persönlich kennen und ist sehr erstaunt, daß des Pfarrers Charakteristik auf sie so wenig zutrifft. Wer lügt? Das ist die Frage, um die sich seine Gedanken drehen.

„Von meinen nunmehrigen Genossen wurde ich angeregt, nicht etwa zu trinken, sondern fleißig zu lesen. Namentlich Naturwissenschaft wurde mir empfohlen. Aus verschiedenen naturwissenschaftlichen Werken erhielt ich Aufklärung über das ewige Werden und Vergehen im Weltall. Ich erfuhr, daß die Welt nicht erst vor 6000 Jahren erschaffen, wie mir's in der Schule gelehrt wurde, sondern daß es für die Materie überhaupt keinen Anfang und kein Ende gibt, daß dieselbe aber in einer fortwährenden Umwandlung begriffen ist, und daß unser Sonnensystem unzählige Jahrmillionen gebraucht habe, bis es sich aus einer glühenden, rotierenden Gasmasse zu dem heutigen Aggregatzustand entwickelt hat. Du sollst nicht lügen! dachte ich, als ich mich an das mir in der Schule aufgebundene Märchen der Erschaffung vor 6000 Jahren erinnerte. Ein Jahr später arbeitete ich in einem Marktflecken Vorarlbergs. An einem schönen Sonntag war Missionsfest. Da ein besonders tüchtiger Prediger aus Tirol gekommen war, besuchte ich wieder einmal die Kirche, mit der ich damals immer noch nicht ganz gebrochen hatte. Ich befand mich eben im Zustand heftiger innerer Kämpfe, herrührend aus dem Widerspruch der mir in meiner Kindheit eingepaukten mosaischen Schöpfungsgeschichte mit den Lehren, die ich in der letzten Zeit aus Büchern geschöpft hatte. Der Prediger, ein sehr gewandter Redner, hatte sich die zehn Gebote zum Text gewählt. Sein Zorn richtete sich namentlich gegen den „gottlosen" Liberalismus und die von diesem geschaffene moderne Literatur, die er im Vergleich mit der von den Kirchenvätern hinterlassenen als Schundliteratur bezeichnete.

Beim 7. Gebot: Du sollst nicht stehlen! glaubte er mit den Sozialdemokraten abrechnen zu müssen. Und der fromme „Diener Gottes" schilderte nun seinen größtenteils aus Bauern und Kleinhandwerkern bestehenden Zuhörern den Zustand, in den diese durch die Herrschaft der Sozialdemokraten gelangen würden, folgendermaßen. Da wird dem Bauern sein Vieh aus dem Stalle, das Getreide aus der Scheune, dem fleißigen Handwerksmann das Produkt seines Fleißes aus der Werkstatt geholt, ohne ihm Ersatz dafür zu leisten, und er kann dann zusehen, wovon er zu leben hat. Du sollst nicht stehlen! schloß dieser „wahrheitsliebende" Seelenhirte dies Kapitel; ich aber dachte: du sollst nicht lügen, und verließ das Haus Gottes."

Nun geht er noch fleißiger daran, naturwissenschaftliche Bücher zu lesen.

„Eine ganz neue Welt tat sich da vor meinen Augen auf. Wie natürlich, wie klar fand ich diese Lehren gegenüber dem Märchen der mosaischen Schöpfungsgeschichte. Und indem ich an die Irrtümer der von einem „unfehlbaren"

Papst geleiteten Kirche zur Zeit eines Galilei und Giordano Bruno dachte, wandte ich mich mit dem Gedanken: Du sollst nicht lügen! für immer vom Kirchenglauben ab."

Wilhelm Winter, *Schriftsetzer, Wien.*

Ein Auge für die Organisation.

Bisher war es der sozialdemokratischen Organisation nicht möglich gewesen, in einem Hüttenwerke festen Fuß zu fassen.

„Was die ganze wackere Arbeit der besten Agitatoren nicht vermochte, das brachte die Roheit eines Hütteningenieurs zuwege."

Ein Ingenieur schlug mit seinem Stocke nach dem Kopf eines Arbeiters, weil ihm dieser nicht rasch und untertänig genug gegrüßt hatte. Er traf ihn so unglücklich, daß das Auge des Mannes verloren war. Der Sohn des Verletzten, der Zeuge dieser Szene gewesen war, stürzte sich auf den Ingenieur, bald hätte es ein zweites Unglück gegeben. Die Kameraden reißen den jungen Arbeiter von seinem Opfer zurück.

„Der alte Ringler wurde ins Spital gebracht, sein Sohn ins Gefängnis abgeliefert, und der ruchlose Urheber des ganzen Unheils begab sich in seine Villa, um sich umzukleiden und dann seinen Posten als Peiniger und Antreiber seiner Untergebenen anzutreten. Mit Murren gingen die Arbeiter an ihre Robot, und im Nu wußte der ganze Betrieb, was vorgefallen war.

Es wurde in zwei zwölfstündigen Schichten gearbeitet, die aber von der Werksleitung dadurch in die Länge gezogen wurden, daß die abgelöste Schicht noch Verrichtungen leisten mußte, die oft eine Stunde währten, dann erst durften sie gehen.

An dem Unglückstage nahm die ablösende Schicht die Arbeit widerwillig auf, und die abgelöste rüstete sich zum sofortigen Aufbruche, ohne die auf sie noch wartende Arbeit anzurühren. Eine tiefe Erregung und Erbitterung hatte alle erfaßt, Grimm, Zorn und Trotz spiegelte sich in den finsteren Gesichtern der Arbeitsmänner, denn die beiden Ringler waren ungemein beliebt und geachtet, außerdem hätte auch die Brutalität des Ingenieurs die Menge allein schon aufgebracht.

Als dieser unter den Leuten erschien, erkannte er sofort deren gereizte Stimmung. Anstatt das einzig Vernünftige zu tun, nämlich den Arbeitern vorläufig aus dem Wege zu gehen, tat er, getrieben von seiner Wolfsnatur, das Allerdümmste. Er stellte sich herausfordernd hin und donnerte sie an:

„Ihr elenden Hunde, wollt ihr vielleicht nicht arbeiten? Vorwärts marsch, jeder an seinen Platz! Und dann heißt's kuschen, sonst schlag ich noch einigen die Augen aus. Verstanden?"

Diese Niedertracht des Herrn Ingenieurs war selbst seinen lammfrommen Untergebenen zu viel. Ein hundertstimmiger Schrei durchzittert den Raum. Werkzeug wurde zur Erde geschleudert und Fäuste hoben sich drohend gegen den Frechling, dem das Herz sofort in die Hosen fiel und der nun eilends flüchtete, denn er war, wie alle brutalen und rohen Menschen, auch erbärmlich feig."

In einer Versammlung wurde der Streik beschlossen. Die Arbeiter wurden von der gewerkschaftlichen Organisation unterstützt und traten ihr nun einhellig bei. Als die Werkführung, die anfangs an den Ernst der Sache nicht recht glauben wollte, sah, daß die Arbeiter gewillt seien, den Streik unter allen Umständen aufrecht zu erhalten, entschloß sie sich, nachzugeben. In der dritten Streikwoche kam eine Einigung zustande.

„Der alte Ringler, wurde, als man ihn einäugig, aber geheilt, aus dem Spital entlassen hatte, im Werke wieder aufgenommen und zu leichteren Arbeiten verwendet. Als er sah, welch günstige Umwandlung in den Verhältnissen seiner Arbeitskollegen eingetreten war, und erfahren hatte, daß sein für immer verlorenes Auge die unmittelbare Ursache der Wendung zum Besseren war, heiterten sich seine finsteren Züge auf und er machte den schönen Ausspruch:

„Daß mein Aug' für die Organisation ausg'ronnen is, das macht mi stolz, und wann's für das Wohl meiner Kameraden notwendig wär, i gebet a 's andere her!"

Sein Sohn war zu einer mehrmonatigen Kerkerstrafe verurteilt worden, der am meisten Schuldige, der Ingenieur, mußte wohl vom Unternehmer entlassen werden, das Gericht verurteilte ihn aber nur wegen Fahrlässigkeit zu einer Geldstrafe.

Der überlistete Drache.

Zwei Handwerksburschen pilgern durch die Lande. Die psychische Verfassung des einen, eines alten Berufswanderers, erhellt aus folgendem Glaubensbekenntnis:

„Mei Religion is dann vorhanden, wann i a Geld im Sack hab'; das is mei Politik, wann i mi sattfressen kann und mi nit vom Standarm derwischen laß, wann i „schnallendrucken" (fechten) geh; aber a großer Patriot bin i, wann i im Winter in an warmem Bett lieg. So, dös is mei Glaubensbekenntnis, i will nix mehr davon reden und nix mehr davon hören."

Mehr war aus dem nicht herauszubringen.

Der zweite Wanderer war ein noch junger unerfahrener Bursche, der zum ersten Male die Landstraße fürbaß zog. Im guten Einvernehmen wandern die beiden dahin.

Da ereilt sie das Unglück. Ohne ersichtlichen Grund werden sie von einem Gendarmen verhaftet. Er schleppt sie durch das Dorf, in dem er wohnt und wo sie sein keifendes Weib nicht sehr anmutsvoll begrüßt, zum Wirtshause. Dort läßt er sie wieder frei und entschuldigt sich. Seine „Amtshandlung" habe nur den Zweck gehabt, aus dem Bereiche seiner Frau in das des Wirtshauses zu gelangen.

W. Wiegmann, *Malergehilfe, Berlin.*

Eine Rede, die von den Unverständigen, die sie hören, als eine Lächerlichkeit empfunden wird.

„Ich bin Idealist. In der heutigen Zeit, wo jeder mit seiner materialistischen Geschichtsauffassung sich dicke tut, muß ein Gegengewicht sein, denn beides gehört zusammen wie das gesprochene oder geschriebene Wort zum Gedanken. Bei mir fängt deshalb auch der Urmensch nicht mit der Benutzung des Feuers an, sondern da, wo er sich zuerst mit einem Abwesenden verständigen lernte. Habt ihr mal gesehen oder davon gehört, wie die Indianer dies heute noch tun? Sie stecken einen Baumast in die Erde, dessen Spitze nach der Richtung zeigt, in der sie gegangen sind.

Der Mensch aber war in seinem ersten Stadium mehr gejagt als Jäger, und da hätte ein solches Zeichen nicht lange gestanden. Mit einem Feuerstein oder dem Zahn eines Bärenkiefers ein in die Baumrinde oder weichen Felsen geritzter Strich mit einem Kopfende, den Arm und die Hand darstellend, später tat es der Pfeil, das wird wohl das erste gewesen sein. Damit beginnt die Kunst und mein Idealismus. Ihr lacht, aber so ist es. Dann haben sie auch ein Stück der oberen Kreislinie gezeichnet, ein kleiner Strich links darauf war der Sonnenaufgang, stand er in der Mitte, dem Scheitelpunkt, war es der Mittag, und rechts der Abend. Verehrte Anwesende, der Geist, der in diesen paar Linien steckt, in so einfacher Größe, ist die wahre Kunst. Entscheidet selbst, ist hier die Materie oder der Geist größer? Habt ihr euch auch mal die ägyptischen Wandmalereien angesehen? Klarer und deutlicher, und in einer Sprache, die heut noch und von allen Völkern verstanden wird, sind da königliche und andere Charaktere geschildert; die Schrift kann sie euch nicht deutlicher auferstehen lassen, denn die Gelehrten haben daraus auch ihr ganzes Wissen bloß gefressen.

Kennt ihr die rohen Ahnenbilder der sogenannten Wilden? Wenn in einer Horde, denn so eine heutige feine Familie gab's damals noch nicht, ein besonders starkes Individuum mal die ganze Gesellschaft vor Räubern und wilden Tieren beschützte, war man noch dankbar nach seinem Tode, schnitzte ihn in Holz nach, steckte ein paar Haare, einen Zahn oder Fingernagel von ihm hinein und glaubte nun, er weile noch unter ihnen. Und so war es auch; denn sein Geist war unter ihnen. Dieser Gedanke gab ihnen die Kraft, ebenso tapfer zu kämpfen, als sei er persönlich dabei, und die Feinde, die ihn kannten, lernten ihn so noch nach dem Tode fürchten. Ganz so wie beim Spanier der Cid. Herkules und Theseus waren gleiche Helden, die Griechen haben den Herkules später in ihren Olymp aufgenommen. Beides waren Halbgötter, und da habt ihr den Anfang der Götterbildung.

Wie der heutige Großbetrieb die moderne Arbeitsteilung hervorbrachte, so war es damals auch mit der Geistesarbeit. Jeder Stand hatte sich ein besonderes Wissen angeeignet und jedes Wissen hat noch heute seine besonderen Helden. Seht euch die Klassengötter der Griechen und Römer an. Zeus ist das Muster der Könige mit allen Tugenden und Untugenden. Der rauhbeinige Mars Vorbild aller Krieger. Die Wissenschaft ist in der streitbaren Athene und die Kunst im schönen Apollo verkörpert. Merkur, der Gott der Kaufleute, war zu gleicher Zeit Schutzpatron der Diebe. Wie treffend! Die Landleute hatten die Demeter, und die Stadtleute ihre Venus.

Nur die Sklaven bildeten keinen Stand und durften keinen Gott haben. Merkt euch dies, denn darauf ist nachher der Christengott aufgebaut. Die Juden hatten inzwischen die Sache ein bißchen anders angesehen. Da ist alles in eins geblieben, denn bei ihnen war Gott Geist und nicht ein Geist. Wenn wir nun die Bibel lesen, dann finden wir die Erschaffung der Erde, des Menschen, die erste Völkergemeinschaft und alle die guten Lehren, die ein guter Vater seinen Kindern gibt. Kurz und gut, alles Wissen, das sich die Menschheit erworben hatte, natürlich nach damaliger Auffassung niedergeschrieben. Das Lexikon der Juden damaliger Zeit.

Als nun das mächtige römische Reich in Trümmer ging und die Sklaven freier wurden, wollten sie teilnehmen an den Freuden der damaligen Götterverehrung. Der Apollo, der Gott der Künste, war ihr Auserwählter. In den Katakomben Roms verehrten sie ihn heimlich, wie die noch erhaltenen Bilder uns zeigen, die jetzt für Christus ausgegeben werden. Abendmahl und Gesang würzten diese Stunden. Als sie später daran gingen, sich ein eigenes Vorbild zu schaffen, nahmen sie den Begründer der Christensekte zum Modell. Wie viel Wahres an seinem Schicksal ist, wissen wir nicht mehr, denn seine Worte will man behalten haben, aber wie er aussah, hat sich nicht durch Aussprache von Vater auf Kind erhalten. Betete doch noch Karl der Große einen Apollo alias bartlosen Christus an, wie uns sein Evangelium zeigt. Kurz und gut, an diesem Kunstwerk haben sechzehn Jahrhunderte gearbeitet, und man muß sagen: das Schönste und Erhabenste, was je geschaffen — an Demut. Merkwürdig ist noch, daß dieses Schicksal viel Ähnliches mit den Sagen wilder Völker hat. Bei allen Sonnenverehrern wird die personifizierte Sonne von Ungeheuern verschlungen, nachher wieder ausgespuckt wie Jonas vom Walfisch, oder herausgeschnitten wie Rotkäppchen aus dem Wolf. Trotz alledem hatte dieses Kunstwerk die Macht, die ganze sogenannte zivilisierte Menschheit des Abendlandes in den Bann zu halten und hat es, wie ihr seht, heute noch. Die schönen, wenigstens sechstausend Jahre alten Lehren, du sollst nicht stehlen, du sollst nicht töten, hat es aber nicht zur Erfüllung zu bringen vermocht.

Inzwischen hat sich unser Wissen mächtig vermehrt. Mit Hilfe neu erfundener Werkzeuge, wie Mikroskop, Spektrum, Elektrizität u. a., haben wir viele geheime Vorgänge in Organismen wie im Weltall kennen gelernt. Wir haben an noch lebenden, zurückgebliebenen Völkerstämmen die Entwicklung der Menschheit studiert. Die vergleichende Wissenschaft hat aus Morast und Kehrichthaufen, Scherben, alten Knochen, durch Anatomierung noch lebender Tiere usw. den Zusammenhang alles Lebenden bewiesen.

Das Konversationslexikon ist an die Stelle der Bibel getreten, aber zum Arbeiter, der den ganzen Tag knuffen muß, sickert zu wenig durch. Die Verstandesmenschen bekämpfen mit diesen Arbeitern den Kapitalismus, der mit Recht die Wurzel alles Übels ist. Aber sagt nicht schon die Bibel, daß Geiz die Wurzel alles Übels ist?

Haben uns nicht die letzten Wahlen gezeigt, daß der Glaube an die christliche Nächstenliebe, trotzdem sie nach fast zweitausend Jahren uns den erhofften Zustand nicht gebracht hat, noch mächtig stark ist? Hier kann nur die Kunst helfen!

Lange schon spricht man von einer neuen Religion, an das Wort und an den bei uns damit verbundenen Begriff darf man sich aber nicht stoßen. In den Werken unserer Geistesheroeen ahnt man den Stoff dazu; und wahrlich, er steckt drin. Ist nicht der Held in Zolas Roman „Die Arbeit“ schon ein solch neuer Heilandstyp?

Eine Religion der Vernunft, wie die französische Revolution wollte, ist als verfehltes Ideal erkannt. Ich sage es noch einmal, nur die Kunst ist die rechte Hebamme der neuen Zeit.

Vor allen Dingen muß aus der Welt, aus all unseren Kunstwerken, Literatur, Musik, Malerei und Plastik, die Tragödie verschwinden. Der Gedanke, daß der der größte Held ist, der sein Leben für seine Idee läßt, muß aufhören. Der sei der größere, der lebend seine Idee zum Siege bringt. Das Volk darf seinen Heiland nicht kreuzigen lassen, es muß ihm jetzt helfen. Ich denke mir meinen Helden so: Die Eltern haben schon in richtiger Erkenntnis, wohin die Menschheit drängt, getrachtet, ihr unsterbliches Teil zur höchsten Vollkommenheit zu bringen. Lange hatten sie sich gesucht und geprüft. In der Blütezeit körperlicher Kraft hatten sie sechs Wochen lang ihren Körper trainiert, ihn zur höchsten Reinheit des Blutes gebracht, dann an einem nur dem einen Zweck gewidmeten Tage sind sie früh in den Wald gegangen, später eine Stunde in das Bildermuseum, haben bei einer Flasche guten Weins diniert, sind dann ins Konzert gefahren; hörten hier Beethovens mächtige Klänge, dann Mozarts Liebesneckereien und schufen in trauter Dämmerstunde mit vollem, reinem Bewußtsein ein neues Leben.

Sie nannten ihn Baldur, nach dem nordischen Gott des Lichtes: ihr Ideal körperlicher und geistiger Schönheit. Schon als Kind fielen ihm alle Herzen zu.

Als ihm einst der Lehrer, um ihn an seine Autorität zu erinnern, eine Falle stellen wollte, erkannte dies Baldur sofort. Ein Blick klärte seine Mitschüler auf, und der errötende Lehrer suchte das Ganze in einen Scherz zu wandeln; so erzog er schon als Kind seine Erzieher. Später als er seine mannbar gewordenen Freunde aufklärte, daß schon lange vor Darwin die Menschen Zuchtwahl und Vererbungstheorie kannten; aber dadurch nur Herrschsuchts-, Geizhals- und Bedientennaturen geschaffen wurden; daß es Zeit sei, die Menschheit von solchen Kreaturen zu reinigen; entfachte er solch eine Begeisterung, daß viele Söhne ihre Eltern unter die Lupe nahmen und mancher dadurch beschämt seine eigene Rückständigkeit erkannte. Das bekannt gewordene Resultat der Lebensauffassung von Baldurs Eltern übte aber vor allen Dingen eine solch ungeheure Macht auf den weiblichen Teil seiner Bekanntschaft aus, daß Baldur der Beneidenswerteste der Männerwelt und der Gesuchteste der besten Töchter des Landes wurde. Für ihn hätten sie alles hingegeben. In diesem Banne belehrte er sie, wie wichtig es sei, daß sie in ihrem höchsten Lebenszweck dem Beispiele seiner Eltern folgten, denn die allergrößte Liebe und der bedeutendste Reichtum können hier nicht ersetzen, was in diesem Augenblick gefehlt sei. Reichtum und Adel wie demütiges Betragen wurde nun von seinen Anhängern verachtet; Arbeit, Kunst und Wissen trat an ihre Stelle. Aufs neue keimte die Hoffnung im Menschen, der Boden wurde für ein neues Geschlecht mit neuer Erkenntnis beackert und gedüngt, daß schon in der zweiten Generation der Einführung des Sozialismus mit seinem verhöhnten Utopismus nichts mehr im Wege stand.

Wissenschaft und Arbeit ist der Fels, auf dem die Kirche der Zukunft erbaut wird."

Josef Zach, *Brauer, München.*

Aus dem Leben eines Arbeiters.

Mit dem Tode des Vaters geriet die Familie in bitteres Elend. Der Hunger ist ständiger Gast. Zu allem Unglück bricht sich die Mutter den Fuß, nun ist der Knabe ganz verlassen. Ein Vetter, der eine Bauernwirtschaft besaß, nahm ihn zu sich. Bessere Zeiten verbrachte er aber auch hier nicht, denn er wurde von den Angestellten seines Vetters gepeinigt.

„Ich bekam kein freundliches liebevolles Wort mehr zu hören, was mich sehr schmerzte, so daß ich mich öfters in ein Versteck zurückzog und bitterlich weinte. Ich dachte mir immer, der liebe Gott sieht mich, er wird die andern schon bestrafen, aber es wurde nicht anders. So mußte ich vier bis fünf Jahre lang ein Leben führen, worin ich keine Freude hatte, sondern mich nur mit Widerwillen den Anordnungen und Befehlen meiner Vorgesetzten fügte. Neidisch sah ich die andern Kinder an, welche das Glück hatten, ihre Eltern noch zu besitzen und die liebevolle und aufopfernde Pflege entgegennehmen konnten. Tatsächlich bekam ich einen Abscheu von meinem Heim, so daß ich oft mehrere Nächte in fremden Häusern übernachtete aus Furcht vor den Mißhandlungen, welche ich zu erwarten hatte. Jetzt fühlte ich mich erst recht verlassen, von keinem Menschen erhielt ich ein freundliches Wort. Lieber hätte ich wieder Hunger und Not ertragen, um nur wieder in der Nähe meiner Mutter zu sein."

Der Vetter starb, Das Anwesen kam nun in andere Hände. Dem Jungen ging es nun noch schlechter. Er hielt es nicht mehr aus. An einem kalten Wintertage schlich er sich von Hause fort, um zu seinem Vormund zu flüchten. Bei diesem verlebte er nun bessere Tage. Doch hielt es ihn auch hier nicht auf die Dauer, er wollte ein Handwerk erlernen. Er kommt in eine Brauerei nach Tölz. Nach einiger Zeit wandert er mit einem Kameraden weiter. Ihn treibt die Wanderlust. Einige Zeit arbeiten beide als Holzknechte. Im Frühling, als in den Brauereien die Kampagne begann, zogen sie wieder nach Tölz zurück. Während des Aufenthaltes in der dortigen Brauerei wächst die Gleichgültigkeit gegen die Religion in ihm empor.

„Bis zu meinem siebzehnten Lebensjahr befolgte ich die katholischen Anordnungen und ging alle Jahre einmal zur Beichte. Auf einmal wurde in mir der Gedanke wach, daß die ganze Gaudi keinen Wert hat, daß alles lauter Schein ist, auch mußte ich alle Sonn- und Feiertage arbeiten, was ebenfalls Anstoß in mir nahm. Es war bei meinem Arbeitgeber so Sitte, daß jeder Arbeiter zu Ostern einen Beichtzettel einliefern mußte, um eine Kontrolle über die Arbeiter zu haben. Wir wußten uns jedoch aus dieser Klemme zu befreien, wir kauften einfach diesen Zettel, und die Sache war erledigt. Wir behandelten die Religion als Spaß, Ernstliches und für die Arbeiter Schädigendes fanden wir nicht, wir wurden der Religion immer mehr entfremdet, von einem politischen Denken war keine Rede. Jeder machte es wie der andere, um nicht mit Spott; überhäuft zu werden."

Bald darauf kommt er zum Militär. Diese Zeit zählt er zu der häßlichsten seines Lebens.

„Ich hatte schon begreifen gelernt, daß wir das Mittel sein sollen, um die Arbeiter dumm und arm zu erhalten und die Reichen zu beschützen. Mein demokratisches Selbstgefühl war bei mir so weit ausgeprägt, daß ich mich mit den Phrasen des Patriotismus nicht mehr betören ließ." — — —

„Als ich vom Militär frei war, hatte ich das Glück, in einer Brauerei in München selbst Arbeit zu bekommen, was mir sehr angenehm war. Diese Beschäftigung dauerte ebenfalls nicht lang, ich wurde wieder entlassen, warum, wußte ich selbst nicht. Jedoch fand ich gleich wieder in der Zacherlbrauerei Arbeit. Der dortige Braumeister frug mich, wo ich zuletzt in Arbeit stand, weil er die Leute vom Lande nahm, die von der Organisation nichts wußten. Die dortigen Kollegen veranlaßten mich, in die Organisation einzutreten, was ich ohne Widerrede tat. Die Folge davon war, daß uns die Vorderburschen, die Antreiber, sofort aufs Korn nahmen, und wir allen möglichen Schikanierungen ausgesetzt waren. Nach dem Schluß der Malzperiode, weil ich in der Mälzerei beschäftigt war, wurden all die unliebsamen Elemente ausgestellt und nicht mehr eingestellt. Wir konnten nichts dagegen machen, weil der Organisierten noch zu wenig waren. Als wir um Arbeit nachfrugen, erklärte uns der Braumeister: Nein, nein, euch kann ich nicht mehr brauchen, ihr Leuteaufhetzer, laßt euch nur von eurer Organisation etwas geben. Durch dieses Vorgehen bekam ich einen Haß gegen das Unternehmertum, daß ich Rache geschworen hatte. Es begann sofort meine gewerkschaftliche und politische Tätigkeit, ich hatte mir vorgenommen, mit ganzer Kraft an der modernen Arbeiterbewegung mitzuwirken."

Mittlerweile starb die Mutter. Später heiratet unser Erzähler, doch hat er das Unglück, wieder postenlos zu werden. Mit einem Gemüsehandel will er sich aufhelfen.

„Wie auch mancher kleine Kaufmann oder Geschäftstreibende unter den heutigen Verhältnissen zugrunde geht und die mühsam ersparten Groschen dem Großkapitalisten in die Taschen fließen, so erging es auch mir. Ich hatte ebenfalls im nördlichen Stadtteile ein Obst- und Gemüsegeschäft errichtet, wo meine paar hundert Mark verloren waren." Nun geht es recht schlecht. „Die Arbeitslosigkeit brachte mich schier zur Verzweiflung, auch konnte ich dadurch meinen gewerkschaftlichen Pflichten nicht mehr nachkommen, so daß ich oft mit meiner Frau bitterernste Tage erleben mußte. Zu allerhand möglichen Arbeiten mußte ich greifen, bei den Kanalbauten, bei dem Straßenbau, in den Sandgruben suchte ich mein Fortkommen." Endlich findet er wieder einen Posten, den er bald mit einem noch besseren vertauschen kann.

„Bei dieser annehmbaren Entlohnung war es mir möglich, mir eine kleine Bibliothek im Werte von hundert Mark zu schaffen, wo ich mich in gewerkschaftliche und politische Fragen wie in theoretische Arbeiten vertiefen konnte."

„Durch meine agitatorische Tätigkeit, die ich im Betriebe entfaltete, wurde ich bald der Dorn im Auge des Unternehmers, so daß ich heuer anfangs Oktober wegen Übertretung des Tarifs, welcher vorschreibt, daß in den Betriebsräumen nicht agitiert werden darf, einfach entlassen wurde, weil ich nach Schluß der Arbeitszeit zwei Kollegen veranlaßt habe, sie möchten sich organisieren lassen. Die Unterhandlungen schwebten 14 Tage, erst durch Einberufung einer öffentlichen Versammlung entschloß sich der Unternehmer für meine Wiedereinstellung. Ich werde mich deswegen nicht irre machen lassen, und im festen Vertrauen auf meine Organisation und auf unsere Sache gehe ich noch tatkräftiger ans Werk, um an dem Emanzipationskampfe der Arbeiterschaft mitzuarbeiten."

„Auch an der Erziehung unserer Kinder auf moderner Grundlage wird es nicht fehlen, um sie zu denkenden Menschen heranzubilden. Ich werde meine ganze Kraft einsetzen, unsern Kindern eine glückliche Zukunft zu erkämpfen. Ich werde aufklärend wirken in den Kreisen unserer Jugend, der die Zukunft gehört, welche heute noch in den schwarzen Religionsstuben mit der christlichen Weltanschauung vollgepfropft wird, um dieselbe zu befreien. Mit dem Vorsatz, die Menschheit für höhere, sittliche Ideale zu erziehen, um das heutige Jammertal umzuwandeln in eine Welt der Zufriedenheit für alle Menschen, gehe ich ans Werk."

FSC
www.fsc.org
MIX
Papier | Fördert gute Waldnutzung
FSC® C083411

Kolibri 360 GmbH
Ferdinand-Jühlke-Straße 7
99095 Erfurt, Deutschland
produktsicherheit@kolibri360.de